赵　泓◎编著

媒介品牌传播学

华南理工大学研究生重点课程建设项目
新闻与传播学科系列教材
"985工程"三期建设经费资助项目

中国社会科学出版社

图书在版编目(CIP)数据

媒介品牌传播学/赵泓编著.—北京：中国社会科学出版社，2012.10
ISBN 978 - 7 - 5161 - 1515 - 2

Ⅰ.①媒…　Ⅱ.①赵…　Ⅲ.①传播媒介—企业管理—教材
Ⅳ.①G206.2

中国版本图书馆 CIP 数据核字 (2012) 第 229188 号

出 版 人	赵剑英
选题策划	李炳青
责任编辑	吴丽平
责任校对	周　昊
责任印制	张汉林

出　　版		中国社会科学出版社
社　　址		北京鼓楼西大街甲 158 号（邮编 100720）
网　　址		http://www.csspw.cn
		中文域名:中国社科网　　010 - 64070619
发 行 部		010 - 84083685
门 市 部		010 - 84029450
经　　销		新华书店及其他书店

印　　刷		北京市大兴区新魏印刷厂
装　　订		廊坊市广阳区广增装订厂
版　　次		2012 年 10 月第 1 版
印　　次		2012 年 10 月第 1 次印刷

开　　本		710×1000　1/16
印　　张		13.5
插　　页		2
字　　数		235 千字
定　　价		40.00 元

凡购买中国社会科学出版社图书,如有质量问题请与本社联系调换
电话:010 - 64009791

总　序

　　华南理工大学为了提高研究生培养质量，推进研究生课程与教学改革，从 2006 年起开展研究生重点课程建设工作，新闻与传播学院亦从这一年开始传播学研究生教育。承蒙学校特别支持以及国际教育学院的加盟，学院研究生教育发展迅速，于 2008 年获得两个重点课程建设项目的立项，其中"华南新闻与传播学科系列教材"项目含著作 8 本。

　　这一套书的作者，均为资深人士，其中教授 7 位，在大众传播媒体从业多年的 5 位，还有 2 位在欧洲获得博士学位。作者们所着力的教学与研究方向和学院在学科与学位点建设上所努力的重点，可从以下书目（按出版日期先后）略见一斑——

　　《视听传播史论》（李幸）

　　《跨文化需求与适应》（安然）

　　《网络传播学导论》（苏宏元）

　　《传播哲学导论》（曹智频）

　　《电视新闻语言学》（黄匡宇）

　　《当代品牌传播理论研究》（段淳林）

　　《当代传媒管理学》（朱剑飞）

　　《媒介品牌传播学》（赵泓）

　　华南理工大学的新闻与传播学科建设，重点在影视新媒体、品牌传播与传媒管理以及跨文化传播。这是根据国际、国内以及华南新闻与传播教育的实际和人才集聚的情况，集思广益深思熟虑后的行动。我们相信，传统影视与网络新媒体的结合，品牌传播与传媒管理、新媒体的结合，跨文化传播研究与教育国际化的实践结合，将使学院形成自己的办学特色。

　　华南理工大学以工学见长、多学科协调发展的发展战略决定了新闻与传播学院还将在传播科技研究方面有更大的发展，这一套书里亦有多本涉及，此后会继续予以强化。

华南理工大学新闻与传播学院院长、教授

华南新闻与传播学科系列教材主编 李幸

媒介品牌竞争时代（序）

1999年4月的一个周末，我和妻子沁云带着两岁的女儿逛贵阳的河滨公园。正是春暖花开季节，娘儿俩坐在草地上惬意地享受春日的阳光，我则坐在旁边的长椅上翻阅刚从公园门口报亭买来的《南方周末》——这是一份每周必看的报纸。刚翻了一会儿，上面刊登的一则南方日报出版社的招聘启事跃入眼帘，让我怦然心动。

这是一家新成立的出版社。那时国内报业集团还是新鲜事物，总共不过10来家，而报业集团旗下的出版社就更少了。虽然我对南方日报出版社的实力、待遇一无所知，但想到它跟《南方周末》同属南方报业，一定会后劲十足，后来居上。几乎没有任何犹豫，第二天我便寄出了应聘资料。一个多月后，我从工作8年之久的贵州人民出版社辞职，成为南方日报出版社的一员。

这年，擅长新闻炒作、曾被讥为"民工小报"的《南方都市报》终于摆脱了创刊初期的不适和窘境，开始发力。为了给这家野心勃勃、不断扩版又不断招兵买马的年轻报纸腾出更大的办公场所，年底时，南方日报出版社从南方报业大楼15层搬到17层，过了几个月，又搬到旁边的一座小楼——一家废弃的幼儿园，如今南方网的所在地。两年后出版社再搬回报业大楼19层时，南都已经拥有了自己气派的办公大楼，并且形成了赫赫大名的南都报系，延伸出《南都周刊》、《风尚周报》、奥一网等报刊和网站，还跨地域合办了《新京报》和《云南信息报》。

2000年10月，同在南方报业大楼里的《21世纪经济报道》试刊。这家由名不见经传的《花鸟世界报》改名而来、脱胎于鼎盛期的《南方周末》的专业财经报纸，依托南方报业的品牌、人才优势，以及良好的发行渠道，甫一面世便一炮而红。第二年1月1日正式创刊，当年即实现赢利，堪称世界办报奇迹。如今，21世纪报系旗下除了品牌旗舰媒体《21世纪经济报道》外，还有《理财周报》、《21世纪商业评论》、《商务旅行》和21世纪网等品牌媒体。当年创办"21世纪"的沈灏等人，平均年龄仅28岁，如今已是赫赫有名的媒体人。

我曾工作的南方日报出版社至今规模仍小，还在小打小闹，没能像集团内的兄弟媒体那样风生水起、锋芒毕露、东征西讨，但它在时政、传媒类图书出版领域创出了特色。当年，我策划编辑的《新闻学核心》、《走进美国大报》、《解析传媒变局》等图书曾红火一时，一度引领了国内传媒类图书的出版热潮。

上面讲述的带有个人色彩的经历，实则可解读为关于媒介品牌的故事。当初，我来到广州这座喧闹而又陌生的城市，只因被《南方周末》的品牌气质所吸引，并且深信与它同在南方报业集团旗下的南方日报出版社日后定会绽放出绚丽的花朵。在南方报业大院工作的6年里，又有幸见证了南都报系和21世纪报系的品牌是如何孵化，以及如何成长起来的。这便是人们今天仍津津乐道的南方报业"龙生龙、凤生凤"的品牌故事。而我自己，在南方日报出版社打造"中国传媒思想库"的品牌实践中，也收获了个人的编辑品牌。

品牌媒体、品牌项目、品牌媒体人……媒介市场已经进入品牌制胜时代。

马克·唐盖特在他所著的《国际传媒巨擘品牌成长实录》一书里，将传媒业生动比喻为一个杂货市场——世界上最大、最吵、最拥挤的地方，商贩们拼命想吸引你的"眼球"，希望你能看看他们新到的商品。而在如此眼花缭乱的媒体世界里，媒体怎样才能脱颖而出呢？答案只有一个：依靠品牌。

品牌是竞争的产物，只有在相对成熟的市场环境中才会产生现代意义上的品牌。因此，在很长一段时间内，中国并不存在严格意义上的品牌概念，更没有媒介品牌一说。直到20世纪末，中国媒体的管理模式开始调整，媒体进入事业性与商业性双重性质时代。面对残酷的市场竞争和生存压力，部分媒体开始仿效企业进行品牌建设的尝试，媒介品牌的塑造与经营才逐渐被学界及业界所关注。

媒介品牌具有一般品牌的共同特征，如品牌标识、品牌理念、品牌情感、品牌体验、品牌价值属性等，这些共同性特征是"媒介品牌"之所以成为品牌的决定性因素，也是我们研究媒介品牌的基础。同时，媒介品牌与其他产业和行业的品牌又有很大的不同，有其独特性。正因为这样，以一般性产业组织品牌为主要研究对象的普适性品牌理论往往把媒介品牌视为例外，除了对一些市场运作比较成熟的商业个案予以关注外，对媒介品牌没有给予足够的关注和系统阐发。目前，媒介品牌研究也基本上沿袭已有的品牌学理论，鲜有创见。因此，只有充分认识到媒介品牌的特征，探索不同媒介及其独特发展规律，才能更好地构建媒介品牌传播学理论，制定出适合传媒产业发展的品牌战略。

　　自 21 世纪初以来，国内的媒介品牌研究取得了不少的成果，并渐成气候。众多著述中，既有对实战经验的总结，也有对媒介品牌理论架构的创建和梳理。专著主要有范以锦的《南方报业战略》（2005）、金雁主编的"中外传媒品牌经营丛书"（2007）、陈兵的《媒介品牌论》（2008）、薛可和余明阳的《媒体品牌》（2009）等。以媒介品牌为研究对象的博士论文主要有宋祖华的《媒体品牌战略研究——理论分析与中国实证》（2005）。相关硕士论文已有不少，我指导的研究生丁玉红便写过《报纸品牌延伸研究——以〈21 世纪经济报道〉为例》（2010）。在我给硕士研究生开设的"传媒品牌专题研究"课上，叶燕芳、韩培志、柯亦心、高焕、李倩倩等同学提交的课程论文，也大多与媒介品牌研究有关。我在编写本书时，注意吸纳了已有的研究成果。在此深表谢意！

　　媒介品牌传播学是品牌学的一个分支，也是新闻传播学的重要组成部分，涉及的领域较新，相关理论并不成熟，目前大多还在探索发展当中。而且不同媒介的品牌构建既有许多共性，也存在较大差异，分析起来并不容易。另外，媒介品牌传播学包括了广告学、传播学、营销学、公共关系学、消费心理学、经济学等学科知识，有些领域本人并不熟悉，错漏之处在所难免。希望以后有机会修订，使之臻于完善。

2012 年 2 月于武汉喻家山

目　　录

第一章

媒介品牌概述

在传媒发展史上，传媒公司的兴衰从未像今天这样如此依赖于品牌建设的成败。但是，对媒介品牌的研究尚未引起人们足够的重视。

在美国，尽管大多数消费者对品牌这一概念并不陌生，但"媒介品牌"仍然是新鲜事物。米迪马克研究公司（Mediamark Research）总裁兼 CEO 大卫·本德（David Bender）在 1993 年一场研讨会的演讲中第一次提出"将媒介作为一种品牌"。他指出："媒介很少被看作一种品牌，媒体本身也往往不把自己视为一种品牌，于是无法像那些有品牌意识的企业那样充分利用品牌的作用"（转引自［美］沃尔特·S. 麦克道尔，2006）。仅仅过了两年，当电视广播网在黄金时段的市场占有率开始落后于有线电视时，"媒介也是品牌"的观念随之形成。10 年之后，"媒介品牌管理"这一术语对于传媒经理已是耳熟能详。例如深受观众欢迎的《美国偶像》（American Idol）的制片人塞西尔·弗洛特－康塔兹（Cecile Frot-Coutaz）就认为："我们不仅把它单纯看作一种节目内容，还将其视为一种品牌"。（同上）

在我国，媒介品牌的兴起经历了四个阶段：第一阶段，传媒开始具有经营意识，传媒经营尤其是广告经营，为媒体注入了大量资金；第二阶段，传媒开始重视市场占有率，许多传媒通过增加内容和提升品质来吸引受众和广告商；第三阶段，传媒开始具有营销观念，传媒从卖方市场进入买方市场，开始运用市场细分、定位等市场营销手段；第四阶段，传媒开始具有品牌观念，竞争的白热化使得传媒开始关注受众和广告商的满意度和忠诚度，并进行品牌建设。

媒介品牌建设则经历了三个时期：第一时期，20 世纪 90 年代中期陆续创刊的都市报，打破了党报、晚报的垄断经营，媒体开始进入垄断竞争时代，媒介品牌建设开始了第一轮尝试；第二时期，20世纪末陆续诞生的网络媒体，打破了媒体市场的相对均衡，加速了媒体竞争，媒体开始塑造和经营品牌；第三时期，近年来，迫于新媒体的竞争压力，传统媒体纷纷开始了品牌延伸、经营扩展及跨媒体的整合运作。（陈晓华，2008）

第一节　品牌和媒介品牌

品牌的英文单词 Brand，源出古挪威文 Brandr，意思是"烧灼"。人们用这种方式来标记家畜等需要与其他人相区别的私有财产。到了中世纪的欧洲，手工艺匠人用这种打烙印的方法在自己的手工艺品上烙下标记，以便顾客识别产品的产地和生产者。这就产生了最初的商标，并以此为消费者提供担保，同时向生产者提供法律保护。16世纪早期，蒸馏威士忌酒的生产商将威士忌装入烙有生产者名字的木桶中，以防不法商人偷梁换柱。到了1835年，苏格兰的酿酒者使用了"Old Smuggler"这一品牌，以维护采用特殊蒸馏程序酿制的酒的质量声誉。

品牌概念的起源历史悠久，但起源之初只是一个表明产品生产者的标志却无现代营销的含义。直到1931年，宝洁公司开创了品牌管理制度，并借此在市场竞争中赢得竞争优势，品牌这个概念才逐渐深入营销人员的心灵，也才引起学界和业界对品牌及其竞争优势的探求。（薛可、余明阳，2009：4）

一　何谓品牌和媒介品牌

品牌是指消费者对产品及产品系列的认知程度。

市场营销专家菲利普·科特勒（Philip Kotler）将品牌定义为：品牌是一个名称、名词、符号或设计，或者是它们的组合，其目的是使自己的产品或服务有别于其他竞争者。

著名广告大师、奥美创始人大卫·奥格威（David Ogilvy）对品牌定义为：品牌是一种错综复杂的象征，它是品牌的属性、名称、包装、价格、历史、声誉、广告风格的无形组合。品牌同时也因消费者对其使用的印象及自身的经验而有所界定。

大卫·艾克（David A. Aaker）将品牌定义为：品牌就是产品、符号、人、媒体与消费者之间的联结和沟通。也就是说，品牌是一个全方位的构架，牵涉到消费者与品牌沟通的方方面面，并且品牌更多地被视为一种"体验"，一种消费者能亲身参与的更深层次的关系，一种与消费者进行理性和感性互动的总和。

唐·E. 舒尔茨（Don E. Schultz）将品牌定义为：品牌是为买卖双方所识别并能够为双方带来价值的东西，品牌不仅仅是一个名称或是一个符号、一个图形，它是消费者创造的一种公共关系。

关于品牌的定义见仁见智，不一而足，研究者都是从各自不同的角度出发对品牌的内涵做出不同的界定，有的侧重于品牌符号识别功能，有的侧重于品牌与消费者之间的关系，等等。

媒介品牌（Media Brand）是指媒介在受众心目中的美誉度、公信力和传播力的总和，它包括媒介组织名称、标识、风格、特色、声誉、受众认同等，是在媒介传播或媒介营销过程中形成的、用以将媒介产品、媒介组织或个人与受众等关系利益人联系起来，并使受众在媒介消费过程中产生的某种心理依赖。

媒介品牌具有一般品牌的共同特征，如品牌标识、品牌理念、品牌情感、品牌体验、品牌联想、品牌价值属性等，这些共同特征是"媒介品牌"之所以成为品牌的决定性因素，也是我们研究媒介品牌的基础。

品牌是媒介经营方面重要的无形资产。一般商品具有无形资产，媒介品牌毫无疑问也具有无形资产。

媒介品牌通过媒介产品的传播方式实现效益、获得收益，产生价值。同一般商品一样，媒体产品，无论是报纸、广播还是电视都需要通过各自不同的方式，提高发行量、收听率、收视率，取得传播的社会效益，同时获得相应的经济效益。

不同的媒介品牌吸引不同的传媒受众，占领不同的市场。

任何媒介品牌本身都存在诞生、成长、成熟、衰亡（新生）等不同阶段，只有不断创新，根据媒介市场的变化及时调整，才有可能超越衰亡阶段，走向新生，获得新的成长。在品牌生命周期的不同阶段，品牌管理的重点不同。对于新品牌，重在品牌发展；对于成长品牌，重在巩固品牌形象；对于领导品牌，重在品牌延伸；对于衰落品牌，重在品牌再活性化，如"改版"，或品牌撤退并转移。（支庭荣，2000：435）

二 媒介品牌的特征

媒介品牌具有自身的特殊性。媒介品牌不是简单地把品牌理论引入传媒领域，它与商业品牌相比，既有商业品牌的共性，也有其身的特性，具体说来，主要表现在：

第一，媒介品牌具有鲜明的意识形态特征。虽然其他产业或行业的一些全球性或国家级品牌也有一定的意识形态色彩，如可口可乐代表着美国文化和美国形象，海尔某种程度上是正在崛起的中国的象征，不过它们的意识形态表达是粗线条的、派生性的。媒介品牌则不然，从显性的品牌标识、推广口号、品牌经营行为、消费者群体到内隐的品牌个性、品牌理念、品牌情感，再到与不同主体相结合所表现出来的品牌价值（文化价值、国家价值、资本价值等），无一不体现出强烈的意识形态特征。当然，不同媒介品牌在意识形态方面的表现也不是整齐划一的，例如，新闻类品牌意识形态特征最为突出，娱乐、资讯类品牌则弱一些。但整体而言，媒介品牌的意识形态色彩是一般商业品牌所不能比拟的。

第二，媒介产品具有无限使用和不断复制的特点，因而边际成本会随着消费者的增加而迅速下降。从经济学上的术语讲，媒介产品是联合消费品。这意味着观众在消费中不是相互的竞争者，被一个人享用并不会用光或减少别的观众的享用。媒介产品的成本主要集中在前期投入的制作成本，如图书成本主要由组稿费、人工费、稿酬、排版、印刷、发行等构成，随着印量的加大，分摊到每本书的成本会持续降低。电影在这一方面体现得更为明显，它通常最初投入巨大的制作成本，若发行量小则容易造成亏损。但由于复制的成本很低，对比初始的生产成本，复制和发行的成本变得无关紧要，一旦发行量巨大，其收益则相当可观。如电影《泰坦尼克号》投资达 2.4 亿美元，但该片在全球的票房累计收入为 18.45 亿美元，其中北美地区收入为 6 亿美元。

第三，媒介品牌的高下取决于其内容的高下。媒介产品体现内容为王的原则，综观世界知名的媒介品牌，无不在内容制作上追求精益求精。即便在当今网络时代，没有任何一家媒体能仅仅依赖一种传输方式获得成功，因为主流阅读人群正在习惯同时使用多种信息终端。无论是电视、广播还是报纸杂志，都必须为自己的受众提供获取内容的多种方式。吸引受众的并非其传播方式，而是满足受众需求的内容。

第四，与一般商品比较，媒介品牌的价格因素并不明显。媒介经济是一种注意力经济，大多数媒体以广告为主要收入来源，甚至有些媒介的消费是免费的，如地铁报、DM 杂志等，观众所需花费的唯一成本只是时间和注意力而已。当然，有线电视和卫星电视中存在着付费观看的经营模式，但大多数频道的品牌与付费频道不同。因此，人们不但忽视价格，也不关注降低媒介消费风险。的确，人们靠熟悉的品牌来决定购买行为以降低风险，但这在媒介消费中不太重要，比如一个人看到失望的节目所遭受的损失要远远小于购买了一辆报废的汽车或无法使用的商品的损失。

第五，媒介品牌还体现出易得性。对一般商品而言，消费者必须到市场中购买才能试用，这样每次品牌试用的间隔就相当于消费者购物的周期，可能是几周甚至几个月（比如消费者多久才买一次清洁剂）。与此相反，受众接触媒介品牌更容易，仅需要一个遥控器或一个鼠标即可。低风险性和易得性使得媒介品牌经理必须思忖应对激烈竞争的策略。

第六，媒介品牌注重历史传承。媒介品牌确立周期较长，注重历史传承，相对于商品品牌，其建立更加不易。由于媒体与受众日常接触多，受关注度高，一两次信息产品的落差，就可能导致品牌的贬值，因而，一家媒体要想得到社会的认可，一般要经历一段时间的考验。只有在一个相当长的历史阶段内始终保持稳定，并保证一定的水准，才会逐步培养起稳定的读者群，也才能逐步形成自己的品牌。我国媒介品牌稀缺的原因是多方面的，其中也跟传媒自身发展历史短暂，以及媒介产品质量不够稳定有关。

第七，媒介品牌中人的因素更加重要。与一般商品不同，媒介产品是精神生产，它没有一成不变的模式，需要充分的创造力才能实现。一些有影响力的品牌专栏、专版，充分展示了传媒人的智慧和才情。在广播电视领域，有些节目因为主持人而火暴，主持人本身也成了品牌。如江苏卫视的"非诚勿扰"节目。媒介品牌不像机器生产出来冷冰冰的物品，而是承载着生产者和消费者情感、体验和创造灵感的属"人"的综合体。虽然现代传媒产业具有大规模机械复制的特性，西奥多·阿多诺（Theodor Wiesengrund Adorno）曾把它称作"文化工业"，认为它已经成为经济生产"巨大机器的一个标本"，个人属性成了虚幻的东西。但是，媒介品牌未必如此，许多品牌源自于媒体人的创造性思考，形成于品牌关系利益人之间的互动，它承载着人的情感和体验。

第八，媒介品牌最大的特点就在于它们可以通过媒介自身来传播。媒介不仅可以采用其他品牌能使用的一切手段，如广告、公关活动、促销活动等，其本身就是很好的传播途径。一个广播网或一家电视台最好的品牌营销资源就是它自己节目的播出时间，而一般商品的品牌则没有这种优势。消费者对大众媒体接触多、关注度高,"二次传播"的概率大,媒介品牌很容易打开知名度。当然,一些失误或不和谐信息,也有可能被迅速传播,造成品牌的贬值。因此,媒介品牌比一般商业品牌更容易创建,但也更难于维护。

第二节　媒介品牌的衡量及打造

品牌不是媒介自身能够做出来的,它一定是由受众认同的。这种被认同的价值是由很多元素组合而成,需要经得起时间的考验。受众是媒介品牌传播流程的终端,对媒介品牌传播效果的评价具有十分重要的作用。他们是媒介品牌信息的接收者,是媒介品牌的消费者,也是对媒介品牌信息与媒介品牌传播者的最终检验者。(陈兵,2008:128)

一　媒介品牌的衡量

媒介品牌可以从传播力(知名度)、公信力(美誉度)和影响力(忠诚度)三个维度衡量。

1. 传播力(知名度)

传播力表示一个媒体被公众所熟悉了解的程度,社会影响的广度和深度,即评价知名度的客观尺度。它可以用发行量、收视率等衡量,由于发行量、收视率不一定准确或有效,需要借助一些其他方法来扩大传播力,如策划、各种客户联谊会、读者见面会、新概念的推出等。

2. 公信力(美誉度)

公信力是媒体最具有价值的内在品质,也是媒介品牌最重要的内涵。公信力表现的是读者和受众对媒介品牌的认可和相信程度,任何类别的品牌都可以建立起很强的公信力,CCTV、《南方周末》和《体坛周报》都有很高的公信力。公信力包括真实准确、格调高雅、深刻权威三个关键性因素。

3. 影响力(忠诚度)

影响力实际上是一种控制能力,这种控制能力表现为传播者对于受传者在认知、倾向、意见、态度和信仰,以及外表行为等方面和目的性的控制力量。影响力主要体现在受众和广告主的忠诚度,如《南方都市报》在深圳市场上比其他报纸零售价高,但发行量依然在当地处于领先地位;有些报纸的广告价格远高于其他报纸,但是其广告量也远远高于其他报纸。陈力丹教授认为，影响力除了表现为受众对媒体较高的稳定接触率外，更主要地表现在受众对媒体的一种长久的依赖；从受众构成角度来说，传媒的影响力则主要表现在它对主流人群的掌握，"社会上仍然需要有满足广大市民的一般社会新闻需求的发行量很大的报纸，但这类报纸不会是主流报纸，另一类报纸也许发行量不是很大，但是影响力很大，因为它的读者是稳定的主流人群"。（陈力丹，2008）

二　媒介品牌成功的要素

美国著名管理公司麦肯锡公司认为，建立一个强劲品牌要经历三个阶段：即"商品"变为"名字"；"名字"上升为"品牌"；"品牌"飞跃为"强劲品牌"。一件"商品"如果能被消费者所认知而达到一定知名度，就可称为"名字"，在此基础上加上好的业绩表现可称为"品牌"，把"品牌"人格化，赋予独特个性使之无所不在，才真正飞跃到"强劲品牌"。（凌昊莹，2002：181）

媒介品牌的塑造，一要确立媒介品牌核心价值。新品牌一开始就赋予媒介及产品实质性的价值体系，要把注意力建立在潜在的形象上，要在一开始就把它当做一个真正的品牌，而不仅仅是一个名称。有了品牌核心价值，媒介即使在生命周期的自然衰退过程中，经过再创新，以新的形式出现，更新的媒介也能够依附于原有品牌名称的声誉而存在。二要规划包括品牌名称、品牌标识、品牌色彩在内的品牌媒介识别系统。三要建立高水平的内容生产、经营和管理团队。高质量的媒介品牌不仅需要高水平的内容生产团队，还需要高水平的发行、广告经营团队和管理团队，三者缺一不可，而且在当前竞争日趋激烈的传媒业市场中，经营和管理起着越来越重要的作用。

三　消费者为何青睐品牌

当消费者面对琳琅满目的商品时，他们往往缺乏动力、能力或机会对商品信息作全面了解，大多只能凭借印象做出选择，这时强势品牌就会产生重大影响。从实用角度看，消费者依赖品牌，因为品牌意味着将内涵"打包"成一种易于识别的形象，使消费者更容易抉择。品牌使人们不必再反复比较品类繁多的商品。在快节奏的社会中时间愈发宝贵，品牌使我们更容易对商品做出评价。

品牌除了帮人们减轻思维劳动外，还降低购买行为中的不确定性和风险。消费者面对没有消费经验的商品很可能做出错误的购买决定，而对品牌的熟悉则可能减少购买时的焦虑感。许多公司力图将已建立的知名品牌延伸到新产品上，就是为了尽可能降低消费者购买中的不确定感。现在时兴的系列电影便是基于此种考虑。

关于这一点，美国资深媒体记者马克·唐盖特（Tungate M.）在其著作《国际传媒巨擘品牌成长实录》一书的导言中有以下生动的描述：

在一个闷热的下午，我在曼哈顿市中心寻找一家特色咖啡屋。我对这家咖啡屋的好奇心完全出于一位朋友的随口之言。他说："你不是对媒体感兴趣吗？那你一定要去这个地方看看——我估计只要是公开发行的杂志，那儿都有卖，地点就在百老汇街上。"

经过一番周折，我终于找到了这家外观被漆成绿色的小店。它位于百老汇街和布鲁克林的交接处，店外有一块牌子，上面写着"全球新闻＆咖啡屋"。

店内狭长，一侧摆放着柜台，几张桌椅摆放在店中央。人们一边喝咖啡，一边翻看着报纸和杂志，但大部分人都无意购买。这里的报纸杂志数量之多令人惊讶。如果不是满屋子一直堆到天花板的各种杂志，这真是一个不起眼的地方。

小店除了售卖咖啡等饮品外，还售卖世界各地约 7000 种报纸杂志，并允许顾客免费阅读。报纸杂志所涉及的领域包括时尚、餐饮、音乐、电影、体育、商业、旅游、健康、居家、交友、婚恋、育儿等，甚至连面向考古学家、动物学家等专业人士的杂志在小店里都能找到。

五颜六色的杂志使店墙看上去如万花筒般令人炫目。我定了定神，开始寻找自己平日关注的杂志：《GQ》、《脸面》、《国家地理》、《墙纸》、《时代》、《经济学人》——这些都是我所推崇的媒体品牌。我信赖这些出版物的品质，在乘飞机、住宾馆、喝咖啡时都随时翻阅，用来打发时间。我买了四五种常看的杂志后离开了小店。

回到朋友的公寓后，我打开电视，用遥控器换了不下 100 个频道。当我在迅速换台时，我发现我的注意力还是会停留在那些熟悉的频道上：探索、美国家庭影院、福克斯、CNN 国际频道……最终，我锁定了 MTV——它是一个无可挑剔的好伙伴，曾陪我度过了很多闲暇时光。

第三节　媒介品牌的研究方法

研究方法的选用取决于我们的研究目的，由于关于媒介品牌的研究不多，所以有些例子仍然是对传统品牌的研究。

一　调查研究法

调查或问卷法是品牌研究中最常用的方法，它可用于了解某一特殊变量出现的频率和变量之间的关系。例如陈－奥姆斯泰德和金（Chan-Olmstead and Kim）从管理者的角度出发，对上百位电视台的经理进行了邮件调查，询问他们在自己的工作环境中如何理解品牌的含义。贝拉米和杰克·特劳特（Bellamy and Jack Trout）则从受众的角度出发评估了广播电视网和有线电视网的品牌排名。调查同样可以采用二手数据，例如钱伯斯（Chambers）使用FCC 关于电台节目形式和电台所有权的数据，研究了在媒介融合时代节目多样化的问题。

二　实验法

尽管相比于大规模调查，实验法缺乏外部效度，但它可帮助我们发现具有内在联系的理论。金用这种方法测量了不同传播策略对消费者品牌认知的影响。麦克道尔和迪克（MacDowell and Dick）研究了新闻的品牌，他们在选定区域内测量了不知名的新闻广播电视的新闻可信度的变化。实验法是衡量品牌资产大小的首选。麦克道尔和迪克分析了一年内三家竞争电视台的观众对新闻导视（lead-in news）节目的收看行为，以发现一种能有效测量节目品牌资产的新工具。

三　内容分析法

几十年来，内容分析法被用于研究各种类型的大众媒介。这种分析是量化的，包括计算某品牌信息传播的数量。陈－奥姆斯泰德和帕克（Park）所做的对广播电视台网站的分析便是一例。哈（Ha）比较了国有网站和独立网站在广告业务上的差异。也有人强调应该重视研究讯息所蕴涵的意义。马斯特洛和斯特恩（Mastro and Stern）为了认识广告、品牌和文化之间的复杂关系，研究了黄金时间 2000 多条广告中关于种族和少数民族的内容。

四 个案研究

个案研究包括许多具体技巧。商学院广泛应用案例作为研究分析工具，通过现实世界中某一具体例子得出一个普遍理论。几年前，阿南德和康内利（Anand and Conneely）研究了 Fox 用比 CBS 更高的开价获得 NFL 比赛转播权的个案。在课堂教学中，案例被用作发掘新知识的引子，还可以促进更深层次的研究。例如，董和海尔姆斯（Dong and Helms）通过某一美国品牌的汉译办法提出了一个品牌名称翻译的模型。另外，案例研究还可以帮助我们分析公共政策对传媒的影响，例如霍内斯（Hoynes）研究了 PBS（美国一家高品质电视台）的私有化和商业化。

如今，无论是量化还是质化研究都可以使用个案研究方法。甘特（Gunter）指出，人们正尝试创造一种综合方法，从而把解释性的质化研究和系统编码性的量化研究结合起来。某些研究采用两阶段的方法，用质化研究架构理论框架，再以此来指导量化研究。例如，豪斯曼（Housman）研究了消费者多途径调查（multi-method investigation）所推动的消费行为可以被转化为传媒决策环境要素。（此节主要参考沃尔特·S. 麦克道尔，2006）

第二章

媒介品牌历史与现状

在品牌发展史上，传媒较早形成品牌特征，这是因为传媒作为主要满足人们精神生活的特殊商品，天生具备品牌建设的基本条件。以最古老的大众传播媒介之一——报纸为例，它几乎从一诞生开始，就具有名称、宗旨、标识等一个品牌所必备的客观条件。同时，它从一开始就重视目标市场的定位、自身的形象塑造，以及消费者（读者）的发现和培养。

最古老的大众媒介是图书，它迄今已有近 5000 年的历史。最早的图书刻在石头上，或书写在羊皮卷、莎草纸以及竹简上。但媒介品牌的历史，只能从具有近代意义的出版机构成立之日算起。剑桥大学出版社成立于 1534 年，迄今已有 400 多年历史。若论出版品牌资格之老，无一能出其右。

世界上最早的期刊发行于 1663 年的德国汉堡，名为《启示月谈》（*Er-bauliche Monats-unterredungen*）。也有人认为，第一份期刊的桂冠应该归于 1665 年法国出版的《学者报》（*Le Journal des Scavans*）。而第一份以杂志命名的刊物则是爱德华·凯夫（Edward Cave）在 1731 年创办的《绅士杂志》。可以说，《绅士杂志》是最早的杂志品牌。

英国还是近代报纸的发源地。1665 年 11 月，英国《牛津公报》（*Oxford Gazetee*）发刊（后改名《伦敦公报》），首次采用单页两面印刷，为近代报纸版面形式开了先河，是世界现存历史最久的报纸。历史最久的报纸品牌，当数 1785 年创办的著名独立报纸《泰晤士报》（*The Times*）。它原名《每日环球纪录报》（*Daily Universal Register*），1788 年改为现名。这是全球最负盛名的大报之一。

报刊是 17 世纪从图书分化而来的。此时，人类经济和文化繁荣达到了一定阶段，信息量不断增大，信息流速不断加快，同时印刷等传播技术也得以大幅改进，新的传播媒介应运而生。期刊作为连续出版物，介乎书和报之间，受众相对固定且细分，内容相比图书更新更快，传播力更强。因此，期刊也是最容易打造出品牌的传统媒体。

第一节　媒介品牌的起源

谈到媒介品牌，人们立刻会想起《纽约时报》（*The New York Times*）、《泰晤士报》、《时代》（*Time*）周刊等世界知名的报刊。或许很少有人想起出版社的品牌。实际上，图书是最古老的大众媒介，也最早具备品牌意识。图书诞生数千年以后，才有报刊、广播和电视等大众媒体。

报刊的历史要比图书晚得多。虽然有人认为我国西汉初年产生的《邸报》是世界上发行最早、时间最久的报纸，但它只是专门用于朝廷传知朝政的文书和政治情报的新闻文抄，跟近代报纸的形态存在很大差别。类似的还有罗马帝国凯撒大帝在公元前 59 年所创建的《每日纪闻》，这是一种传递紧急军情的官报。

约 17 世纪，图书已无法满足人们对信息的巨大需求，近代报刊才应运而生。国际公认的世界第一种以学术为主的期刊是法国学者、巴黎高等法院审判官德尼·德萨洛（Denis De Sarlo）于 1665 年 1 月 5 日在巴黎创办的《学者报》（*Le Journal des Scavans*）。它的创办得到法兰西学院院士、法国财政总监让·巴·柯尔贝尔（Jean-Baptiste Colbert）的大力支持。《学者报》于 1792 年停刊，1806 年复刊，1902 年起先后归法兰西研究院、法国铭文与文艺学院出版。最初为周刊，每期 12 页，主要刊载欧洲各国新书目录、重要图书摘要与评介、作家生平、科学发现、哲学与艺术研究情况，此外还刊登法院的判决等。《学者报》被认为是世界上第一种真正的杂志，因为它具备了近代杂志的基本特点：定期出版；具有连续性，准备无限期地出版下去；刊载不同作者的多种多样的作品，不像报纸以新闻为主；出版周期短，时效性比图书强；出版经官方许可。该刊一出版，立即引起法国国内外社会各界人士的注意，纷起仿效，在德国和意大利还分别出了拉丁文版和意文版。

与学术性期刊相区别的通俗性期刊在西方出版要晚些。较著名的有 1627 年杜诺·德维塞（Donell Devisa）在巴黎创办的《风流信使》（*Mercuregalant*）和 1692—1694 年彼·安·莫托（Pet Ann Motto）在伦敦刊行的《绅士报》（*Gentleman's Journal*）。《风流信使》是世界上第一本报道时装的杂志，成为传播时装流行信息的先驱。《绅士报》虽然同《学者报》一样以 Journal 作为刊名，但所刊载的是散文、诗歌、书信和故事等。据《不列颠百科全书》，爱德华·凯夫的《绅士杂志》（*Gentleman's Magazine*）是以莫托的《绅士报》为样本的，除了刊名换了一个字眼外，两者的读者对象和选材范围没有多少大的差异。英语 Magazine 一词源自阿拉伯语，本特指"军火库"，后引申为"知识库"、"信息库"。《绅士杂志》最先将它作为大众综合性期刊的名称。（林穗芳，1998：43）

一 图书，最古老的媒介

图书是最古老的媒介。两千多年前，老子就担任过守藏史，即管理图书的官吏。今天，这种最古老的大众媒体仍然是我们阅读生活中最具影响力和最多元化的。书籍的可携带性和压缩性使他们在许多情况下都是首选。欧阳修曾说读书作文，可在"马上、枕上、厕上"。书须臾不离我们的生活。在过去几千年的文明史中，书籍仍然是人类历史和日常经验的主要储存库，代代相传故事、知识和智慧。

从 5000 多年前古代巴比伦人和埃及人开始使用字母时，古人已经找出保存他们所写符号的方法。图形符号和字母最初出现在木条和瓦片上，被绑着或堆积起来形成最早的"书本"。早在公元前 2400 年，埃及人利用尼罗河沿岸生长的纸莎草写字，他们还把写上文字的纸莎草卷成卷轴收藏起来。这种方法分别在公元前 650 年和公元前 300 年到公元前 100 年被希腊人和罗马人采用。

大约在西周时期，中国人发明了书写文字的竹简。到埃及人开始使用纸莎草的时候，巴比伦人开始把符号和标记按压在小的瓦片上。这些堆积在一起的瓦片记录了商业交易、政府记录、喜欢的故事和当地的历史。后来，羊皮纸渐渐取代了纸莎草。

虽然中国人早在公元 105 年已开始制造取材简便且价格低廉的纸张，但直到 13 世纪欧洲才掌握传自中国的造纸术。现代书籍的始祖很可能是在 14 世纪由罗马人制造，他们还发明了手抄本——一种切割成单张再在边缘处缝起来，然后用薄木片装订和用皮革做封面的书籍。手抄本可以翻开到任何一页，而且纸张的两面都可以写字。

现存最古老的印刷书是公元 868 年唐代印刷的《金刚经》。这本书由 7

个印张粘贴而成，并卷成卷子。为了制作出单页的摹本，中国发明了雕版印刷术。这项技术是在雕刻出单字和图案的木版上刷上油墨，然后再把纸张覆于其上印出字迹和图案。在现代历史的绝大部分时间内，这都是印刷报纸、杂志和书籍的基本技术。虽然每一版或者"页"都用人手雕刻，很费时间，但这一印刷技术的革新使多个副本得以制作，并且能装订在一起。欧洲最早的人工印刷书籍出现在 15 世纪。当欧洲大城市出现有文化的中层民众时，书籍的需求便呈现增长趋势。

活字印刷术是北宋毕昇发明的。活版由可重复使用的泥活字拼成，后来又发明了木活字和金属活字。印刷工人通过组合字块得出不同的字体排列，极大地加快了单页的制作速度。韩国人在 13 世纪采用了铜活字，而欧洲直到 15 世纪才开始使用活字印刷。1453—1456 年间，约翰内斯·古腾堡（Johannes Gutenberg）使用活字印刷技术，发明了印刷机。古腾堡的印刷工人制造出所谓的最早的现代书籍，包括 200 本拉丁文《圣经》，其中 21 本仍流传于世。印刷机于 15 世纪后期和 16 世纪前期在欧洲传播十分迅速，极大地推进了文艺复兴和宗教改革运动。许多早期的书籍十分厚重，经过精心制作并且价格昂贵，往往需要几个月的时间添加插图和出版。他们通常都是由贵族、皇室家庭、宗教领袖和在位的政治家所购买。此后，印刷工人渐渐减小了书籍的尺寸，发明出更便宜的纸张，书籍价格大大降低，图书的传播面更广。

中国古代书业发达，特别是到了宋元时期，由于印刷术的普及，印本书品种丰富、质量上乘，官府、坊肆刻售书籍盛行。宋代，汴京、四川、杭州、福建等地成为刻书中心，书肆云集，有的已有初步的品牌意识，通过书业广告、版权保护维护自身形象。如宋杭州刻本《妙法莲华经注》卷七末版记云："本铺今将古莲华经一一点句，请名师校正重刊，选拣道地山场抄造细白上等纸札，志诚印造，现住杭州大街棚前南抄库相对，沈二郎经坊新雕印行，望四远主顾寻认本铺牌额请赎。谨白。"（肖东发，2009：142）但由于书肆规模有限，且因为政治、经济等方面的原因，书肆开办的时间很难延续，故只有到了近代，图书的出版品牌才慢慢形成。在中国，图书出版品牌的形成以第一家现代出版机构商务印书馆的成立为标志。西方的近代出版业历史要早得多，若追根溯源，应从剑桥大学出版社算起。

二　最早的出版品牌：剑桥大学出版社

剑桥大学出版社是世界上最古老的出版社，1534 年 7 月 20 日由英王亨利八世下令创立。数百年来，它一直致力于发展印刷和出版事业，并以"获取、推动、保护和传播科学文化知识"为己任。主要出版专业书刊，还出版教科书、试题、工具书。下设出版部、综合业务部、印刷业务部。在美国、澳大利亚设分社。剑桥出版社每年发行两千余种图书及近200种期刊，发行遍及世界各地200多个国家，为世界最大的学术与教育出版机构之一。有员工1000多人。出版社由剑桥大学各学院推选的学者组成的出版管理委员会管理，剑桥大学校长为名誉社长，剑桥大学第一副校长为社长。

作为隶属于剑桥大学的印刷和出版机构，剑桥大学出版社是剑桥大学不可分割的重要组成部分。对于世界成千上万的读者来说，剑桥大学出版社的出版物成为他们与剑桥大学唯一真正的联系纽带。剑桥大学出版社自1584年出版第一本书至今，已运营了4个多世纪，是世界上历史最悠久的出版机构，也是全球知名的学术和教育出版社之一。

数百年来，剑桥大学出版社出版的读物涵盖宗教、社会科学、自然科学等几乎所有学科领域。它出版的英皇钦定本《圣经》，在全球累计销售达数十亿，达尔文、牛顿、爱因斯坦、发现人体血液循环的英国医生威廉·哈维，每一位作者都对全人类的认知产生了革命性的改变。此外剑桥大学出版社还在全球116个国家和地区拥有2.5万名作者，以及剑桥大学81位诺贝尔奖得主。

高品质学术化出版是剑桥大学出版社的不懈追求。剑桥大学出版社每年出版近2000种新书，每一本都要由剑桥大学出版社学术委员会定期的严谨讨论后批准，委员会由18位富有学识、不同学术领域的教授组成。由于出版的图书大多很专业化，又横跨几乎所有自然及人文科学，教授们的敬业、专业和投入令人十分钦佩。而且，剑桥出版社出版的书定价比其他出版社要低15%—20%，分给作者的提成也相对更低，但依然有很多知名作者前来出版，他们看重的就是剑桥大学出版社数百年来形成的金字招牌，能在这里出版的书代表了它本身的学术价值。剑桥大学出版社已经成为世界上最具学术影响力的出版社之一。虽然是蜚声世界的出版社，但是在现实中也不得不面对经营上的压力。因为剑桥大学出版社坚持学术化出版，图书销售主要针对小众，某些书能卖1000册已经是很好的销量，1963年出版的《新石器时代南印度的畜牧人》一书，全球读者只有10个。

近100年间剑桥大学出版社经历了三次经营危机，一次是1911年，在承印《大英不列颠百科全书》第十一版重新编写和印刷的业务时，总量 29 大册的这部百科全书，几乎相当于英国当时全部印刷产能，所有印刷商都在等出版社付钱给他们。出版社却必须等每一页都印好、书装订好，才能将钱装进口袋，这让它几近破产。另一次是 1970 年，由于剑桥出版社 50 年来未曾调整过书价，再度出现经营不善，于是通过涨价一倍的方法渡过难关。最近一次发生在 2003 年，当时剑桥出版社出现了 1100 万英镑的亏损。漫长的坚持与探索，在学术和赢利之间，剑桥选择了前者。

剑桥大学出版社作为数字出版的先驱之一，抓住机遇，通过不断创新摆脱了困境，今天仍然能够在追求卓越的学术价值的同时很好地生存和发展。数字出版充分挖掘内容优势，利用剑桥大学图书馆 600 余万册的藏书，扫描成电子书，与微软、Google、日立等公司合作电子书出版业务。数字出版还将旗下的 230 多种学术期刊全部数字化并在全球销售。（张晓东，2009）

三　最早的杂志品牌：《绅士杂志》

《绅士杂志》由爱德华·凯夫于 1731 年 1 月在英国伦敦创办。最初杂志的完整名称是《绅士杂志：商业情报月刊》。这是一份受教育的公众感兴趣的新闻和评论月刊，话题从商品价格到拉丁美洲诗歌。它的原创内容来自一批固定的撰稿人，除此之外，它还广泛地引用和摘录其他期刊和书籍内容。凯夫第一个使用"杂志"一词来给期刊命名。

在《绅士杂志》成立以前，也有一些专门的期刊，但这些出版物领域没有这样宽泛（虽然曾有过像《绅士杂志》那样的尝试）。

塞缪尔·约翰逊（Samuel Johnson）第一次成为正式的撰稿者是在《绅士杂志》。曾有一段时间，议会的议事记录被禁止，约翰逊经常以"麦格纳（Lilliputia）参议院的议会辩论的报告"为主题进行撰稿。虽然报道内容反映了与会者的立场，但有关辩论的话大多是约翰逊自己写的。哥伦比亚，一个由约翰逊为美国创造的诗意的名字，第一次出现在 1738 年的一期关于英国议会辩论的周刊出版物上。

凯夫制定了《绅士杂志》畅通的发行制度。此杂志在英语国家被广泛传阅，在 18 世纪继续繁荣，19 世纪则更甚，尽管经历了一连串不同的编辑和出版、发行人。19 世纪后期，杂志逐渐衰退，并在 1907 年 9 月停止全面刊发。然而，1907 年年底至 1922 年，由 4 页组成的非常小的版本仍在发行，以保证刊物名称仍正式"在发行"。

该杂志的名称经历了以下几次变化：

1731—1735 年，《绅士杂志：每月情报员》

1736—1833 年，《绅士杂志：历史纪事》

1834—1855 年，《绅士杂志新系列》

1856—1868 年，《新系列：绅士杂志和历史回顾》

1868—1907 年，《新系列：绅士杂志》

杂志最初的内容包括议会辩论摘要、有趣的法院诉讼、外国的战役描述，新的书籍、诗歌列表，以及"感兴趣的项目"。感兴趣的项目包括讣告、不寻常的遗嘱摘要、伦敦的商品价格（用来比较）、新近发生的国外事件，以及出生、婚姻、死亡、晋升、教会领袖和破产的布告。内容直到改编才同最初的有所不同，首先改编是在 1834 年，然后在 1856 年，而在 1868 年和 1870 年之间变动幅度较大。

爱德华·凯夫生于拉格比附近的牛顿村（Newton），是鞋匠的儿子，曾经上过当地的文法学校，但后来因为被指控偷窃校长的物品而勒令退学。他曾从事过许多职业，包括木材商、记者和印刷业者。他想推出一本期刊，内容包括受教育的大众感兴趣的每个主题，从商业到诗歌，他也试图说服几家伦敦的印刷业者和书商采纳他的想法。因为没有人表示任何兴趣，凯夫便自己承担这份工作。《绅士杂志》从 1731 年开始发行，很快就成为当时最有影响力也最常被模仿的期刊。凯夫也因而致富。

凯夫是个精明的商人，他将全部精力投入办杂志，很少离开他位于克拉肯韦尔圣约翰门（St John's Gate, Clerkenwell）的办公室。他使用了很多作者的作品，其中最著名的是塞缪尔·约翰逊。约翰逊也很感激凯夫多年来对他的雇用。凯夫本人也经常用"西尔韦纳斯城市"（Sylvanus Urban）这一笔名为杂志写作。到了 1735 年，英国出现了精英阶层阅读的杂志，如《评论》（Comment）、《闲谈者》（Tatler）、《旁观者》（The Spectator）等，《旁观者》至今仍在刊印，倾向保守主义。

第二节　媒介品牌的发展阶段

媒介品牌的历史一般从 17 世纪近代报刊诞生时算起，迄今约 300 多年的历史。纵观世界媒介品牌的历史，我们可以将它分为三个发展时期：成型期（17 世纪到 20 世纪 70 年代末）、快速发展期（20 世纪 80 年代到 90 年代中期）、成熟期（20 世纪 90 年代中期至今）。

一 媒介品牌的成型期

从 17 世纪近代报刊诞生到 20 世纪 70 年代，这漫长的 300 多年为媒介品牌的成型期。这一时期，媒介经营仍处于以"提供产品"为主的产品经营阶段，品牌经营还没有获得独立的发展地位。而且，传媒产业的市场竞争空间小。从品牌经营发展史来看，市场竞争尤其是市场自由竞争是品牌经营发展的摇篮，这一阶段的传媒产业并没有形成这种市场环境。自近代以来，以报纸为代表的出版业一直是以"出版自由"和"新闻自由"为鹄的，被认为是民主的力量和"第四种权力"，它与政治、文化等多种社会因素存在着密切复杂的关系，其市场竞争历来受到政治等多种因素的影响和限制。广播电视行业长期以来一直是受限行业，只有为数有限的组织从事该行业的生产和经营，更不存在完整意义上的自由竞争。另外，传媒产业的品牌经营基本上属于"无意识经营"。在 20 世纪 80 年代品牌定位理论出现以前，最具有代表性的品牌理论是品牌形象理论，由于大众传媒具有与受众沟通的"先天优势"，品牌形象理论对传媒产业没有形成实质性的影响。所以，从整体来看，这一阶段的媒介品牌经营还处于从无意识成长到有意识经营的成型时期。

这一时期，品牌经营在不同传媒行业的发展是不平衡的。比如，在广播电视行业，品牌经营还没有引起多大的重视，而在杂志业和电影业，它已经初具规模了。

这一时期，除美国外，其他国家的广播电视业都是以公营或国营为主的垄断性行业，其基本理念是"花公众的钱，为公众提供优质的产品和服务"，品牌问题基本上没有受到关注，只是在国际传播和国际竞争中才"偶露峥嵘"。即使在实行商业化体制的美国，广播电视业也是受限行业，几大电视网垄断竞争，品牌经营的必要性并不突出。

报纸的情况要复杂一些。17 世纪到 18 世纪，报纸多是政党性的，或者是与政党等利益团体紧密联系，几乎谈不上品牌经营问题，或者说谈不上现代意义上的品牌经营。19 世纪 30 年代以后，以美国和西欧、日本为代表，廉价报纸开始出现，并逐渐成为报纸产业的"主力军"。这些国家的报纸在相互竞争的过程中尽管没有明确的品牌经营意识，还是为我们留下了不少品牌经营的经典案例，如《纽约时报》、《读卖新闻》（*Yomiuri Shimbun*）等。

《纽约时报》在创刊时就在新闻上力求报道客观，在社论上尽量议论持平，希望能够在《（纽约）论坛报》（The Tribune）的感情冲动和《（纽约）先驱报》（The Herald）的道德沉沦两个极端之间，走一条中间道路。1896 年，阿道夫·澳克斯（Adolph Simon Ochs）收购了《纽约时报》，他进一步强化《纽约时报》真实、客观、庄重的品牌个性，并确立了"所有适宜刊载的新闻"（all the news that's fit to print）的接办宣言和"无畏无惧，不偏不倚，并不分党派、地域和任何特殊利益"（To give the news impartially，without fear or favor，regardless of any party，sect or interest involved）的新闻报道方针。此后的百余年来，《纽约时报》一直重视保持自己的品牌形象，到 20 世纪中期，历经几代人的努力，它已经成为美国报业的第一品牌，获得了"时代的记录者"的美誉。不过，从整体来看，这一阶段的报纸竞争还处于产品竞争层次，各个报纸在整体风格、目标受众和报纸个性等方面，都没有形成太大的差别，品牌经营尚处于无意识的萌芽期。到 20 世纪，世界各国的主要报业市场形成了独家垄断或垄断竞争的局面，品牌经营没有能够随着历史的发展和其他产业品牌经营的发展而取得实质性的进步。

杂志的品牌经营在四大媒体中发展最早，也最成熟。从 17 世纪英国的文学性杂志到 20 世纪初美国的《时代》、《读者文摘》（Reader's Digest）等大众化新闻、消费杂志横空出世，再到 20 世纪中期前后花样繁多、受众定位明确的男性杂志、女性杂志、休闲杂志不断涌现，杂志业一直处于传媒产业品牌经营的领先地位。

电影的品牌化经营，尤其是以好莱坞为代表的美国电影的品牌化经营，在 20 世纪中期已经走向成熟，它不但为 80 年代以后电视产业的品牌经营提供了可资借鉴的经验，而且对所有产业的品牌经营都具有一定的参考价值。

二　媒介品牌的快速成长期

20 世纪 80 年代到 90 年代中期是媒介品牌的快速成长期。从 20 世纪 80 年代开始，传媒产业品牌经营的条件越来越充分。

首先是有了品牌理论的推动。1981 年，艾·里斯（Al Ries）和杰克·特劳特（Jack Trout）出版了《广告攻心战略——品牌定位》一书，标志着品牌定位理论的成熟。80 年代中期到 90 年代初，品牌资产理论开始流行。这些理论和传统的品牌形象理论一起，构成了相对完整的理论体系。

其次是传媒产业的发展和媒介市场化程度的提高。品牌，是在商品销售过程中产生的，品牌经营实践和品牌理论，是在市场经济发展和市场竞争中不断完善和成熟的。20世纪80年代以前传媒产业品牌经营明显落后于所有产业的平均发展水平，传媒产业的受限性质和垄断状态是最主要的原因。这种情况在80年代发生了质的变化。

首先，这归功于科学技术的发展，尤其是有线电视技术、调幅广播技术、电脑办公系统、激光照排和印刷技术的发展，这些技术为广播电视和纸质媒体的发展提供了强有力的支持。

其次，"解除管制"运动为传媒产业市场化运作和市场竞争提供了制度和政策上的保证。在这十几年间，传媒产业无论是从规模、种类还是从市场化程度上，都取得重大的发展，传媒产业之间的竞争，尤其是新兴媒介之间和新老媒介之间的竞争日趋激烈，品牌经营日渐成为竞争的利器。

再次是受众的需要。受众的品牌消费需要不是在这个时期才突然发展起来的，此前杂志和电影品牌经营的成功经验告诉我们，受众早就有品牌消费的强烈需要，只是由于技术和产业发展等条件的限制，诸多大众媒体如绝大多数报纸、电视、广播等一直只能走"大众"化的产品经营路线，在品牌经营方面鲜有作为。当然，在20世纪八九十年代，整个社会的品牌消费不断升温，受众的媒介品牌消费需求比以前更加强烈了。

最后也是广告商的需要。媒介品牌经营在这一时期得到发展，广告商的需要是一个至关重要的推动力。20世纪80年代，商品生产整体上已经从"卖方市场"转向了"买方市场"，为了避免产品和商品的积压，"为生产而生产"的观念已经被"为销售而生产"的观念所代替，锁定独特的消费群体，有目的地生产符合他们需求的商品，成了商品生产和销售的基本思路。在这种情况下，广告商对媒介广告服务的要求不再满足于抵达无名的、数量巨大的"大众"，而是要求抵达明确的、能描述的、个性明显并且和商品消费者相一致的目标受众，他们不再愿意为"无用"的大众付费。媒介品牌经营的主要目的之一就是要"生产"这种个性化受众，而不是不可描述的"大众"。仅仅将产品最大化地传递给消费者，这种司空见惯的思维方式和操作原则到80年代已经越来越不适用。有时候，媒体甚至把品牌当作一个有效的区隔工具，剔除"无用"的受众，以免增加媒介的费用，尤其对依靠广告收入补贴发行的报纸、杂志来说，这种做法已经不足为奇。

品牌经营意识迅速提高，是这一时期传媒产业的一个突出现象。主动地按照品牌经营的规律来打造品牌、经营品牌，成为传媒产业的一个热门话题。

从品牌经营实践来看，在这短短的十几年里，媒介品牌建设取得了长足发展，尤其是美国和西欧的一些国家，新品牌迅速成长，老的组织品牌也通过新的产品品牌注入生机，媒介品牌经营形成了相互竞争、互动发展的局面。以美国为例，《纽约时报》（*The New York Times*）、《华盛顿邮报》（*The Washington Post*）等报业品牌老而弥坚，三大电视网通过推出新的主持人品牌和节目品牌实现新生，《国家地理》（*National Geographic*）、《财富》（*Fortune*）等杂志品牌则通过向电视频道、论坛、会展等的延伸迅速成为世界级的媒介品牌。最引人注目的是一批个性化、受众定位准确的新品牌迅速成长，如《今日美国》（*USA Today*）等报纸品牌，CNN、MTV、HBO、FOX 等电视品牌、《马克西姆》（*Maxim*）等杂志品牌。CNN、MTV 是它们的杰出代表，这两个分别创建于 1980 年和 1981 年的有线电视品牌，到 90 年代中期下属频道已经由一个发展为几个，市场由美国走向全球，各自身价也都飙升至近 10 亿美元。经过十几年的发展，它们已经成为世界电视产业的顶级品牌了。

三 媒介品牌的成熟期

20 世纪 90 年代中期至今，世界媒介品牌进入了它的成熟期。技术的进步尤其是以互联网为基础的通讯网络的发展为媒介品牌经营提供了极大的可能性空间，世界各国的品牌实践则把这种可能性变成了现实。

首先，技术的发展为品牌经营提供了极大的可能性空间。美国著名传播学者斯蒂文·小约翰（Little John. S. W.）说过，印刷机反映了早期工具理性的胜利，"工具不仅延长了人类的手臂，而且也延长了人类的思维"（斯蒂文·小约翰，1999：5）。同样的道理，可以说，电视等音像传播技术带来了视觉文化和情感交流的复归，以互联网为代表的信息传播技术则注定了人们对媒介品牌的追求。这主要体现在两个方面。

第一，有线电视技术、摄像录音技术尤其是数字传播技术的发展为传媒产业的内容和形式创新开拓了极大的可能性空间，受众所面临的选择越来越丰富。早在 20 世纪中后期，以麻省理工学院（MIT）媒体实验室的尼古拉斯·尼葛洛庞帝（Nicholas Negroponte）为代表，不少人已经为我们描述了一种可喜又可悲的技术前景：当我们有 1000 个频道的时候，假如你从一个台跳到另一个台，每个台只停留 3 秒钟，就几乎要花一个钟头的时间，才能把所有频道从头到尾扫一遍。还没等你判断出哪个节目最有趣，节目早就播完了。尼古拉斯·尼葛洛庞帝为此替我们找了一位"数字化的亲戚"，希望通过"我的日报"来解决这种困境。从近10年的实践发展来看，代表技术理想的"我的日报"并没有实现，面对"海量"信息和日益丰富的选择，人们更多的是借助"品牌"这个手段。媒介消费，不是纯粹理性个人化的，它需要一种体验、一种情感、一种社会归属和认同。

第二，媒介之间的可替代性大大增强，品牌成为媒介组织发展的重要手段。过去以媒介种类不同而区隔的媒介行业的边界正在不断消失，其经营领域正在逐渐融合。这既体现在传统的报纸、杂志、广播、电视等不同大众媒介在相互进入的成本、信息内容的转换、受众的接受习惯等方面，还包括传统大众传媒和电信产业、电脑产业的不断融合。这种技术上的可能性意味着不同行业种类之间的壁垒将逐渐消失，与此相关的传统行业优势——不少传统媒介组织赖以生存和发展的核心竞争力的根源，将日益失去其决定性价值。近年来越来越多的发生在传媒产业以及传媒产业与其他产业之间的跨行业、跨产业兼并现象形象地证明了这一发展趋势。媒介组织新的核心竞争力何在？品牌，以其不可复制、容易延伸、与消费者联系密切等属性，正逐渐成为许多媒介组织的竞争力来源。

第三，从品牌经营实践来看，上一个阶段最突出的现象是品牌的内涵式成长（新品牌成长和老品牌更新），这一时期的突出表征是品牌向上下游纵向延伸、向相关产业横向延伸和品牌并购、品牌整合。品牌，不再是某一媒介类型的品牌，产业链某一特定阶段的品牌，它更是一种风格、一种标准、一种信誉、一种读者群，它以核心产品或组织为中心，通过延伸或购并的方法向四周扩张，迅速壮大。从20世纪90年代初开始，时代华纳、迪斯尼、索尼、维亚康姆、贝塔斯曼等大型媒介集团都在努力将自己的品牌单独的或者是通过结盟，植入到许多新老媒介之中。

总之，世界传媒产业的品牌经营经历了一个从无意识经营到有意识经营、从单一行业内经营到跨行业经营、从依附于产品经营和资本经营到逐渐获得独立地位、从媒介经营的边缘不断走向中心的发展过程。这一过程既是连续不断的，又呈现出明显的阶段性特征，它与人们的品牌消费需求、经营者的品牌意识密切联系，也是传媒产业、科学技术、社会政治经济文化等多种内外部因素共同作用的产物。由于中国、政治、经济文化和传媒产业发展的不平衡性，世界传媒产业品牌发展的这种历时阶段性特征在中国得到了共时性的呈现。所以，梳理世界传媒产业品牌经营的历史，不仅具有理清源流的作用，对当前中国传媒产业品牌经营的发展，也有很大的借鉴意义。（此节主要参考宋祖华，2005）

第三节 中国媒介品牌发展概述

中国媒介品牌的发展路径与西方有所不同。一般认为从 1815 年（《察世俗每月统记传》在马六甲出版）到 1915 年（《新青年》杂志在上海出版）是中国传媒业发展的初期。到了 20 世纪二三十年代，无论报刊还是图书业都取得了长足发展，涌现出了一批名报名刊，如《大公报》、《申报》、《良友》画报等，另外还出现了商务印书馆、中华书局等知名出版机构。由于近现代中国政权的更迭和持续的动乱，以及媒介管理机制的变迁，自民国时代开始演进的媒介品牌之路一波三折，且几经中断，实际上到了 20 世纪 80 年代才又重新走上正轨。

一 中国媒介品牌的发展历程

中国传媒产业的品牌经营，可以追溯到 20 世纪初期的上海报业。经历了几十年的发展，上海报业到 20 世纪初市场竞争已经相当激烈，各大报纸都采用了一些推广和营销手段，增强自己的品牌在消费者心目中的地位。《申报》最具有代表性，它不但注重报纸的发行推广工作，还改变了等待广告客户上门的传统，专门成立了广告推广科，向中外工商企业宣传广告对于促进商品销售的作用，宣传《申报》读者面广、发行数量大、刊登的广告具有特殊效力的优势。《申报》更注重与读者的沟通，通过"本报启事"等自身广告、纪念日庆典活动、兴办文化事业、推行社会服务等手段推广自身品牌形象。《新闻报》等报纸也经常推出一些即使现在看来也相当专业的品牌宣传举措。例如，《新闻报》曾搞过一次空中广告活动，把写着"《新闻报》发行量最多，欢迎客选"字样的红布条系在气球上，升入空中，以扩大自己的影响力。

到了 20 世纪 30 年代，中国报业的品牌经营实践已经由点到面，扩散到了全国，邹韬奋的"生活"系列报刊、《大公报》、成舍我的"世界"报系等都是极具代表性的个案。邹韬奋先生一生创办和主编过"六刊一报"，有五个使用"生活"作为刊（报）名称的关键词，而且这些刊（报）在政治立场、个性特征和风格上继往开来，一脉相承，形成了强烈的品牌效应。这些报刊除《生活》周刊外，存在的时间都不长，但都产生了很大的影响力，这种品牌效应功不可没。上述这些经营活动，尽管还不能称为现代意义上的品牌经营，却具有很大的历史价值和个案价值，它们在中国媒介品牌发展史上占有不可替代的地位。

20世纪40年代末到70年代末，基于特定的生态环境和历史环境，中国的媒介尤其是大陆的媒介一直是事业性质媒体占据绝对主导地位，意识形态功能高度强化，产业性质极度弱化甚至被否认。在这种情况下，媒介品牌经营几乎无从谈起。

20世纪80年代到90年代初，是我国媒介品牌建设的过渡阶段，产业性质得到了逐步确认，产业发展日益加快，竞争也日趋激烈。在这个大背景下，媒介消费的品牌需求不断扩大，品牌经营问题开始受到关注，尤其是《南方周末》、《今晚报》等报纸的创刊并迅速走红以及"四大晚报""走向全国"的现象，体现了报业品牌经营的巨大潜力。进入90年代以后，随着周末报、晚报、都市报的相继兴起和电台、电视台数量、播出时间的不断扩大，"一报两台"的局面不复存在，如何扩大自己的品牌效应以取得更好的经济效益和社会效益，成为许多媒体经营管理面临的一个重要课题。（宋祖华，2005）

最近10年，中国进入"品牌热"的阶段，传媒机构的影响也不断攀升。经过多年的打造，目前已出现较有品牌价值的媒体或媒体集团，如南方报业传媒集团、时尚杂志集团、湖南卫视等。中国传媒行业已由产品竞争进入品牌竞争阶段。特别是南方报业传媒集团，自20世纪90年代末，因应形势变化，实施"龙生龙，凤生凤"的多品牌发展战略，打造了《21世纪经济报道》、《南方人物周刊》、《城市画报》等一系列成功的子品牌媒体，被同行誉为中国报业"定位最清晰、结构最合理，综合运营能力最强，在国内最具影响力"的报业传媒集团。最近几年，为适应数字化时代的生存需要，集团又提出了媒体聚合战略，通过集团旗下不同媒体形态的聚合、不同媒体品牌的聚合以及不同业务单元的聚合，将南方报业打造成国内领先、具有国际竞争力的跨媒体、跨行业、跨地域的传媒集团。

二　中国媒介品牌的现状分析

在传媒时代，影响力很大程度上来自传媒，所以，研究需要量化指标，由此才能进行深入的剖析。

在 2010 年中国 500 最具价值品牌中，传媒地位和品牌价值日渐突出。世界品牌实验室基于财务分析、消费者行为分析和品牌强度分析得出的排行榜中，CCTV 列电视媒介品牌第一，同时位居 500 强中的第四位，其品牌价值为 1135.83 亿元；第二位是凤凰卫视，其品牌价值为 243.88 亿元；第三位是江苏省广播电视总台（集团），品牌价值为 73.38 亿元，排名 500 强中的第 123 位，居省级广电媒体第一位，且品牌影响力继续被定义为"全国性"。江苏广电的品牌价值比上年上升 10.5 亿元，排名比上年上升 7 位，品牌资产增长幅度和排名提升幅度均列省级广电第一位，在品牌建设上取得历史性突破。

而在所有报业传媒中，南方报业最为耀眼，品牌价值达 173.91 亿元，位居传媒三甲之列。旗下的《南方日报》、《南方都市报》、《南方周末》、《21 世纪经济报道》分别被评估出 60.45 亿元、48.17 亿元、47.98 亿元、17.31 亿元的品牌价值，分别位居"中国 500 最具价值品牌"总榜单的第 148 位、第 181 位、第 183 位和第 405 位。位居第四的是人民日报报业集团（162.71 亿元）。

但是从整体来说，中国媒介品牌的实力仍很弱，媒介品牌管理仍相对滞后，具体表现在以下几个方面：

1. 缺乏世界知名媒介品牌

中国媒介品牌缺乏具有世界范围内影响力的知名品牌，中国传媒的影响力即使有些在世界范围内有影响力，也仅仅局限于华人范围。如凤凰卫视。

2. 国内大多数媒介品牌规模小，实力弱

当前，我国大多数媒介品牌的规模小，实力弱。我国规模最大的媒介品牌 CCTV 的广告收入不过 10 多亿美元，品牌价值不过 100 多亿美元，和国外媒介品牌动辄年收入超百亿美元、品牌价值超千亿美元相比，可谓天壤之别。

3. 国内大多媒介品牌都不成熟

国内大多媒介品牌的运作仍不成熟，从它们的编辑方针到日常运营都还不成熟，它们更擅长炒作和自我炒作，但是对于自身的可持续发展和健康发展考虑较少。

4. 大部分媒体没有对品牌进行全面的价值转移和开发

品牌的价值只有通过全面的价值转移和开发，才能真正体现其价值，中国传媒企业只有为数不多的企业进行了这方面的尝试。如南方报业传媒集团实施品牌创新战略，力主"龙生龙、凤生凤"，在品牌价值转移上进行了很好尝试，在读者方面也进行了很好尝试。

5. 大部分媒体缺乏长远的品牌战略规划

中国的媒介品牌不可以速生，但是常常速败，这是和它们缺乏长远的品牌战略规划有着密不可分的关系。目前，很多传媒企业不重视媒介品牌的塑造和规划，主要表现在很多企业缺乏相关的职能和管理人员。

在当前市场环境下，很多媒体没有成为真正的市场主体，也未从市场的角度来思考传媒的发展问题，团队水平更是参差不齐，而这三者恰恰是媒体成功的前提和基石。我们需要从以下几个方面做出努力：

第一，我们必须清醒地认识到传媒产品的商品属性和传媒企业的企业化属性，把自身定位为企业，实现企业化运营。

传媒企业提供的是信息，其事业是信息服务商。传媒企业只有把传媒产品看成商品和把传媒企业看成真正的企业和市场主体，才能够真正为受众和读者提供喜闻乐见的传媒产品，也才能致力于管理水平的不断完善和经济效益的不断提高，进而为传媒产品质量的提高和传媒企业的进一步发展壮大提高更多的资金支持。

当前，传媒产品和传媒企业常常被赋予社会属性和舆论引导作用，而严重忽视了传媒产品的商品属性和传媒企业的企业化属性。但是，实践证明，片面强调传媒的社会属性和舆论导向作用其影响力必将大幅度下降，甚至会出现企业运作困难，更严重的则导致破产。而正确认识到传媒企业化属性的传媒企业，其社会效益反而更高，其舆论导向功能也发挥得更好。

第二，必须采取市场化视角。传媒企业只有从市场和客户的角度出发来定位和开发产品，才能引起受众的注意，也才能激发受众的消费欲望，取得良好的发行效果和影响力，也才能达到舆论导向的作用，如果过分强调其社会属性，就可能忽略受众的真正需求，就会变成自说自话，不仅达不到舆论导向作用，还使自己丧失发展后劲。

传媒企业只有坚持市场化改革，以市场和客户为导向，才能提高其自身的传播力，进而才能具有公信力和影响力，最终获得良好的经济效益，提高企业的可持续发展能力。

第三，必须具备高水平的采编、经营和管理团队。

在传媒企业的运作中，要同时具备采编、发行和广告经营以及管理这三项基本活动。在三者的关系中，采编是基础，发行和广告经营是根本，管理是支撑。因此，传媒企业要获得成功不仅需要具有高水平的采编团队，还需要具有高水平的发行、广告经营团队和管理团队，三者缺一不可，在当前竞争日趋激烈的传媒业市场中，经营和管理起着越来越重要的作用。我国很多传媒企业的失败，其根本原因就在于发行、广告经营与管理的落后或缺失（郭全中，2008）。

第三章

媒介品牌战略

美国资深新闻人、《今日美国》记者凯文·曼尼（Kevin Maney）在其著作《大媒体潮》中预测：21 世纪的媒介品牌将成为激烈战场，无论是同类媒介品牌之间的市场争夺，还是新兴媒介品牌对传统品牌的资源侵占，都会令传媒市场更不平静，媒介市场竞争已逐渐成为品牌的较量。在传媒经营的过程中，品牌战略是媒体占领市场的一个制高点。品牌化经营对于媒体的整体运行起着决定性的作用。

第一节 品牌战略概述

一 品牌战略与媒介品牌战略

品牌战略（Brand strategy）是企业以品牌的营造、使用和维护为核心，在分析自身条件和外部环境的基础上制订的企业总体行动计划。品牌战略的最终目的在于建立经久不衰的知名品牌，长久地赢得消费者的信赖，实现企业的经济价值和社会价值。

战略的本质是塑造出企业的核心专长。所谓的品牌战略，包括品牌化决策、品牌模式选择、品牌识别界定、品牌延伸规划、品牌管理规划与品牌远景设立六个方面的内容。

品牌化决策解决的是品牌的属性问题。是选择制造商品牌还是经销商品牌、是自创品牌还是加盟品牌，在品牌创立之前就要解决好这个问题。

品牌模式选择解决的则是品牌的结构问题。是选择综合性的单一品牌还是多元化的多品牌，是联合品牌还是主副品牌，品牌模式虽无好与坏之分，但却有一定的行业适用性与时间性。

品牌识别界定确立的是品牌的内涵，也就是企业希望消费者认同的品牌形象，它是品牌战略的重心。它从品牌的理念识别、行为识别与符号识别三个方面规范了品牌的思想、行为、外表等内外含义，其中包括以品牌的核心价值为中心的核心识别和以品牌承诺、品牌个性等元素组成的基本识别。

品牌延伸规划是对品牌未来发展领域的清晰界定。明确了未来品牌适合在哪些领域、行业发展与延伸，在降低延伸风险、规避品牌稀释的前提下，以谋求品牌价值的最大化。

品牌管理规划是从组织机构与管理机制上为品牌建设保驾护航，在上述规划的基础上为品牌的发展设立远景，并明确品牌发展各阶段的目标与衡量指标。品牌远景设立就是对品牌的现存价值、未来前景和信念准则的界定。

媒介品牌战略是媒体为了提高自身的市场竞争力，围绕产品的品牌所制定的一系列长期性的、带有根本性的总体发展规划和行动方案。如南方报业集团相继提出的"多品牌战略"和"品牌聚合战略"，湖南卫视提出的"快乐中国"定位战略等。

二 媒介品牌战略的特点

媒介品牌战略是针对媒介发展提出来的管理理念，媒介管理者必须掌握媒介品牌战略的特征。只有这样，才能游刃有余地实施品牌战略。具体来说，媒体品牌战略具有以下特点。

1. 整体性。品牌战略是媒介为了提高自身竞争力而采取的一种竞争手段。这种竞争手段不是解决片面的、局部的问题，而是全局性问题，是媒介公司的系统问题。品牌战略的制定要从长远角度看问题，把各方面的制约关系加以综合考虑，注重总体的协调和控制，将整体功能发挥最大。

2. 长期性。品牌战略的建立是一个长期的过程。媒介公司在树立品牌时，注重的并不是眼前的和近期的利益，而是品牌的长期生存大计。在这个长期过程中，媒介需要发掘、培育、宣传、树立和扩大品牌的价值及最终维持品牌价值。

3. 系统性。品牌战略的长期性决定了它具有系统性。只有对品牌进行系统的操作，才能使其走得更远。品牌战略的系统性包括了品牌的创造、宣传、发展、维护、消退等一系列环节。而系统内的各个环节与过程都是相互联系和相互影响的，并可以转化和连接。

4. 指向性。由于品牌战略是站在全局高度制定宏观总体规划，从而决定了其对下属的各种具体措施和活动计划具有指向作用。在规划实施期内，所有的具体行动均要与品牌战略的总体要求一致，如有背离，须及时调整。

5. 创新性。制定品牌战略是一个创新过程，每一个媒介自身条件都不同。媒介树立品牌时，要根据自身的特点和条件，准确无误地选择和确定自己的经营目标，创造出有别于他人的独特性。只有不断创新，才能在竞争激烈的市场出奇制胜，起到引领作用。一个媒介如果采取简单模仿竞争对手的做法，跟着竞争对手行动，那么在激烈的市场竞争中它就会始终处于被动地位，不可能赢得市场竞争的最终胜利。

6. 社会性。媒介具有传播信息、宣传文化知识等功能，而品牌媒介具有更广泛和深入的社会传播效果，能够影响和左右社会舆论，引领社会思潮。品牌媒介的特殊地位，决定了在制定媒介品牌战略时要充分考虑到品牌的巨大社会影响力。（范媛媛，2010）

三 媒介品牌的基本类型

任何经营者在制定自己的品牌战略之前，都必须分析自身的品牌现状，从而做出相应的决策。美国 Young & Rubicam 广告公司（Y&R，全球最大的广告代理商）开发出了一种品牌评价模式，在此评价模式中品牌知觉优势及品牌活力是两大要素。其构成如下图所示：

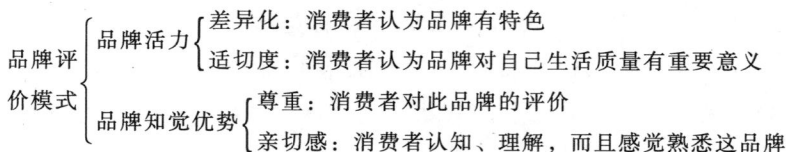

品牌评价模式
- 品牌活力
  - 差异化：消费者认为品牌有特色
  - 适切度：消费者认为品牌对自己生活质量有重要意义
- 品牌知觉优势
  - 尊重：消费者对此品牌的评价
  - 亲切感：消费者认知、理解，而且感觉熟悉这品牌

图 3 - 1　Y&R 品牌评价模式

根据上述品牌评价模式可以将品牌分为四个类型：A. 新品牌；B. 上升品牌；C. 领导品牌；D. 衰退品牌。再以品牌知觉优势为横轴，以品牌活力为纵轴，可做出如下矩阵图：

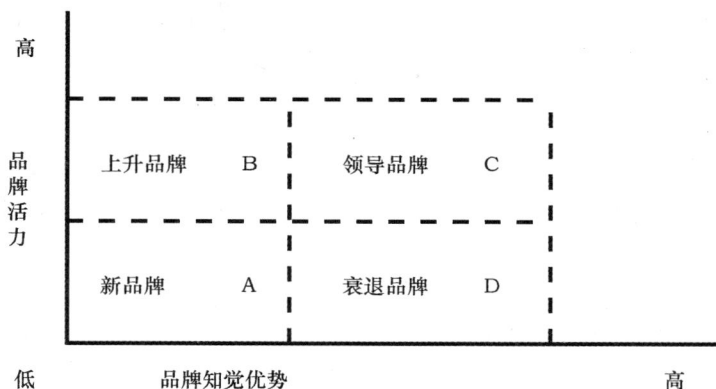

图 3 - 2 品牌的四种类型

四 媒介品牌战略的选择

对应于不同的品牌类型，媒体企业应选择实施不同类型的品牌战略，主要包括：品牌定位战略、品牌强化战略、品牌延伸或扩张战略、品牌撤退战略。具体的对应关系是：

1. 品牌定位战略对应于 A 新品牌。

品牌定位，是指为了满足目标市场的需要而建立品牌形象的过程和结果。它一般发生在品牌创建初期，但对于一些不成功的品牌来说，也存在定位或重新定位问题。

2. 品牌强化战略对应于 B 上升品牌。

上升品牌已经拥有相当的品牌活力，不过还未能取得消费者的品牌认同，即品牌知觉优势仍然偏低，这通常是因为缺乏适当的建立品牌形象的活动造成的。因此，应该加强提高品牌形象的推介活动，以达到领导品牌的地位。

3. 品牌延伸或扩张战略对应于 C 领导品牌。

领导品牌就是在行业中处于领先地位的品牌，此时品牌已得到消费者的认同，并在消费者心目中树立了良好的品牌形象。企业在此阶段应充分发挥和利用品牌效应，尽可能长时间地保持领先地位并最大限度地挖掘品牌的潜力。品牌延伸，分为线性延伸和领域延伸。线性延伸是指将产品稍做改变后用同一品牌推出，领域延伸则是指将一个生产领域建立起来的品牌运用于另一个生产领域。由于消费者越来越有个性及由此形成的品牌忠诚，要改变消费者认知的代价变得越来越昂贵，因此品牌延伸绝大部分是一个产品品牌的线性延伸。

4. 品牌撤退战略对应于 D 衰退品牌。

品牌撤退，是指由于市场环境或品牌地位不当等原因，老品牌已经不适应市场需要，而且已经无法更新或更新成本远大于创建新品牌的成本，所以以新品牌代替老品牌，重新开始品牌资产创造的工作。

第二节　媒介品牌战略分类

媒介品牌战略按照品牌与产品的关系及扩展方向，大致可分为三种：单一品牌战略、多品牌战略和复合品牌战略。

一　单一品牌战略

单一品牌又称统一品牌，它是指企业所生产的所有产品同时使用一个品牌的情形。这样在企业不同的产品之间形成了一种最强的品牌结构协同，使品牌资产在完整意义上得到最充分的共享。

单一品牌战略是以单个品牌为思考对象的，这个品牌可以是具体的电影电视剧中的人物品牌、媒介组织中的记者主持人品牌、媒介产品品牌，也可以是较为抽象的组织品牌，如广播电视频道（频率）品牌、广播电台电视台品牌、报纸品牌乃至各个层次的公司、集团品牌。

单一品牌战略的优势不言而喻，具体包括：

1. 能向社会公众展示传媒产品的统一形象，可以大大提高知名度，使媒体在推出新产品时省却命名的麻烦，促进了系列产品的推销。

2. 因所有产品公用同一品牌，可以大大节省品牌设计和品牌推广等方面的费用，从而减少经营品牌的总开支。

3. 可在媒介品牌已赢得良好市场信誉的情况下顺利推出新产品，使新产品能较快进入市场。

4. 能把媒体组织的文化广泛地传播给消费者，让商品具有强烈的识别性，给消费者留下深刻的印象，使消费者轻易地接受新产品，从而提高媒体的信誉和知名度。此外，利用同一品牌推出新产品，能在消费者心中留下媒体不断追求创新和发展的良好印象，从而降低了消费者在接受产品时所遇到的阻力和风险。

当然作为单一的品牌战略，也容易出现一定的负面效应，主要表现在：

1. 媒体组织要承担很大的风险。由于各种产品表现出明显共生的特性，一旦统一品牌下的某种产品因某种原因出现问题，就可能发生"株连效应"而波及其他种类产品，从而影响媒体所有产品的形象和整个品牌的声誉，最终使媒体产品销售额下降。

2. 所有产品合用同一品牌容易造成消费者混淆产品和难以区分产品质量档次，给消费者购买商品带来不便。

3. 如果同一品牌下的产品性质差异较大，甚至有相斥性，就会容易引起消费者不良心理反应；如果消费者一开始对产品产生了抵触心理，则会导致品牌个性淡化，以至于自毁品牌形象。（薛可、余明阳，2009：59—60）

按单一程度的不同，我们可将单一品牌战略细分为三种：产品项目品牌扩张战略、产品线品牌扩张战略和伞形品牌扩张战略。

1. 产品项目品牌扩张战略。

产品项目品牌扩张战略，是指品牌扩张时，使用单一品牌，对企业同一产品线上的产品进行扩张。

同一产品线的产品面对的往往是同一消费群，产品的生产技术在某些方面也存在联系，在功能上相互补充，都是用来满足同一消费群体不同方面的需求，因而产品项目品牌扩张战略扩张相关性较强，容易取得成功。

【案例】《读者文摘》的兴衰

《读者文摘》是著名的美国杂志，在全球多个国家和地区都有发行。1922 年创刊，现每月发行。这是一本能引起大众广泛兴趣的内容丰富的家庭杂志。它所涉及的故事文章涵盖了健康、生态、政府、国际事务、体育、旅游、科学、商业、教育以及幽默笑话等多个领域。

1922 年，德韦特·华莱士（DeWitt Wallace）和里拉·安切森（Lila Acheson）夫妇俩以 1800 美元的资本在纽约一家小酒店的地下室创办了《读者文摘》杂志。同年创办的读者文摘出版公司因这一杂志而名声大噪，后来发展成为国际性的大型出版企业，经营范围包括图书、杂志和音像制品。

《读者文摘》创办伊始，德韦特·华莱士就制订了面向普通大众的编辑方针，即选登那些语录性的、与读者的日常生活息息相关的并具有永恒价值的杂志文章；摘登那些简洁、通俗易懂图书的精彩部分以及其主人公受读者尊敬的剧作。华莱士的这一编辑政策非常适合普通读者的口味，再加上《读者文摘》独特的版式（32开袖珍版）和鲜明的印刷风格，因而大受欢迎。1938年，《读者文摘》第一个外国版英国版创办。1939年，《读者文摘》的发行量突破300万册。为了扩展文摘内容以满足读者阅读需求，读者文摘出版公司早在1934年12月就创办了第一期《读者文摘》"图书增刊"。这一增刊的内容是阿诺德·比纳特创作的《如何度过一天中的24小时》的缩写。首期增刊发行之后非常热销，公司决定在以后定期出版图书增刊。到1936年图书增刊的影响已经波及了书业界的各个角落。

《读者文摘》的成功为华莱士奠定了雄厚的经济基础。通过"图书增刊"这一小窗口，华莱士夫妇看到了新的希望。经过市场调查，华莱士夫妇发现，读者之所以喜爱"图书增刊"是因为他们可在有限的时间内阅读到经过压缩的作品的精彩部分，而且《读者文摘》小巧便携的版式及装帧给读者阅读增添了诸多方便。他们的调查还发现其读者群以女性为主，而且多为职业女性。极善于准确把握市场行情和读者口味的德韦特·华莱士决定扩大其业务范围，向图书出版进军，并进一步决定以文摘的形式出版图书，这就是今天仍然风行美国的文摘式图书。

文摘式图书以与《读者文摘》相同的版式和印刷风格出版被定为连续出版物，每集包括4本书，即2本畅销小说、1本名著和1本非小说。编辑方针是在不破坏原作风格的前提下进行修改、压缩或缩编，尽力把原作的精彩内容奉献给读者。为了保证图书内容的质量以及编辑出版政策的贯彻执行，华莱士夫妇从《读者文摘》中拿出部分利润，花高薪聘请了出版专业人才，包括出版高级管理人员和名编辑等组成了一个强有力的编辑出版班子。而且这种向雇员支付高薪的做法一直保持至今，成为读者文摘出版公司的一大传统和特色。

1940年，读者文摘出版公司正式开始做图书出版生意。第一个系列就是汇集"图书增刊"精彩内容的《读者文摘读本》，结果大获成功，销售60万册，赢利50万美元，而且这一销售数字仅占《读者文摘》客户名录数据的10%。该丛书包括18部图书和《读者文摘》其他精彩内容。1951年又出版了《文摘创刊30周年读本》。此后，该公司又相继推出了《今日最佳非小说》、《世界最佳读物》等著名文摘式丛书系列。

　　1959 年，《读者文摘》进军音像出版业。在科技发达的今天，《读者文摘》的发行方式正在走向多元化，它一直积极拓展其他发行渠道，充分利用电视、零售业以及互联网等多种渠道宣传自己。《读者文摘》在其鼎盛时期以 21 种不同语言在全球 60 多个国家和地区发行，是美国乃至全球发行总量最大的杂志。

　　2009 年 8 月 24 日，读者文摘集团出人意料地申请破产保护。

　　网络传播及受众阅读习惯的改变是读者文摘集团危机的根源所在。由于《读者文摘》的特点是刊登已发表的小说缩编和转摘其他杂志文章，在当今出版业中已显得落伍。它的美国发行量 2009 年从 968 万下降至 831 万，跌幅为 14%，而美国发行量前 10 名的杂志 2009 年发行量平均仅下降 1%。此外，《读者文摘》广告收入 2009 年也下跌了 7.2%，至 121 万美元。1995 年之后，公司股价持续走低，财报连年出现亏损。其间，公司也曾做过多种努力，调整经营战略，包括对主打杂志《读者文摘》进行数次改版，增加名人专栏和新出版物介绍等，并卖掉公司在纽约的总部，但无可奈何花落去，《读者文摘》无法再现昔日辉煌。

　　《读者文摘》迅速崛起，又从巅峰跌落，最终宣布破产，正反映了产品项目品牌扩张战略的优势及局限。

　　2. 产品线品牌扩张战略。

　　所谓产品线品牌扩张战略，是指品牌扩张跨越产品线，不同产品线中的产品使用同一品牌。

　　媒介品牌扩张使用产品线品牌扩张战略，也要寻找一定的前后相关性，使品牌的基本元素相似或相同。

　　产品线品牌扩张战略可以有效地促进品牌扩张，但运用时应注意：

　　第一，产品线是相对有限的，因而限制了已有品牌资源的扩张范围，使品牌不能发挥其最大的潜在价值。

　　第二，产品线品牌战略要求与已有产品相近或相关，有重大创新的突破性新产品常在扩张中受到影响，这样阻碍企业创新步伐。

　　第三，不同产品使用同一品牌，若其中一种广告出现问题，其他产品也会受到不良影响。

【案例】美国《国家地理》杂志

1888年1月13日，33人在美国华盛顿的宇宙俱乐部聚会，成立了一个以"增进和普及地理知识"为宗旨的学会——美国国家地理学会（National Geographic Society），同年10月，新成立的学会创办了自己的会刊，这便是如今享誉全球的美国《国家地理》杂志，创办人之一是电话的发明者贝尔（Alexander Graham Bell）。

国家地理学会现已成为全球最大的非营利的教育与科学机构。它通过杂志、地图、书籍、电影和交互式媒体，深入浅出地反映整个世界和世界上的所有事物。一百多年来，从南北两极到广袤内陆，从神秘海洋到浩瀚宇宙，从埃及文物到中国藏羚羊，美国《国家地理》杂志忠实地记录着全球地貌和世界的沧桑变迁。该杂志一直吸引着众多读者。在美国，知识界及社会精英们都以自己是《国家地理》杂志的忠实读者而自豪。

国家地理学会属下还有：国家地理视频公司、国家地理地图公司、国家地理学会网站、国家地理探险委员会、国家地理保护基金等实体机构。

国家地理每周一次的系列节目《探险家》以及标志性的长期播出的《国家地理任务》节目和超大屏幕的电影已经荣获了800多个奖项，其中包括122个艾美奖和2个奥斯卡奖提名。2000年6月，国家地理频道与中国内地40多家地方电视台合作推出了《神奇的地球》和《狂野周末》两档节目。

从创立至今，美国国家地理学会资助过的人类探索与科研计划已超过7000件。国家地理学会战略第一条："在全世界的范围内创建统一的品牌形象，其次才是创建一个独特的组织，加强产品在市场的独特地位，产品的高质量等方面的内容。"《国家地理》杂志企业战略第一条也规定："把《国家地理》杂志的品牌向所有国家地理学会的产品（例如图书、电视等）延伸，维持各产品在品牌形象上的统一性。"

美国国家地理学会所有产品都以《国家地理》杂志这个核心品牌为基础进行辐射，品牌统一为其独有的黄色边框和"国家地理"的文字要素。学会要求所有印刷品的封面必须保留黄色边框，所在位置比较灵活，有的与《国家地理》杂志同样尺寸和位置，有的则缩小为不圈住任何内容的单纯标志。正是借助这种统一的品牌形象，国家地理学会旗下的各种产品成功打开市场，并牢牢确立了《国家地理》这一品牌在消费者心中的地位。

在该杂志出版发行之初，学会就选择用这样一个黄色边框来强化其品牌。如今，时间过了 100 多年，在漫长的出版过程中，黄色边框成了世界著名的品牌标识，以及《国家地理》杂志品牌战略中的重要组成部分，而维持这个黄色边框也就成了该杂志品牌维护的重要抉择。

品牌延伸性经营一直是《国家地理》经营计划中的重点，其发展模式是"综合品牌经营战略"，即充分挖掘传统媒体（如杂志、有线电视）与新媒体（如互联网）的有效资源，同时积极推出其他品牌产品以及相关服务。具体说，国家地理学会向市场提供的产品有以下几类：图书、期刊、图片库、教育产品、地图、电视节目、网站和 CD – ROM 等电子产品，以及日用品和印刷出版物。所有这些产品都接受《国家地理》杂志的品牌辐射，因而构成其核心品牌开发战略，即以《国家地理》杂志为核心，向其他国家地理产品进行全面延伸。

很早以前，国家地理学会已经开始尝试制作纪录片，后来成为美国各地电视台、学校和图书馆的必备之物。在出版业方面，国家地理学会旗下拥有《国家地理·旅行家》、《国家地理·探险》、《国家地理·探险者课堂》、《国家地理·儿童版》等子刊，其发行量已逾百万份；学会向市场推出图书、地图集和其他印刷出版物，受到读者的普遍欢迎；它还将触角延伸到了电子媒体领域，开办国家地理频道对全球播出和交流电视节目，并制作成 VCD 和 DVD 对海外发行和销售。此外，它还赞助和支持各种与探险、考古有关的活动计划，举办由全世界中学生参加的两年一度的"国家地理世界锦标赛"，等等。自 1907 年出版第一本书以来，《国家地理》已经用 23 种语言出版了 2000 多种书籍。每年出版 80 多种成人和儿童书籍，除了定期出版摄影专辑和地图集外，国家地理学会的书籍涉及的主题还包括人脑、科学历史、世界文化和宇宙；国家地理电视电影提供激动人心的冒险、科学、自然历史和人们感兴趣的故事。国家地理每周一次的系列节目《探险家》以及标志性的长期播出的《国家地理任务》节目和超大屏幕的电影已经荣获了 800 多个奖项，其中包括 122 个艾美奖和 2 个奥斯卡奖提名。

美国《国家地理》杂志的成功经验表明：实施了品牌延伸战略的产品真正具备内在生命力和由此带来的拓展张力，而这又成为该品牌进行下一步延伸的内在动因。由于对品牌统一性的维护，在传统领域，该品牌产品具有强大的市场控制力，同时，它还从传统强势领域向全新领域进行延伸和拓展，不断推陈出新。在这一过程中，品牌核心价值作为一个体系，应具有前瞻、开放和包容的高贵品质，善于不断吸收、融合新鲜元素，并在跨媒体经营战略品牌。为拓宽市场以增加销售额，美国《国家地理》杂志走国际化发展道路，采取品牌扩张战略，向海外输出版权。《国家地理》杂志创刊之初，当时的读者只有该学会165名会员，而且，在很长的一段时间内，只是使用英语在美国本土出版。1995年，美国《国家地理》杂志在日本落地，出版发行了该杂志的日文版。这是《国家地理》杂志第一个本地文版，为其海外扩张战略铺平了道路。时至今日，该杂志用包括英语在内的20多种语言出版，其影响已从美国本土延伸到了全世界60多个国家和地区。

此外，除《国家地理》杂志本身外，国家地理学会创办的子刊也进入其他国家的传媒市场。例如，在西班牙，旅行类杂志市场竞争本极为激烈，可当杂志封面上出现"国家地理"字样，立刻让《国家地理·旅行家》从同类杂志竞争中胜出，成为该国最成功的旅游杂志。同时，《国家地理·旅行家》向以色列市场进军，还与赫斯特、IDG两家公司合作，授权中国《时尚》杂志社出版了《时尚旅游》。

美国国家地理学会品牌扩张战略相当成功。如，2003年2月，学会在匈牙利创刊了《国家地理·匈牙利版》，两周之内首版12万册，其中90%由报刊亭销售。除日文版属于合资出版，其他的本地版大多授权某个合伙人出版，充分利用了当地的办刊经验、基础设施和内容资源，许多合伙人还被授权出版带有"国家地理"字样的其他品牌产品。起初，美国《国家地理》杂志的决策是，让所有本地版保留本土英文版大部分原有内容，因此，在同样的出版时间内，泰国、丹麦、葡萄牙等国的读者可以获取与英文版相同的信息。后来，该杂志决策层调整了品牌扩张和出版发行思路，认为应该对杂志英文版的内容进行选择，以满足当地消费者的口味和该国市场的需求。这样一来，美国《国家地理》杂志在海外各国的本地版中分配了5%～10%的内容由该国编辑班子自己组织采写，插入当地的一些新闻消息、观点和看法。此外，经与《国家地理》协商，各国本地版的封面也可以与原版有所不同。

在品牌海外扩张的过程中，由于经营环境和实际国情的差异，不同国家《国家地理》杂志本地版采取了不同的经营模式。（赵鸿燕、李金慧，2005）

3. 伞形品牌扩张战略

所谓伞形品牌扩张战略，是一种宣传上使用一种品牌扩张的战略，也就是企业所有产品不论相关与否均使用同一品牌。

伞形品牌战略的最大优点是可以充分发挥单一品牌的作用，特别是名牌的效应，有利于产品向不同市场的扩张。跨国公司在向国外扩张时经常使用这种战略，利用已有的品牌知名度打开市场，节约进入市场的费用和时间。其次，这种战略允许企业集中使用资源，加强核心品牌的主导地位。最后，具体产品的宣传，可根据市场定位和产品特点进行，因而由基层组织开展促销有较大的自由和针对性。

实行这种战略的问题主要在于，实施过程中容易忽视产品宣传。人们往往会认为，有强大的品牌作后盾，只要挂上名牌，产品销售不成问题，产品特色的具体宣传得不到足够人力和财力资源的支持。事实上，名牌的影响力像橡皮筋一样，拉得越长，力量越弱。名牌的影响力会随着运用范围的扩大而下降。

另外，品牌在同一档次产品中的横向延伸一般问题不大，但向不同档次产品的纵向延伸较困难，因为纵向延伸意味着品牌要囊括不同质量和水平的产品。

【案例】 花花公子的品牌战略

花花公子实业集团是目前国际市场上最知名的公司之一。该企业品牌在世界品牌实验室（World Brand Lab）编制的 2008 年度《世界品牌500 强》排行榜中名列第 233 名。

一个调皮的兔头加上 PLAYBOY，这个几乎可以在任何消费产品上见到的标志，是 1953 年由美国人休·赫夫纳（Hugh Hefner）创出的。它是美国纽约股票交易所上市的媒体集团企业，出版多种刊物，亦有电视、电影等业务。其中花花公子杂志除了在美国出版外，更在多个国家出版当地版本。尽管竞争激烈，但近年来它的平均发行量都可以维持在320 万份左右，每月大约有 1000 万美国成年人购买。20 多年前，《花花公子》（PLAYBOY）开始开发海外市场，现在全球有 19 个版本，由不同国家的 500 万读者（主要为男性）分享。花花公子和它的兔女郎商标，已经成为美国文化的象征之一。

PLAYBOY 追求完美、格调与现代感的流行，像 BRITNEY SPEARS、PINK、TAMZIN、OUTHWAITE、KIRSTY GALLACHER……都是它的品牌爱好者。PLAYBOY 这个品牌跟他的艺术作品在全世界都有制造、贩卖跟代理，有非常多元化的商品，包括了鞋子、衣服、眼镜、珠宝、皮带、包、雪茄，在 1999 年的夏天 PLAYBOY 开启了一个流行风潮，它的商品的高品质和都会感觉的设计，在美国的流行时尚圈中，占据了重要的地位。目前在全球的专卖商店里都可以看到他们的热卖商品，大约在 100 个国家，全部超过 5000 种商品。

花花公子的这种伞型品牌战略使它的商品实现了多元化，赢利已不再局限于杂志行业，摆脱了纸媒在网络冲击下生存的困境，呈现了与《读者文摘》不同的命运。这便是花花公子的过人之处。

二 多品牌战略

随着消费需求的多元化，一个消费群体分离成不同偏好的几个群体，单一品牌战略往往不能迎合偏好的多元化，且容易造成品牌个性不明显及品牌形象混乱，而多品牌战略正好解决这一问题。

多品牌战略，也称为产品品牌战略，是指一种产品赋予其一个品牌，不同产品品牌有不同的品牌扩张战略，一个品牌只适合于一种产品，一个市场定位，最大限度地显示品牌的差异化与个性。多品牌战略强调品牌的特色，并使这些特色伴随品牌深深地植入消费者的记忆中。

多品牌战略有以下优点：

1. 适合细分化市场的需要。在现代市场经济条件下，人们的需求呈现多样化趋势，消费者求新求异的心理越来越突出，消费者逐步分化为具有不同消费偏好的消费群体，同一产品的市场被不断细化、分化。为了满足不同消费群体的消费需求，媒体必须不断地推出不同型号、不同功能、不同特色的产品。

2. 有利于扩大市场占有率。从效果上看，多个新品牌可能会影响原有单一品牌的市场销售量。但这些品牌同为一个媒体所拥有，几个竞争品牌的销量之和又会超过单一品牌的市场销售量，从而使媒体获得更多的利润。

3. 有利于突出不同品牌的产品特性。如时政类传媒和娱乐类传媒产品特性有较大的差异。

4. 有利于提高媒体抗风险能力。采用多品牌能较好地分散风险，避免因某一个别品牌的失宠而过分损害媒体的利益。

多品牌战略虽有众多好处，但其对企业实力、管理能力要求较高，市场规模也要求较大，因此，采取此品牌战略应慎重考虑。

多品牌战略有着明显的不足之处。首先，促销费用高，多个品牌面市，只有付出较大的促销费用才有可能做活众多品牌。在每种品牌的维持与发展中，媒体还必须继续提供巨额的促销费用。其次，因品牌数量过多，过于分散而难以树立整体形象。媒体在实施多品牌战略时，如尺度把握不好，重复性建设，在社会大众心中难以形成完整的媒体形象，只会产生事倍功半的效果。此外，媒体多种品牌之间或多或少会存在自身竞争，要是产品个性不强，会自相残杀，最终使媒体总体利益受损。（薛可、余明阳，2009：62）

【案例】 南方报业多品牌战略

南方报业传媒集团的品牌战略主要就是多品牌战略，其核心内容为：首先对外部发展环境和行业趋势进行深刻把握，在此基础上，在出现的细分市场空间里培育出品牌报纸，品牌报纸培育出来后，以品牌报纸为龙头成立报系，目前已有三个子报系列——南方周末报系、南都报系和21世纪报系。其次，采取"龙生龙、凤生凤"的媒体多品牌滚动发展模式，其本质是实现优势品牌的进一步裂变和衍生。

南方报业的多品牌战略的主要内容有：

1. 紧紧盯住细分的市场，确定每个品牌的理念，形成鲜明的个性。

为适应报业市场不断细分的趋势，先认真分析市场的空间和可拓展的领域，确定所经营的项目，每种报纸的定位都要有自己独特的品牌理念和个性追求。南方报业传媒集团旗下的各个媒体都有自己面向的特定市场、明确的市场定位和个性。而从全国各地的情况来看，有的报业集团办的子报与当地同行办的一些报纸相同，甚至有的新办报纸，不仅与别人重复，而且与本集团先办起的报纸定位一样，还来不及与别人竞争，却自相冲撞。主报与子报以及子报之间分工一定要合理，做到优势互补，不能自己挖自己的墙脚，这就必须有鲜明的个性。从南方报业传媒集团各报来看，都不是同一个模具出来的，均有独创性和个性化。

2. 实行优生优育模式，催生多品牌滚动发展。

南方报业传媒集团实行优生优育的滚动发展模式，利用占有人才、发行、广告等资源优势的优质报纸，作为新的子报的孵化器。早些年首先利用南方日报的人力资源、新闻资源、技术设备和资金优势，创办了《南方周末》；然后又利用南方周末的人才和发行渠道、印刷网络等资源创办了《21世纪经济报道》。成长起来之后再从南方周末分离出来，新创办的《21世纪商业评论》等又是由《21世纪经济报道》衍生出来的。创办《南方都市报》成功之后，又从它的采编部门选出部分骨干并利用南方都市报的各种资源，创办了《南都周刊》等，使其迅速打开市场。

　　3. 集团的整体品牌形象与局部的品牌个性形象要形成合力，共同营造品牌的社会影响力。

　　品牌战略是一个系统工程。如果把集团当作"主品牌"的话，那么下属子报可看成是"子品牌"。营造品牌形象要注意处理好"主品牌"的整体形象与子品牌局部的个性形象的关系。报业集团下属的子报和企业都是集团大品牌下的一部分，集团各报有分工，但必须通力协作营造集团大品牌。下属各单位的远景规划，人才战略，重大资本运作等，都服从于集团的总体规划，营造集团的总体优势，许多活动要冠以报业集团的大品牌，以确保集团的品牌形象。在各种各样的活动中，都重视打出大品牌的旗帜，既能使大品牌越来越深入人心，品牌的影响力越来越大，而且也使人了解到报业集团下属单位有棵大树在支撑，有利于借助集团的优势强化自己的竞争力。这样做并不意味着不发挥子报的品牌个性，相反，应当积极鼓励子报树立自己的良好个性品牌形象。（杨兴锋，2009：337）

三　复合品牌战略

所谓复合品牌战略是指对同一种产品赋予其两个或两个以上的品牌，即在一种产品上同时使用两个或两个以上的品牌。根据两个复合的品牌所处层次的不同，一般可将复合品牌分为双品牌战略和联合品牌战略。

双品牌战略又称主副品牌战略，是指产品品牌与媒体品牌共用。即媒体将生产出的各种不同产品分别采取不同的品牌名称，且在这些品牌名称前加上媒体的名称，也就是对产品赋予了一主一副两个品牌的战略。其中，主品牌代表该产品所在媒体的声誉，它是产品品牌识别的核心，副品牌代表该项产品的特征与个性形象。

双品牌战略的优势有以下几个方面：

1. 媒体在开发新产品时启用双品牌战略，可以节省广告宣传费用，增强促销效果。由于主品牌已经打下了良好的宣传基础，拥有了较高的市场声誉，新产品可以借助媒体知名度自然而然地提高自身的价值，从而减少宣传支出。

2. 采用不同的副品牌名称，又可使不同的新产品显示出不同的特色，使各个品牌保持自己相对的独立性。

3. 有利于推出新产品。由于消费者识别、记忆即产生品牌认可、信赖、忠诚的主要依据是主品牌，所以媒体能最大限度地利用已有的成功品牌（主品牌）推出新产品。主品牌的良好形象是媒体巨大的无形资产，它可以成为副品牌强有力的支撑。

4. 有利于避免品牌扩展中产生的"株连效应"。在主品牌引领下设计副品牌可以将新产品与原有产品区别开来，这在一定程度上避免了媒体因某一种产品的问题而牵连所有产品，可以尽可能将媒体损失减至最小，并使这种借势的品牌扩展活动更易成功。此外，双品牌战略的品牌扩展有利于通过成功的副品牌来烘托并提升主品牌形象。

当然，这种品牌战略并不是完美无缺的。如果把握不当，同样会产生弄巧成拙的后果。比如，在运用双品牌战略进行品牌宣传时，如过分突出副品牌形象，则容易喧宾夺主，从而淡化主品牌，动摇主品牌在消费者心中的地位，影响媒体的发展。所以说，双品牌战略实际上是对主品牌实施差异化，只有主品牌始终处于强势地位，此战略才有成功的可能。塑造副品牌的个性也是成功的关键，因此对副品牌的设计非常重要。

双品牌战略一般适合于同时生产两种或两种以上性质不同或质量有别的商品的媒体，此外还要求媒体的主品牌在市场上拥有较高的知名度和美誉度。

所谓联合品牌战略是指两个或两个以上媒体经合作、联营、合资等，对联合生产的产品使用两个媒体品牌并列的品牌命名方式。

采用联合品牌战略有以下优点：可以使两个或更多个品牌有效协作、联盟、互相借势，以此提高品牌市场的影响力与接受程度。这种扩散效应要比单独品牌大得多，品牌联合所产生的传播效应是"整体远远大于单体"。如果合作双方来自不同国家，媒体品牌产品可分别在合作所在国销售，使产品拥有更广阔的市场。

同样，联合品牌战略也有其局限性。当合作双方有意见分歧时，如协调不好，就有相互拆台的危险。此外，媒体在推出联合品牌之前，如果双方就品牌归属问题还没有完全协商好，日后也可能会引发不必要的纠纷。

【案例】《时尚》与《世界时装之苑》中文版的经营策略
——以"时尚"和"桦谢"集团为例

时尚集团在中国称得上时尚杂志界的龙头，旗下的每一本杂志都能坐上行业内发行量和广告量的前 10 名交椅。时尚集团在 20 世纪 90 年代就开始与境外媒体的版权合作。1997 年 9 月，与美国 IDG 合资成立时之尚广告公司，开始寻求国际版权合作；1998 年 4 月，《时尚伊人》与美国著名女性杂志 *Cosmopolitan* 进行版权合作；1999 年 9 月，《时尚先生》与美国著名男性杂志 *Esquire* 进行版权合作；2001 年 10 月 8 日，美国赫斯特公司同意将 *Harpers Bazaar* 版权授予时尚集团；2001 年 11 月，美国国家地理学会所属 *National Gegraphic Traveler* 杂志与《时尚旅游》签订关于版权合作的正式协议；2003 年与英国 *FHM* 杂志合作创办了《时尚男人装》。此外，时尚集团还创办了《时尚娇点》、《时尚男士健康》、《时尚女士健康》、《时尚好管家》、《时尚家居》、《时尚家居置业》、《时尚时间》、《时尚华夏人文地理》、《时尚座驾》、*Audi* 等 15 本中文版杂志。

以时尚集团旗下的《时尚伊人》为例，中国版每期约有 25% 的文章是向总公司美国赫斯特集团购买的。美国赫斯特集团已在全球 30 多个国家发行杂志，包括日本、新加坡、澳洲等地。《时尚伊人》中文版每个月都会收到各个国家的版本，如发现其他版本所设计的专栏有特色，值得介绍，便向总公司报告，请该国的 *Cosmopolitan* 同意授权在中文版刊载，而总公司对收费会有统一的规定，其中最常被转译的是法国、英国、美国、澳洲的版本。购买版权的费用是一笔沉重的负担，《时尚伊人》每年需付高额权利金，如果有盈余，另外再抽 5% ~ 10%，还有其他各种名目的收费。当然，为凸显企划能力，《时尚伊人》会经常策划一些与中国大陆本土相关的主题或人物报道，这些内容如果令其他国家的编辑部感兴趣，则也以一样的模式向中国购买版权转载。

从世界时尚杂志发展的历史来看，最早开始经营这类杂志的媒体主要有 4 家，分别是美国的赫斯特（Hearst）和康耐斯特（CondNast）集团，以及法国桦榭（Hachette Filipacchi）集团和玛丽嘉儿（MarieClaire）集团。而直接与中国合资共组公司的只有法国桦榭菲力柏契出版集团。

桦榭菲力柏契开发两岸三地华文市场已有一定的成效，1987 年在香港创办最早的中文版《ELLE》，1989 年创办《人车志》，1994 年创办《芙蓉雅集》；而在大陆，1988 年创办《ELLE 世界时装之苑》，1994 年创办体育杂志《搏》，1995 年创办《名车志》，1997 年创办《健康之友》；1991 年则创办了台湾版的《ELLE 她》杂志，1997 年陆续创办《PREMIERE 首映》、《俏丽情报》和《Car & Driver 人车志》。桦榭集团除了在全球推广像 *ELLE* 这样的全球化品牌，在当地市场还开发了许多本地品牌，比如在日本就收购许多当地的杂志，在中国也收购了《嘉人》杂志。

《世界时装之苑》进入中国内地是与上海译文出版社合作开展的，这在当时是具有历史性的突破。由于我国政府规定，媒体机构或文化事业在吸收外资参股时，一定要确保国有资本的绝对控股地位，原出版单位的国有股和国有法人股必须高于 51% 的比例。因此，在合作之初，法国桦榭集团仅仅负责海外广告的销售和海外内容的提供，中方出版社负责海外内容的选择、整理内容的编辑、发行、广告内容的审查，等等。但是随着时间的推移，桦榭在国内注册了自己的广告公司和发行公司，包括主编在内的所有编辑人员都由桦榭招聘和支付工资，每个月桦榭还有负责编辑内容的国际总监到国内直接进行指导，中方出版社仅仅履行对内容和广告的终审，只要不违反国内的法律和政策，就予以通过。如此一来，桦榭实际上完全控制了《世界时装之苑》的全部运营，并且将这一模式推广到所有它在中国出版的杂志中。

从上述情形可以看出，国际出版集团寻求中国的合作伙伴，其出发点原本并非出于真正市场意义上的本土化需求，而是为了降低政策上的门槛。相较于美国公司的权力下放，桦榭集团带有强烈的维护本国文化自主性的法国特点，它在全球各地经营其媒体产业时，都坚持一定掌握最高比例的外资控股，这充分显示了不同文化思维下，对文化产业经营的差异所在。

桦榭在进入中国之后，非常重视对中国市场的调查研究，花费巨资请国际知名公司作调查，向专业机构购买调查和咨询报告，不断向全体工作人员全面灌输该杂志的市场和读者定位、总体编辑构思和与众不同的风格，而且这项工作长期坚持不懈，在固定时间不断进行，并以调查结果作为评估和改进杂志的主要依据。

《世界时装之苑》在 20 世纪 80 年代后期刚创刊时，几乎所有的内容都是从海外引进的，本地只有少量的编辑从事对海外内容的选择、翻译、改写和审稿工作。而目前，该杂志逐步培养了自己有独立创意的记者编辑，广泛联络了一批摄影师、设计师、模特和自由撰稿人，本地采编的内容逐步增多，本土化内容品质也日渐提高。（范萱怡，2005）

第三节　媒介品牌战略实施路径
——以时代华纳公司为例

媒介品牌战略可选择的实施路径很多，主要有以下几种：内部创建、合并、收购、品牌合作以及品牌重组。从世界知名传媒集团的发展史来看，通常会采用多种途径。

时代华纳（Time Warner Inc。2000～2003年称为美国在线时代华纳）是美国的一家大型媒体公司，在2000年，美国在线（American Online，美国当时最大的因特网服务提供商）与原先的时代华纳（Time Warner，一家传统的媒体巨擘，横跨出版、电影与电视产业）合并而成。它由一本杂志起家，通过内部创办系列刊物打造出了一个世界最大的杂志王国。之后，时代公司通过收购、兼并华纳公司、特纳传播公司，打造出全球最大的传播娱乐公司。21世纪初，美国在线并购时代华纳，试图打造出互联网世纪的综合性大众传播及通信公司。

一　时代公司——从一本新闻杂志起家

时代公司始建于1923年，创办者是两个大学生亨利·卢斯（Henry Luce）和布里顿·哈登（Briton Hadden）。他们筹集到8.6万美元，决定创办一份新闻杂志，取名为《时代》周刊。

《时代》周刊将每周的新闻加以组织和分类，深入浅出地报道美国国内事务、国际新闻、科学、宗教、商业、教育及其他领域的新闻，逐步确立了简洁、以人物报道为主的风格，适合非专业人士阅读，至1929年发行量达到25万份。在《时代》周刊创刊40周年之际，当时的美国总统肯尼迪在贺词中说："《时代》周刊将一周人类活动以及思想的方方面面，以杂志的形式来报道是划时代的做法。我像大多数美国人一样，并非都认同《时代》周刊的看法，但我仍会愉快地阅读每一篇文章。"

1930 年，时代公司又创办了一本财经月刊——《财富》（Fortune），该杂志将读者定位于企业界的上层人士，印刷精美，财经新闻分析独具特色，受到读者欢迎，在经济大萧条的年代里销量也直线上升。与此同时，《时代》周刊也日趋繁荣，1934 年发行量突破 50 万份。1960 年，时代公司建成了 48 层的时代与生活大厦。这座耗资 8300 万美元的大厦，堪称当时世界上最现代化的杂志大厦。20 世纪 40 年代起，《时代》周刊先后在拉美和加拿大出版了海外版，1963 年其海外版已发展到 9 个国家和地区，发行量达到 300 万份。1964 年，《时代》周刊在美国本土的发行量就达到 300 万份。1986 年，这一数字达到了 2300 万。

1936 年 11 月，时代公司又推出了《生活》（Life）杂志，该杂志一问世就极为畅销。数年后，《生活》发行量突破百万，1946 年又有了国际版，到 1959 年总销量达 700 万份。

时代公司通过兼并、购买等手段，规模不断扩大。1954 年创刊的《体育画报》（Sports Illustrated）是时代公司的第二代杂志。在如今崇尚短小文体的时代，这是一本罕有仍然坚持长篇描述报道传统的杂志。目前每周发行量约为 300 万册。1952 年，时代公司又创办了《住宅与家庭》。

1967 年卢斯病逝后，时代公司的运营风格发生了变化，它开始积极收购其他公司。1968 年，它购买了利特尔—布朗公司，从而将经营范围扩展到书籍出版领域。此外，时代公司还涉足于电视经营，建成了美国第二大有线电视系统。

20 世纪 70 年代，时代公司进入有线电视业，并购了家庭影院有线电视网（HBO）。与此同时，时代公司在杂志出版方面也有较大发展，1972 年创办了《金钱》（Money）杂志。

20 世纪 70 年代后期，有线电视成为时代公司最大且发展最快的部门，几乎占时代公司总盈余的一半。20 世纪 80 年代，时代公司已发展成为一个庞大的传媒集团，旗下不仅有《时代》、《生活》、《幸福》、《人物》、《体育画报》等 13 家期刊，还包括 HBO、美国电视与通信公司（TCI）等有线电视公司，以及 4 家电影及娱乐公司、10 家音乐制作公司和 4 家图书出版公司。

二　华纳传播公司——由影业公司到全球娱乐业巨头

华纳传播公司的前身是华纳兄弟影业公司，1923 年，华纳兄弟又创建了华纳兄弟影业公司,并在几年内成为电影业最大的家族电影公司。1927 年因制作第一部长篇有声电影《爵士歌手》而名声大噪。华纳公司的其他经典影片还包括《卡萨布兰卡》(1942 年)和《无故反叛》(1957 年)。1964 年,华纳拍摄的《窈窕淑女》获得奥斯卡最佳影片奖。20 世纪 60 年代末,华纳公司成为好莱坞电影业的唯一巨头。1956 年,华纳兄弟公司开始在全美各大城市收购影院,建立自己的连锁电影院网,成为当时好莱坞唯一一家集生产、冲洗、放映于一体的电影公司。到 20 世纪 60 年代末,华纳兄弟公司已当之无愧地成为好莱坞第一巨头。

20 世纪 60 年代,好莱坞电影业一片萧条,像米高梅、哥伦比亚等大公司由于入不敷出,相继易主。华纳传播公司在此期间之所以能维持下去,主要靠旗下的几家唱片公司。

20 世纪 70 年代初,华纳的制片业开始复苏。1972 年,华纳的《激流四勇士》等几部大片的巨大成功奠定了华纳公司在电影业的霸主地位。

华纳的音乐部门在 1972 年也是一枝独秀,在金尼兼并华纳之前,其音乐部门就已经利润颇丰。当时华纳旗下有三家音乐公司——华纳重奏、大西洋唱片公司以及艾屈克唱片公司。这三家公司彼此独立,还相互竞争,甚至挖走对方的人才。华纳的三家唱片公司的唱片经销商是独立的,这给唱片发行带来了很多不利。于是,1971 年,华纳公司又成立了华纳艾屈克大西洋公司和华纳艾屈克大西洋国际公司,简称"WEA 公司"(负责在美国本土的唱片销售)和 "WEA 国际公司"(负责在海外推销美国本土的艺人,同时培养本土艺人)。结果,华纳唱片的销量直线上升,而且与海外的合作相当成功,这一步走在宝丽金唱片、百代唱片的前头,开创了风气之先。

1972 年,电影业与唱片业如日中天,华纳公司收入滚滚而来。此时,华纳开始进一步多元化投资,在新泽西州的米尔福德开办了主题公园——华纳兄弟丛林园,此后又从哥伦比亚广播公司挖走了彩色电视发明人金马克博士,成立了金马克通信公司,主要从事双向式有线电视、国内卫星通信的研发工作。

20 世纪 70 年代初,有线电视尚处于萌芽阶段,但华纳传播公司却看到了有线电视的巨大潜力。自 1972 年起,在罗斯的构想与计划下,华纳公司开始积极向有线电视领域拓展。该公司首先购买了一批与有线电视的业务相关的公司,如大陆电话公司、电视传播公司与塞柏斯通信公司,并成立了华纳有线公司(Warner Cable Corp),这一做法使好莱坞对有线电视的态度大为好转，纷纷看好有线电视，与之相关的股票价格迅速上升。

20 世纪 70 年代初期，华纳传播公司事业顺利发展，在娱乐业已经与哥伦比亚广播公司（CBS）、美国广播公司（ABC）分庭抗礼。1977 年，华纳传播公司的营业额首次突破了 10 亿美元大关，利润达到 7080 万美元，其中，华纳唱片部门的收入达到 5.32 亿美元，从事电影制片业的华纳兄弟公司的营业额则为 3.53 亿美元。

20 世纪 80 年代中期，华纳公司进一步廓清其发展战略，出售一些下属非核心产业，更加专注于其核心产业：电影业、唱片、有线电视业和出版业。华纳公司经过精简之后，收入倍增，核心企业迅速发展。在此期间，华纳进一步发展有线电视业，因为电影业和唱片业等娱乐产业的发展不稳定、不平衡，有线电视正好弥补了电影与唱片业的不足。另外，华纳可以利用自己的有线电视网为旗下的电影、唱片提供销售渠道。华纳公司正因为其远见卓识，使得它在残酷的竞争中脱颖而出，领先群雄。

三 时代公司收购华纳公司

1980 年，芒罗（Munro）开始担任时代公司董事长兼总裁。从此，时代公司主方向开始由出版业向娱乐业转变。1986 年，尼古拉斯就任时代公司总裁。他上任后，清楚地看到未来娱乐业的竞争激烈与残酷比过去有过之而无不及。在他心中，一个集时代公司、华纳传播公司和特纳广播公司于一体的"新时代公司"已俨然成型。

1987 年 8 月，时代公司的领导层就开始着手改革事宜，他们认为，无论从融资方式，还是从扩展的可能性上讲，时代都将集中发展娱乐事业，因为出版业发展的空间太有限了。新的时代公司将成为一个大型的动画片生产和发行商。1987 年秋，时代与华纳的兼并谈判已经达成了初步的意向，准备建立一个合作企业。1988 年 3 月，时代公司与华纳公司达成协议，双方以股权互换方式实现合并。但是，正当时代华纳的股东们准备就并购事项进行投票时，派拉蒙公司出价 107 亿美元，企图收购时代公司，这一举动很可能导致时代与华纳公司的合并计划破产。鉴于派拉蒙公司的敌意出价，时代公司与华纳公司不得不修改合并计划，时代以 140 亿美元的现金和股权收购华纳。

1989 年，这起并购终于宣告完成。一个集全球优势出版、娱乐资源于一体的传播娱乐业霸主由此诞生。

四 时代华纳兼并特纳传播公司

时代华纳公司成立后,其有线电视部门在短短一年内便跃居美国有线电视业第二位。华纳有线电视部门原先在各城市买下的特别经营权,为时代华纳有线电视部门的发展打开了方便之门。而时代有线电视部门本来实力雄厚,时代华纳的成立便如虎添翼,锐不可当。其他各部门也迅速发展,华纳兄弟公司成为好莱坞电影制片商的霸主,华纳唱片在建立自己的销售渠道后也在全球居于前列,整个时代华纳公司发展速度之快实属罕见。

1994年,时代华纳进入发展最为迅速的一年,华纳唱片勇夺全球销量之冠,排在宝丽金、百代公司和索尼前面。而华纳与日本几家公司成立的华纳娱乐子公司,迅速在全球各地抢滩,并在北欧、西欧、南欧以及东欧建立多家子公司。

时代华纳联合执行总裁莱文很早就预见到信息技术革命会越来越快,他认为时代公司应从以新闻主导转为以娱乐主导,同时集特纳广播公司之所长。莱文有着和尼古拉斯一样的梦想,就是建立一个"集时代公司、华纳传播公司和特纳广播公司三者优点于一体的新时代公司",实现这个梦想的最后一步,即兼并特纳广播公司(TBS)。

特纳广播公司总裁泰德·特纳1938年出生于美国佐治亚州的一个商人家庭。他从父亲的特纳广告公司起步,进入有线电视行业。1969年,特纳在亚特兰大买下了一家小型电视台,逐渐将其发展成一家全国性的电视台,并在1979年拥有300万有线电视订户。特纳广告公司也改组成特纳广播公司。到1980年,特纳通过不断地从小型投资者手中购买股份,已拥有特纳广播90%的股份。

令全美乃至全球有线电视及新闻业瞩目的美国有线电视新闻网(CNN)于1980年6月开播。特纳骄傲地说:"从今天开始,CNN与时间同在,直到世界末日。到那一天,我们将报道这个噩耗,并在'上帝与你同在'的乐曲声中停止播音。"

从此,特纳广播公司开始和美国广播公司、哥伦比亚广播公司和全国广播公司展开激烈的竞争。1983年,TBS开始赢利,其观众达到2400多万户,广告收入迅速增加。1985年,特纳广播公司兼并哥伦比亚广播公司失败,但成功地兼并了米高梅影业公司,后因债台高筑,不得不出让股份。此时,华纳公司与时代公司则成了TBS的股东。1986年,特纳广播公司又成立了另外一个有线电视网络"特纳电视网"（TNT）。TNT 成了最成功的有线电视网络，有 1700 万订户。

由于 TNT 的成功，加上 CNN 开始在全球各地大出风头，TBS 的股票也从 1987 年的 8 美元涨到了 1989 年的 58 美元。1998 年，TBS 的收入高达 10 亿美元。1990 年 6 月，CNN 迎来 10 周岁生日。此时的 CNN 已经超过了三大电视网，进入了 6000 万个家庭，在全球拥有了 21 个办事处，员工 1600 人，在 100 多个国家播放节目。

1991 年海湾战争期间，CNN 大出风头，有 5000 多万观众通过 CNN 了解海湾战争的新闻。

在特纳准备在德国独资拥有一家音乐电视频道时，时代华纳终于动用了股东的否决权，迫使特纳与时代华纳分享了这一金矿。就在特纳与时代华纳大动干戈之际，一个更大胆的想法在特纳脑中形成：与时代华纳合并是否会给 TBS 带来更大的收益？

步入 20 世纪 90 年代，各大公司兼并成风，"越大越好"似乎已成共识。特纳认为，TBS 与时代华纳合并后不但可以大幅度节省开支，而且可以以更强的姿态面对国内外市场的挑战。虽然拥有 TBS 近 25% 股份的 TCI 公司反对，但有近 20% 股份的时代华纳公司却支持 TBS 扩大规模。1995 年 6 月，时代华纳着手兼并 TBS 的事务。8 月，他们的申请报告得到联邦通讯委员会（FCC）批准。

经过一年的谈判，时代华纳终于可以宣布要兼并 TBS。这个过程并不轻松，TCI 公司竭力反对，通用电气公司和默多克新闻集团先后加入竞争行列，时代华纳的高层主管也意见不一。但是，集华纳公司、时代公司、TBS 于一体的新时代公司是莱文十几年来的梦想，他绝不会容忍失败。最终，莱文的梦想得以实现。

新时代华纳规模进一步扩大，TBS 的有线电视、电影、动画设计等部门与时代华纳的相关部门紧密结合，其规模之大，影响之深，世界上没有第二家传播公司可以与之抗衡。

在电影业，华纳兄弟电影公司是世界上数一数二的影业巨头。伊丽莎白·泰勒、达斯汀·霍夫曼、梅尔·吉普森、斯皮尔伯格和施瓦辛格等巨星均是时代华纳旗下的精英；《乱世佳人》、《致命的武器》、《龙卷风》、《侏罗纪公园》等均是时代华纳创造的不朽经典。

华纳音乐部门也表现不俗。在音乐界，保罗·西蒙、恩雅、芭芭拉·史翠珊和 EAGLES 小组等共同撑起了时代华纳的音乐世界。华纳音乐集团拥有全球销量最大的音乐出版社、出色的生产技术与销售部门。

在出版业方面，时代华纳以原时代公司为主。时代公司拥有世界上最优秀的杂志，在音像出版领域也捷足先登。由于时代公司旗下的许多品牌均在同类竞争者中位居前列，加上众多的销售渠道，使得时代公司保持了持续的增长，时代公司旗下有 26 种不同刊物，在全球 167 个国家和地区发行。这些刊物都保持着其独有的新闻风格与进取精神，吸引了大批读者。《时代》周刊、《财富》、《生活》、《亚洲周刊》等杂志的发行量与广告收入都很高。《人物》、《体育画报》、《时代》周刊分列美国杂志广告收入前三名，超过了竞争对手《读者文摘》、《福布斯》、《新闻周刊》。在销售渠道方面，时代公司还直接邮寄书刊给读者。时代公司已成为世界上技术最为先进、行销方式最为有效的出版公司。

时代华纳的娱乐业有华纳兄弟电影公司、华纳兄弟广播网、华纳兄弟音乐集团和家庭影院。这是时代华纳的核心部门，收入最多，比重最大，也最受高层主管的重视。

论收入，时代华纳的出版部门远远比不上其娱乐部门。但是论影响力，特别是《时代》周刊的出版部门仍在美国上层社会中占有很大的读者份额。如果说许多人是从时代华纳的娱乐部门看到了"美国的梦想"，那么人们则从《时代》周刊中了解到了"美国的现实"。

兼并 TBS 之后，时代华纳又兼并了有线工业公司、前进新屋企业、顶点通讯公司、KMBCON 公司等。时代华纳经过不断扩张，终于成为世界上最大、经营范围最广、最富创造力的一家娱乐传播公司，在电影、出版、音乐、有线电视等领域都获得了巨大的成功。从纽约到东京，从伦敦到巴黎，从北京到莫斯科，时代华纳可以说是无所不在。

五　世纪联姻：美国在线并购时代华纳

美国在线的崛起不能不说是一个奇迹。这家创办于 1985 年的公司，1992 年刚刚上市的时候，员工仅 250 人，用户不足 20 万，年收入仅 3000 万元，其股票市值仅为 6600 万美元。由于当时互联网尚未得到重视，加上技术与服务方面的原因，公司业务发展缓慢，几次面临被收购的威胁。1995 年，网络热急剧升温，美国在线抓住机会，及时调整发展战略和业务重心。从 1993 年 12 月 30 日到 2000 年 1 月 10 日，其市值超越了具有 80 多年历史的时代华纳公司，并且创造出一个又一个互联网的神话。

1985 年，主要为 Atari 计算机用户开发游戏软件的 Control Video 公司得到了一笔风险投资，遂将业务重心转移到为 Commodore 计算机用户提供在线服务，并更名为量子（Quantun）计算机服务公司。当时在该公司市场部工作的史蒂夫·凯斯虽然对于电脑技术是外行，但对营销却有独到的经验。在他的影响下，量子电脑服务公司除了一般的网络服务外，更专注于聊天室、留言板等领域的发展，因此受到用户的青睐，到 1991 年其用户达到 10 万人。1987 年，量子计算机服务公司正式更名为美国在线公司。

1992 年，美国在线公司在纳斯达克上市。1993 年，微软公司以相当诱人的价格提出收购美国在线公司。凯斯说服董事会回绝收购要求。不久，凯斯升任美国在线的首席执行官。1992 年，美国在线刚刚上市时用户数量为15.5 万，而到 1994 年，用户数就达到了 100 万，增加了 6 倍。

1995 年，网景公司和微软公司分别推出自己的浏览器产品，这使得网上漫游变得容易起来。于是，发轫于 20 世纪 60 年代的互联网进入了高速成长期，一方面，互联网的用户以几何级数迅猛增加；另一方面，以著名门户网站雅虎上市，在非营利的情况下股票市值高达 8 亿美元为标志，美国股市揭开了"网络神话"，与互联网相关的公司受到了狂热追捧。

作为互联网服务提供商，美国在线的主要竞争对手是 Compusurve 和 Prodigy 公司，这两家公司都有很强的技术背景做支撑。但缺乏高技术既是美国在线的弱势，同时也成为其优势，即在简单和大众化界面上赢得更广泛的用户和最大的商机。由于 Compusurve 公司和 Prodigy 公司的用户界面采用了冷硬的科技手段，吸引的使用者大部分是专业人士，相反，美国在线则把注意力集中在"简单易用"的原则上，其界面上大量使用图形和简化的按钮。与此同时，凯斯利用美国在线的声誉与传统媒体开展合作，致力于为用户提供更好的内容。在与传统媒体的合作中，美国在线不但得到了大量报纸杂志的电子版，而且还得到了有关订户的信息，为该公司以后通过邮寄广告争取新用户奠定了基础。这一阶段，美国在线又推出了多种营销措施，大幅度地提高了用户的数量，1996 年突破了 500 万，1997 年突破了 1000 万。

1998 年是美国在线迅速扩张的一年。借助于股市的强大支持，美国在线开始大举收购相关公司。2 月，美国在线宣布收购其老对手 Compusurve 公司，该公司的 200 万会员也划归其名下。6 月，美国在线又出惊人之举，宣布以 2.87 亿美元收购以色列 Mirablis 有限公司以及该公司所有的 ICQ 网上聊天技术。ICQ 软件是非常流行的软件，1996 年推出后就显示出极大的潜力。收购 Mirablis 公司又为美国在线带来了 1200 万注册用户。11 月，美国在线宣布：以 42 亿美元收购网景公司。这一收购令业界为之侧目。合并宣布后的一个季度内，美国在线的利润上升了 47%，达到 15 亿美元。据称，美国 1/3 的成年用户将被吸引到美国在线来。

1999 年 12 月，美国在线成为旗下拥有互联服务集团、互联资产集团、网景企业集团和美国在线国际集团在内的巨型企业，员工总数达 12100 人，总收入比前一财年增长 55%，高达 48 亿美元，净收入为 762 亿美元，市值达 1642 亿美元。这个世界上最大的在线服务商每天用 7 种语言向全球 15 个国家提供服务，拥有世界上最大的窄带拨号网络，交互技术开发居世界领先地位，音乐播放器全球下载数量最大，网上寻呼产品居全球第一，其用户分布在 15 个国家的用户、已经达到 2200 万。

1999 年 11 月 9 日，美国在线的凯斯在"新闻业与互联网"专题研讨会上说："每天从美国在线获得他们感兴趣的新闻的人，比全美国 11 家顶尖报纸的读者加起来的总数还要多；在黄金时间，我们的读者和 CNN 或 MTV 的观众一样多。"这一时期，传统媒体纷纷意识到互联网不可估量的潜力，开始竞相抢滩互联网。

20 世纪 90 年代中期，时代华纳也开始进军互联网领域。它越来越意识到，要将旗下的全球最丰富的传媒娱乐资源带入网络时代，需要借助一种强大的推动力量。而美国在线如果想在互联网业立于不败之地，必须在宽带领域有所作为。此外，用户上网的主要目的还是要看内容，而互联网公司缺少的恰恰是能够吸引大量"眼球"的内容。

带着各自的难题，美国在线的凯斯和时代华纳的莱文在 1999 年 9~10 月的两次全球论坛上碰撞出了"火花"。经过近 3 个月的紧张谈判，2000 年 1 月 10 日，莱文和凯斯宣布了这场"世纪联姻"：代表网络媒体的全球最大 ISP——美国在线公司以 1640 亿美元的天价"迎娶"了世界上最大的传媒公司——时代华纳公司，一个互联网时代的巨型企业由此横空出世。

令人意想不到的是，美国在线时代华纳合并 3 个月后，互联网泡沫破灭。从此，美国在线时代华纳就麻烦不断，股价持续下跌。经过一连串的打击，美国在线时代华纳公司的市值由 2000 年 1 月时的 2900 亿美元缩水至 850 亿美元。

面对困境，2002 年 5 月 16 日刚刚接任首席执行官的帕森斯临危受命，将公司的业务进行重组。他重新调整了美国在线时代华纳的结构，把庞大的业务分为两大事业群：一是媒体及通信集团，包括美国在线、时代出版公司、时代华纳有线公司、时代图书出版公司以及美国在线时代华纳互动视频公司，原时代出版公司董事长兼 CEO 唐·洛根（Don Logan）将出任这一事业群的董事长。第二大事业群称为娱乐与网络集团，该分部囊括 HBO、华纳音乐集团、特纳广播系统、华纳兄弟公司。New Line Cinema，前 HBO 董事长兼 CEO 杰夫·比克斯（Jeff Bewkes）担任这一事业群的董事长。这两位董事长将直接向美国在线时代华纳的 CEO 理查德·帕森斯（Richard Parsons）负责。

帕森斯的想法非常明确，他要借鉴联邦快递（Fedex）的经验，"独立运营，联合作战"，让两大事业群之间形成既有合作又有竞争的格局。此外，帕森斯也希望通过此举能简化美国在线时代华纳的内部结构，使其业务形成优势互补，试图重现这一传媒巨人的辉煌。

2009 年 12 月 9 日，传媒巨头时代华纳公司正式剥离旗下子公司美国在线。分拆后，美国在线将成为一家独立上市的互联网公司，专注于发展广告业务，但仍是美国最大的互联网服务提供商之一；时代华纳则专注于内容业务。

10 年前的并购，无论从营利模式还是合作理念上，两家公司的合并曾被看作是传统媒体与新媒体的天作之合。时代华纳希望借助美国在线的平台优势进军新媒体市场，而美国在线则需要时代华纳的有线电视业务作为新的盈利增长点，这是当时两者联姻的出发点。10 年后，据估算，美国在线的市值已经从顶峰的 1630 亿美元滑落至现在的不足 30 亿美元，而曾经无比庞大的时代华纳也同样遭遇诸多问题。

曾经被誉为媒介融合典范的美国在线时代华纳合并之所以走向解体，是多种因素共同激荡的结果。内因是两家公司始终无法整合，非但没有形成强强联合、优势互补的局面，相反各自的优势都在互相抵消。外因源于以 Web2.0 为代表的新一代互联网媒体模式的出现，内容生产不再局限于组织化形式，内容来源也不再依赖于传统媒体。（此节参见唐润华，2003：67—98）

第四章

媒介品牌的定位

2001 年，美国营销协会进行了一次评选：有史以来，哪种观念对美国营销影响最大？结果美国著名营销专家杰克·特劳特和艾·里斯的定位理论成为首选。

杰克·特劳特和艾·里斯对定位的解释是："定位是你对未来潜在顾客的心智所下的工夫"，"说得确切些，公司必须在预期客户头脑里建立一个'地位'，它不仅反映出公司的优势和劣势，也反映出竞争对手的优势和劣势。"（杰克·特劳特和艾·里斯，2002）

1996 年，特劳特和史蒂夫·瑞维金（Steve Rivkin）又合作推出了《新定位》一书，其中一个核心观点是"如何进行再定位"。在竞争激烈、变化莫测的市场中，定位不可能一劳永逸。应对变化、把握时机进行"再定位"是品牌成功的法宝，它强调了定位的动态性特征。

从 20 世纪 70 年代起，经历产品传播、品牌传播后，营销进入品牌"定位"时代。

第一节　品牌定位概述

品牌定位理论可以运用到媒体品牌经营中。随着媒体品种日益增多、受众日渐成熟以及对媒体品牌理性认识的日益提升，媒体要想增强品牌竞争力，在激烈的媒体竞争中取胜，前提是要有正确的品牌定位。

一　品牌定位与媒介品牌定位

品牌定位，主要是指品牌在受众心目中的地位，即在受众心目中是第一位的领导品牌，还是第二位的挑战品牌或追随品牌。

媒介品牌定位是指对根据媒介在市场竞争中所处的环境，确定其显性或潜在受众，努力使受众对媒介产品的内容品质有更多的认知并乐于接受，以有利于培养受众对它的忠诚度。

可以从两个角度对媒介品牌定位进行分析：一是媒介品牌在目标市场的竞争地位；二是媒介品牌定位的具体构成。

1. 媒介品牌在目标市场的竞争地位

从这一角度，可以把品牌定位成领导者、挑战者、跟随者和补缺者四种情况。媒介机构应当先确定自己在目标市场上的竞争地位，然后根据自己的情况确定自己的品牌角色。

如果自己的媒介产品在同类媒介产品中接触率最高、目标受众群体最大，同时还应有广告收入的配合，那么将品牌定位成领导者比较有利，因为它能获得业界的公认。具有全球影响力的财经频道 CNBC，其品牌定位就是为受众提供金融、证券投资方面的信息服务，全天 24 小时安排财经节目，其深入分析和实时报导赢得了全球企业界的信任。CNBC 由美国媒体巨头国家广播公司创办，它充分利用了两家母公司在全球的资源优势。CNBC 遍布全球 89 个国家，设有 129 个记者站，拥有 1700 名新闻采编人员，为 CNBC 提供了无以匹敌的新闻触角和覆盖范围。目前，CNBC 已在美国、欧洲和亚太地区拥有超过 1.9 亿的订户，在全球市场化进程中发挥着巨大作用。CNBC 不仅使财经新闻成为人们街谈巷议的话题，更赋予了观众投资获利的能力。

如果自己的媒介产品在同类媒介产品中接触率、目标受众群体、广告收入等方面比领导者次之，则可以将品牌定位成挑战者。这一方面有利于在合适的时机组织有效的进攻，另一方面可避免领导者与跟随者的上下夹攻。湖南电视台在 1998 年全国卫视上星浪潮中，跳出省级电视的概念，以全国受众为对象重新定位。他们瞄准当时央视娱乐节目匮乏的机会，决定在栏目品牌定位上，调整为以新形式的娱乐电视栏目为主，打出了以"娱乐立台"的口号。现在看来，这个决定不但及时而且正确。

实际上，在现实中最常见的是媒介品牌追随者。他们的媒介机构规模较小，最大的希望是能在竞争市场中分得一杯羹，安然度日。这种追随者品牌定位还可细分为四种角色：仿造者、紧随者、模仿者和改变者。

媒介品牌补缺者专心致志于被前三者忽略的某些空当，通过专业化的制作来获取最大限度的受众群体与商业收益。

2. 媒介品牌定位的具体构成

媒介品牌定位可以从媒介功能、受众、产品等几个角度进行考察。

媒介功能定位即确立媒介在社会结构中的位置，在社会生活中扮演何种角色，在新闻、娱乐、体育、科技、经济、服务、教育等中承担什么职责和功能，以及表现出怎样的行为模式。媒介品牌的受众定位是建立在受众本位思想基础上的。受众本位，与媒介本位相对，它是指大众传播媒介在信息传播活动中，以受众为中心，满足受众获取信息的需要。传媒品牌通过对受众人口统计资料的把握与了解，从年龄、职业、性别、地域、文化、经济收入、教育程度、心理、行为等方面定位；在市场和受众日益细分的趋势下，明确定位自己的核心受众，并设计出与之适应的媒介产品内容。媒介产品的风格也应该进行定位，包括媒介产品的名称、宣传片、广告口号、主持人、记者、特色、风格等细节都应进行成分论证和试验性传播。（陈兵，2008：152—154）

二 品牌定位的意义

品牌定位是品牌经营的首要任务，是品牌建设的基础，是品牌经营成功的前提。品牌定位在品牌经营和市场营销中有着不可估量的作用。

1. 品牌定位是市场定位的核心和集中表现。媒体企业一旦选定了目标市场，就要设计并塑造自己相应的产品、品牌及企业形象，以争取目标消费者的认同。由于市场定位的最终目标是为了实现产品销售，而品牌是企业传播产品相关信息的基础，因而品牌成为产品与消费者连接的桥梁，品牌定位也就成为市场定位的核心和集中表现。

2. 品牌定位能更加体现出品牌的个性。媒介品牌个性是建立媒介品牌与受众关系的基础，也能有效地增加受众对媒介品牌的忠诚度。在传媒越来越发达的今天，要避免媒介的同质化竞争，媒介品牌必须体现出鲜明的个性。品牌定位清晰，品牌个性就鲜明，品牌定位不明确，品牌个性就模糊。

3. 品牌定位是品牌占领市场的前提。品牌定位的目的在于塑造良好的品牌形象，对消费者产生永久的魅力，吸引消费者，使消费者产生购买欲望。因此，品牌定位是品牌占领市场的前提。假如没有品牌定位，那么产品营销和品牌形象的塑造将是盲目的。

4. 品牌定位是品牌传播的基础。品牌的传播是指借助广告、公关等手段将所设计的品牌形象传递给目标消费者；品牌定位是指让所设计的品牌形象在消费者心中占据一个独特的、有价值的位置——两者相互依存，密不可分。一方面，品牌定位必须通过品牌传播才能完成，另一方面，品牌传播必须以品牌定位为前提，因为品牌定位决定了品牌传播的内容。（薛可、余明阳，2008：P89—90）

第二节　品牌定位的方法

按照特劳特的定位理论，定位方法可以分为开拓性定位、细分性定位和取代性定位。

一　开拓性定位

开拓性定位是指当了解到市场上某类有潜在品牌价值的产品定位尚未形成，于是首先通过理念的推广，抢先占有它，并很快得到受众心理上的认同。

如果想在一个领域里成为领导者，最简单的办法是尽可能做到抢先一步。《新定位》一书中列举了 1923 年 25 个产品类别中位居第一的品牌，77 年后的世纪之交，25 个品牌中只有 3 个失去了领先地位。这就是位居第一的优势所在。

【案例】《财富》周刊

《财富》杂志现隶属于美国在线时代华纳公司。它创刊于 1929 年秋，定位为"本刊让你成为商界内行"，是美国第一本将商业领域中的精华和热点向公众介绍的杂志，被誉为具有世界权威的颇具影响力的知名商业经营管理杂志。它现在的期发行量约为 90 万份。据称全球有 400 万以上的世界级企业的高级主管把它当作必读的刊物，并成为他们做重大决策时不可缺少的参考。

第一次世界大战后的 20 世纪 20 年代，是美国经济飞速发展的年代。大量的经济活动，需要有相应的经济刊物与之相适应，然而当时已有的一些经济性报刊仍然停留在一些老观念上，跟不上形势发展的要求。在这种情况下，亨利·卢斯以惊人的洞察力，决定办一份专门为工商企业界服务的月刊，定名为"财富"。亨利·卢斯经过两年的调查和研究之后，出版了这样一本"外观极尽豪华，插图极其珍贵，文章怀有一种适合其商业在公众心目中获得应有地位的目的"的杂志。在时代公司的历史文献上有当时对于《财富》杂志的定义：这份刊物将是美国现有刊物中最精美的出版物；它从头到尾都是权威性的；它将以最引人入胜的文字撰写，完全以事实为依据，深入浅出地报道商业界所关心的主题；它将以富有技巧的方式探讨商业道德的立场。

《财富》杂志刚一诞生，就碰上了美国经济萧条，股票暴跌，失业加剧，接着便是一连数年的经济大萧条。但由于该杂志定位准确，并且财经类杂志受经济危机的影响相对较小，这种情况没有影响《财富》杂志的出版，它在美国经济萧条的年代反而发展起来了。

二 细分性定位

细分性定位是指当某个品类定位已被受众所认同，可以主攻其中的细分市场，或通过突出某种特性从而确立自身的定位。

市场细分理论是 20 世纪 50 年代由美国营销专家温德尔·斯密（Wendell Smith）提出的有人称之为营销学中继"消费者为中心观念"之后的又一次革命。市场细分是指企业根据企业自己的条件和营销意图把消费者按不同标准分为一个个较小的，有着某些相似特点的子市场的做法。

企业进行市场细分是因为在现代市场条件下，消费者的需求是多样化的，而且人数众多，分布广泛，任何企业都不可能以自己有限的资源满足市场上所有消费者的各种要求。通过市场细分，向市场上的特定消费群提供自己具有优势的产品或服务已是现代营销最基本的前提。

【案例】分众传媒化"无聊"为神奇

分众传媒（Focus Media）是中国围绕都市主流消费人群的生活轨迹打造的无时不在、无处不在的数字化媒体平台，是中国最大的数字化媒体集团。

分众传媒的创办者江南春对看似饱和的媒介市场进行一番审视后认为："在电梯前等候的人们，是选择广告还是无聊？"答案显而易见。这就给了分众传媒切入的机会。2003 年，分众传媒首创中国户外视频广告联播网络，以精准的受众定位和传播效果博得消费者和广告客户的肯定。它将触角深入传统媒体大众传播所忽视的场所——写字楼、消费场所等，整合商业楼宇视频、卖场终端视频、公寓电梯平面传播框架媒体、户外大型 LED 彩屏、手机无线广告传播、分众直效商务 DM 等媒体资源，将目标受众锁定为以中心城市职业白领为主的上班族。分众传媒利用工作时间和户外媒体的空当，突破了传统收视的时空局限，开发了新的时间和空间，创造了新的市场。

2006 年 1 月，分众传媒合并中国楼宇视频媒体第二大运营商聚众传媒（Target Media），覆盖全国 100 多个城市，以约 98% 的市场占有率进一步巩固了在这一领域的领导地位。

2004 年年底分众传媒全面推出中国卖场终端联播网，锁定快速消费品的主要购买决策人群，影响终端购物中的品牌选择和消费决策，填补了全国性终端媒体的空缺，2007 年 12 月，分众传媒并购领先的卖场视频广告运营商玺诚传媒，将在卖场终端视频领域的市场占有率提高到 95% 以上。

2005 年 10 月分众传媒收购占据全国电梯平面媒体市场 90% 份额的框架媒介（Framedia），进入社区平面媒体领域，这一网络成为分众数字户外的重要组成部分。

2006 年 4 月底，分众传媒正式推出户外 LED 彩屏媒体，覆盖都市中心商务区的行进路途。

2007 年 3 月，分众传媒斥资 2.25 亿～3 亿美元并购中国最大的互联网广告及互动营销服务提供商好耶公司，全面进军网络广告营销市场，借力好耶的技术与营销平台，分众将触及更广泛、更细分的受众市场，而其所能影响到的受众注意力时间也大大增加。

分众传媒所打造的数字户外、互联网广告及手机广告整合数字化传播网络正日益成为中国都市生活中最具商业影响力的主流传播平台。

三　取代性定位

取代性定位是指如果市场上某个品类定位存在弱点，新品牌可以借此强行突破，与已有品牌互为对手，最后取而代之。

【案例】《金融时报》取代《金融新闻》

《金融时报》（*Financial Times*）现由英国的皮尔逊—朗曼集团所属的金融时报公司出版，是当今世界上数一数二的国际性财政金融报纸。它于 1888 年由英国议会议员、金融家 H. 博顿利（Bottomley）在伦敦创建。创建之初，该报只有 4 页，专门报道商业和金融消息。起初的读者群是伦敦城小的金融团体及个人。初创时的《金融时报》报头上赫然写着"无所畏惧，更无偏惠"，宣称自己是"诚实的金融家和可敬的经纪商之友"、"不道德推销商和赌徒的敌人"。

《金融时报》从创刊之日起，就面临与《金融新闻》（Financial News）的竞争。《金融新闻》是 1884 年由实业家哈里·马克斯（Harry Max）创办的，其报道内容完全是伦敦金融城的活动。随着伦敦金融城在国际上的影响不断扩大，《金融新闻》逐渐把报道的重点转向正在兴起的伦敦股票交易所。尽管当时英国陆续有金融报刊出现，但没有一份报纸能够像《金融新闻》那样透彻地报道股票市场的运作及行情，向读者提供如此清晰的建议。

1893 年，《金融时报》的老板道格拉斯·麦克雷（Grasse McRae）想出一个奇特的招数，决定改用一种粉红色的新闻纸印刷，使报纸确立一种富有创造力的风格，并与众不同。《金融新闻》则另有绝招：1904 年，它借 20 周年报庆之机，在原来 8 版的基础上增开 40 版，详细分析世界金融形势。《金融新闻》还一掷万金，在卡尔顿大饭店举办豪华盛大的宴会。一时之间，《金融新闻》名扬天下。

第一次世界大战爆发前的 20 年间，《金融时报》与《金融新闻》在发行量、利润和声誉等方面旗鼓相当，几乎并驾齐驱。第一次世界大战期间，《金融时报》与《金融新闻》的竞争格局开始发生变化。《金融新闻》在埃利斯·鲍威尔（Ellis Powell）担任主编期间，编辑方针发生了很大变化，进行了大量哗众取宠的报道，追求低俗和轰动效应，结果失去了许多伦敦金融城的读者。而《金融时报》则继续坚持准确、客观的报道方针，金融和商业报道翔实、可靠，受到商人、股票经纪人的青睐，并被传媒视为"股票经纪人的圣经"。

为了恢复竞争优势，《金融新闻》搜罗了一大批年轻的优秀记者，努力将该报办成一张更加外向也更以思想见长的报纸。这期间，《金融新闻》出现了为以后的金融报纸所普遍继承的两大特点：一是由最初的"隆巴德大街"专栏而发展起来的各种专栏；二是 30 种股票指数（《金融时报》和《金融新闻》合并后，逐渐发展为《金融时报》100 种股票指数）。

第一次世界大战后，保守党议员布拉肯（Broaden Bracken）子爵拥有《金融时报》最多的股份，从而控制了该报。

1937年，英国最大的贝里报团分开经营。哥哥威廉·贝里（William Berry），即卡姆罗斯勋爵拥有《金融时报》等报刊。

1945年，同时拥有《星期日泰晤士报》和《每日电讯报》（*The Daily Telegraph*）的《金融时报》老板卡姆罗斯勋爵由于健康原因，决定将《金融时报》出让给《金融新闻》。《金融时报》和《金融新闻》这两个昔日的竞争对手此时合并成一份拥有6页的报纸，报纸仍然叫《金融时报》，仍用粉红色新闻纸印刷。

在随后的数年中，《金融时报》不仅在规模和读者人数上迅速扩展，而且将报道范围扩展到了工业、商品、政治、技术和艺术等领域。1953年，该报突破2万份大关。之后，该报又不断推出新的专栏和版面。为了保持记者、编辑队伍的高水准，该报每年从牛津大学和剑桥大学招聘两三名尖子毕业生，充实新闻从业人员队伍。

《金融时报》前57年中最令人瞩目的事件就是在竞争中战胜了对手——《金融新闻》。从表面来看，《金融时报》的成功也许可以归结为两个因素：

一是坚持正确的办报方针。最初，《金融新闻》因及时的财经信息和准确的分析而独领风骚，而在第一次世界大战期间，又因丢掉这种传统而在竞争中败北。《金融时报》虽在竞争初期不占优势，但是却谨承客观、公正的办报理念，最终在这场持续了三四十年的竞争中胜出。这个故事再一次说明：客观、准确是财经媒体的安身立命之本。哗众取宠、耸人听闻，追求轰动对于大众化媒体来说也许是一剂"兴奋剂"，但对财经媒体而言，却是一服危险的"毒药"。

二是竞争策略的创新。其实，采用粉色的新闻纸只是《金融时报》老板的一个灵感，然而，当时谁也没有想到，极富创新意识的"粉红色"不但成为《金融时报》在竞争中取胜的一个砝码，甚至成为业界的一个象征。实际上，采用创新的策略在许多行业都是行之有效的竞争手段，《金融时报》的故事只是说明，财经媒体业同样适用这一策略。

除了以上两个因素，我们认为，《金融时报》的成功更要归结于其本质——该报确立了正确的理念，并在实践中坚持贯彻。创刊时，《金融时报》在报头上就赫然写着："无所畏惧，更无偏惠"。由此，该报就确立了客观、公正的办报理念。与大众化媒体相比，财经媒体所诉诸的受众相对层次较高，受众接触媒体的目的一般也以获得高质量的信息与独到的见解为主。因此，财经媒体在确立媒体理念时，必须符合财经媒体受众的要求，如果追求华而不实，其结果必然是失去受众，失去市场。更为难能可贵的是，《金融时报》能在几十年里一以贯之地实践这种理念，即使看到别人改弦更张，也不动摇自己的原则。从《金融时报》这几十年的历史实践中，我们可以得到这样的启示：一个成功的财经媒体不但要有正确的办报理念，更要有百折不挠的意志来坚持正确的理念。

第五章

媒介品牌命名与识别

在今天媒体竞争日趋激烈的条件下，单单从"品牌定位"或"品牌个性"等因素考量已不能很好地解决媒体品牌差异化的难题。品牌识别系统能实现品牌区隔化，打造出不同个性的品牌。

第一节　媒介品牌的命名

名字是信息和人脑之间的第一个接触点。在定位时代，创办媒体首先想到的是取一个合适的名字。1953 年，休·赫夫纳在厨房的餐桌上拼凑完成了第一期《花花公子》。起初他想为其取名为《公鹿党》（*Stag Party*），可是一家名为《公鹿》（*Stag*）的杂志威胁说，要是那样的话他们将对簿公堂。赫夫纳的一位朋友建议取名《花花公子》（*Playboy*），他采纳了这个建议。今天，《花花公子》无处不在，它已经不仅仅是一份杂志了，更是一种态度，一种生活方式，一个能让你过目不忘的标志。

一　媒介品牌命名的原则

1. 新颖独特

品牌命名的目的是为了更有利于消费者的选择，使它们在同类产品中具有万绿丛中一点红的效果。因此，新颖性和独特性无疑是品牌命名的第一原则。例如《男人装》杂志于 2004 年 5 月创刊，是时尚传媒集团旗下刊物，英国 EMAP 集团以及 FHM 给予国际版权支持以及内容的共享。《男人装》刊名在男性时尚杂志中独树一帜，它以其与众不同的传播方式、独特的价值观以及"趣味、真实、性感、实用"的办刊理念，迅速占领了时尚男士类刊物市场，稳居全国时尚男士类杂志发行量首位。相反，比其更早创刊的另一份男性时尚杂志《名牌》，目前在经营上仍困难重重。其刊名平淡无奇，缺乏个性，读者很难联想到其母报《南方周末》，这也成为将其打造成品牌的首要障碍。相反，《南方周末》报系下的另一份杂志《南方人物周刊》则在命名上非常成功，这也造就了它今天的地位。

2. 隐喻产品特点

品牌是主体与受众心灵的烙印，倘若品牌名称的含义能够使他们之间产生心灵的共鸣，那么必将有助于品牌的快速成长，因此心灵共鸣是品牌命名的第一要务。像百度（www.baidu.com）是全球最大的中文搜索引擎，2000年1月由李彦宏、徐勇两人创办于北京中关村，致力于向人们提供"简单，可依赖"的信息获取方式。"百度"二字源于中国宋朝词人辛弃疾的《青玉案》诗句："众里寻他千百度"，象征着百度对中文信息检索技术的执著追求。

3. 简单响亮

音节简单、发音响亮、声调起伏的名字才容易上口，便于识别和传播，让消费者记忆深刻、经久难忘，使品牌能够脱颖而出。在中文的语境里二至四个音节是最佳的选择，超过四个音节的成功品牌可谓是凤毛麟角。而且难发音或音韵不好的字，都不宜用作品牌名称。中国的媒体品牌，名称多为简单响亮，如新浪、腾讯、瑞丽等。像名字很长的"21世纪经济报道"只是特例。创刊之初，南方报业传媒集团管理层虽感觉名字太长，但一时没想到更合适的，故沿用至今。现在，人们习惯将这份已办得十分红火的报纸简称为"21世纪"。

4. 符合大众心理

品牌能激发消费者的购买动机，使企业形象的树立有一个立足点。例如阿里巴巴（Alibaba.com）是全球企业间（B2B）电子商务的著名品牌，是全球国际贸易领域内最大、最活跃的网上交易市场和商人社区。它的起名源于阿拉伯"阿里巴巴和40大盗"这一民间故事。在故事中，阿里巴巴叫了声"芝麻开门"就得到了大笔宝藏，马云把他的网站叫这个名字，就是告诉商人们，你在阿里巴巴上做电子贸易，你就是阿里巴巴，你就可以像他一样，很容易地得到财富。

【案例】"SONY"（索尼）怎么来的

1953 年，日本索尼公司创始人盛田昭夫第一次出国时，就察觉到他们公司的全名"东京通信工业公司"（1958 年正式改名索尼公司）放在产品上不大好看，读起来像绕口令。他在去美国视察时，发现根本没有人知道怎么发音。为此，盛田昭夫考虑，应该想出一个独特的品牌名称，让别人一眼就认出他们的产品。

盛田昭夫和井深大（现任索尼公司名誉董事长）研究很久，决定只要一个简短的四五个字母的名字，不要另外设计商标，因为大部分消费者记不住设计不良的商标，所以，名字就是商标。新名字必须让全世界每个人都能认出来，让操不同语言的人都能读出来。

盛田昭夫和井深大常常一起翻字典，希望找一个读起来顺口、响亮的名字。有一天，他们翻到一个拉丁字 Sonus，意为"声音"，听起来很有音感，刚好同该公司从事的行业关系密切，于是他们开始在这个字上打转。当时日本已使用许多外来的英语了，有很多人叫可爱的小男孩 Sonny。这个拉丁字的其他相关字，不管是 Sonny 或者 Sunny（阳光普照），都有乐观、光明、积极的含义，这点非常符合他们的自我形象。美中不足的是，Sonny 读起来与日本字"输钱"谐音，有些"触霉头"，后来盛田昭夫灵机一动，去掉一个"n"，拼成"Sony"。这就是 Sony 的由来。

二　媒介品牌命名的方法

1. 按照地域及别称命名。这是最常见的一种方式。如《纽约时报》、《华盛顿邮报》、《华尔街日报》、《巴黎竞赛》等。在我国，各级媒体当中，大多数是以地域命名的，如《南方日报》、《广州日报》、《佛山日报》等。有的则以地方别称，反映出了不同的地域文化色彩。如扬子晚报、潇湘晨报、荆楚网、花城出版社等。

2. 按照媒体的地位命名。媒体依据其层级或相应的地位，通过命名占据优势，获得垄断性的专有资源。如中央级媒体中央电视台、中央人民广播电台、《人民日报》、《光明日报》、《经济日报》等。另外，像《中国证券报》、《中国旅游报》等，由中国证监委、中国旅游管理局等部门主管，这种国字头的报纸带来的品牌效益是巨大的。

3. 按照目标受众命名。就是将品牌与目标客户联系起来，进而使目标客户产生认同感。如《家庭医生》、《青年文摘》、《女友》、《汽车之友》等。

4. 按媒体经营领域命名。这类媒体的命名体现出了专业化特点，有利于产品的营销推广。如 MTV、《高尔夫》、《证券时报》、《金融界》、作家出版社等。

5. 采用象征或图腾命名。以象征物或图腾来命名也是媒体品牌命名中常见的方式。如凤凰卫视以中国民间神话中的神鸟凤凰命名，寓意"凤凰涅槃，浴火重生"。8848 网站，借用世界第一高峰珠穆朗玛峰的高度，体现其对最高境界的追求。

6. 依托母品牌命名。依托母品牌命名是媒体延伸的结果，这样可以省却许多创立品牌所需的成本，能使品牌在短时间内脱颖而出。如三联书店、瑞丽、时尚杂志集团、南方报业传媒集团等知名传媒集团旗下延伸出的子报、子刊以及网站等，都深深地打下了母品牌的烙印。

7. 人名法。就是将名人、明星或企业首创人的名字作为产品品牌，充分利用人名含有的价值，促进消费者认同产品。国外媒体以人名命名的甚多，如道·琼斯公司、路透社、彭博公司、麦格劳·希尔出版集团、西蒙·舒斯特公司等知名媒体，多以创办人命名。因为我国媒体的特殊属性，除少数娱乐商业类媒体，例如本山传媒集团外，一般不以个人名字命名。但媒体现在越来越利用名编名记或名主持来命名栏目，以达成个人品牌和媒体品牌之间的互动，如《武汉晚报》的知名个人专栏"范春歌工作室"、凤凰卫视的"文涛说案"、"一虎一席谈"等。

第二节　媒介品牌的识别

在媒体趋于同质化，媒体竞争进入品牌时代的大环境下，要成为一个强大的品牌并一直得以保持，只有制定有效的明确自身价值内涵的品牌识别，并通过品牌识别来体现媒体间的差异性。一句话：品牌必须忠诚于它的识别。

一　品牌识别的定义

品牌识别（Brand Identity）是品牌营销者希望创造和保持的，能引起人们对品牌美好印象的联想物。这些联想物暗示着企业对消费者的某种承诺。品牌识别将指导品牌创建及传播的整个过程，它反映品牌在市场中的独特定位和主张。这一概念是加州大学伯克利分校哈斯商学院营销战略教

授、世界著名的品牌战略研究权威学者大卫·A. 艾克（David A. Aaker）
提出的。

品牌识别要回答以下问题：品牌的核心与灵魂是什么？核心价值是什
么？品牌代表什么？希望被如何理解？希望表现出怎样的个性特点？最重要
的关系是什么？这些对品牌的整体战略构想很重要。因此，品牌识别也是品
牌战略家渴望创造或保持的一套独特的品牌构想，这些构想对成功制订和实
施品牌战略发挥着相当大的作用。

二　设计品牌识别系统

品牌识别本身由品牌精髓、品牌的核心和延伸识别三个部分组成。其中
具体体现在作为产品的品牌、作为组织的品牌、作为个人的品牌和作为符号
的品牌四个方面（图 5 - 1）。

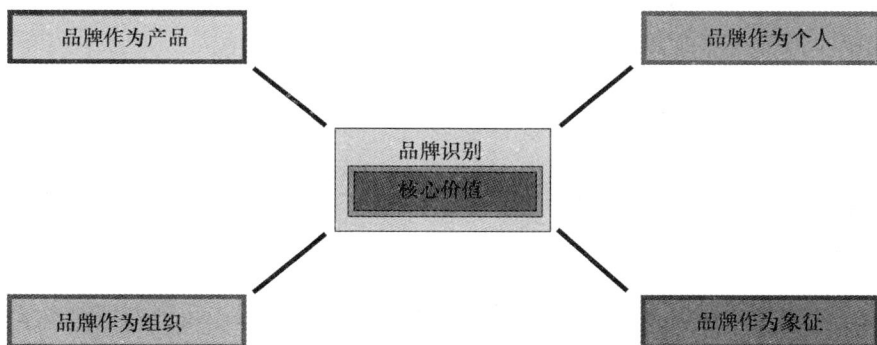

图 5 - 1　大卫·A. 艾克提出的品牌识别角度

第一，作为产品的品牌。包括品牌涵盖的产品范围、产品的特性、
品质/价值、使用体验、使用者和原产国与国家或地区的联系，这些或直接
影响顾客的感受，或产生一些好的或不良的联想等。

产品范围指产品品类，如《南方周末》是周报，《现代快报》是都市
报，岭南美术出版社是专业出版社；新浪网是信息流量最大的门户网站，许
多人一早上网首先便打开新浪看新闻。

产品的特性可以为顾客提供功能性利益，有时还能提供情感利益。如创
办于 1999 年的天涯社区以其开放、包容、充满人文关怀的特色受到网民推

崇，号称全球华人网上家园，已经成为以论坛、部落、博客为基础交流方式，综合提供个人空间、相册、音乐盒子、分类信息、站内消息、虚拟商店、来吧、问答、企业品牌家园等一系列功能服务，并以人文情感为核心的综合性虚拟社区和大型网络社交平台。

品质和价值。在新闻内容越来越同质化的今天，强调媒体的品质和价值尤为重要。《21 世纪经济报道》创刊于 2001 年 1 月 1 日，定位为中国最佳办公读物、中国商业报纸领导者，一直尊崇"新闻创造价值"。2008 年 1 月 1 日开始，《21 世纪经济报道》全新改版，一周五期，每个工作日为读者提供及时、准确、全面的商业资讯。

使用体验。它成为一些品牌成功的必要条件，不断培养消费者对品牌的忠诚度。如"为用户提供一站式在线生活服务"作为战略目标的腾讯，构建了 QQ、腾讯网（QQ.com）、QQ 游戏以及拍拍网这四大网络平台，形成中国规模最大的网络社区。腾讯 QQ 的发展深刻地影响和改变着数以亿计网民的沟通方式和生活习惯，它为用户提供了一个巨大的便捷沟通平台，在人们生活中实践着各种生活功能、社会服务功能及商务应用功能。

原产国与国家或地区的联系。媒介品牌跟一个能够为品牌增加信誉的国家或地区联系起来，将是实施媒体品牌战略的一部分。比如广州报业发达，报纸成了羊城的文化名片；湖南电视娱乐业发达，人们容易将它与星城长沙产生联想。这一点适合某些区域性要求比较高的媒体。

第二，作为组织的品牌。包括组织特性，如组织的创新性、质量要求、对环境的友好性等，公司的全球性或地区性，这些方面，会影响到顾客对品牌的好感、尊敬等感情。

作为组织的品牌，是从企业组织的角度感受品牌的一些特征，它是相对于产品属性、服务属性而言的。消费者有时会通过质量能力、创新能力和环保理念等来辨识品牌，质量和创新则是通过员工、文化、价值观和活动等建立的。最重要的是产生了组织联想。如有人如此描述他在 CNN 总部等候与其领导人首次见面时的场景：

　　我坐在大厅中一家咖啡屋的桌旁，大口吃着早饭；在我的头顶前方，两个大屏幕分别播放着 CNN 国际频道和 CNN 美国频道的节目——一个屏幕上，英国首相布莱尔正与人握手，另一个屏幕上，美国总统小布什正向记者团发布讲话；底层大厅四周的墙上挂满了时钟，显示着世界各大城市的时间：我脚下的地板是一幅巨大的地图拼图，上面嵌满了黄铜饰板，每一块饰板则代表 CNN 在全球的一个分部；进入我的视野的，还有一家纪念品商店和一块引导游客参观 CNN 各演播室的牌子。我喜欢所见的一切，并暗自思忖："这就是所谓的品牌经营吧。"（马克·唐盖特，2007：2）

第三，作为个人的品牌。包括品牌个性即品牌人格化的个性（personality）形象、品牌与消费者的关系等。

品牌个性可以理解为一个特定品牌拥有的一系列人性特色，就像李维斯（Levi's）牛仔服给人留下粗犷的印象。媒介的品牌个性是媒介的品质与感性特点相联结所形成的一个或一组整体的显著标识，是一个媒介区别于另一个媒介的重要标志，也是媒介的外在表征。如《时尚》杂志的前卫、新潮；《财经》的强悍、深刻；《南方都市报》的锐气、年轻；《广州日报》的亲切、精明；湖南卫视的乐观、朝气，等等。

师永刚在其《〈读者〉传奇》序章中，非常拟人化地描写了《读者》的个性特征："曾一日为杂志取像而不能得，大致有很野的，也有很媚的。这一份却是高洁典雅，是月下僧敲门的静夜冷月，是 30 年代的、戴了眼镜、夹了书本走过街头的女大学生，这么好的气质，实在不容易……这份全是短小的、抒情的、可以称谓为美文的杂志，不是要迎合，企图去征服，而是随风潜入夜般的甘露，恰是这样的东西长长久久地畅销了。"（师永刚，2004）

品牌与顾客的关系为理解品牌个性如何发挥作用提供了不同的角度。许多品牌和顾客之间的关系除了功能利益满足外，更可能在情感利益和自我表达利益上建立更紧密的关系，许多品牌的一种重要关系表现为信任、可靠性、理解和关爱的友谊。例如三联书店由邹韬奋、李公朴等著名文化进步人士在抗日战争时期创办。它既有品牌，又有风格，许多中国知识分子视之为精神家园。2004 年 2 月下旬，10 余名三联职工联名向中国出版集团、新闻出版总署、中宣部领导呈交举报材料，控告两年前"空降"来的总经理无视三联的出版传统，大出教辅读物，以及一号多刊、任人唯亲等行为。3 月 28 日，部分在京离休干部上书中宣部要求调查三联事件；3 月 31 日，杨绛著文深情回忆老三联；4 月 22 日，部分在沪离休干部联名上书中宣部要求严查；4 月 30 日，42 家民营书店发表公开信对三联事件表示关切。"三联风波"最后以总经理辞职而告终。这起事件揭示出了中国知识分子与三联之间的特殊关系。

第四，作为符号的品牌。包括视觉形象和寓意，以及品牌传统。强烈的符号可以帮助品牌获得凝聚力和建立结构，并使品牌更容易得到识别和再现效果。强烈的符号可以作为品牌开发的关键因素，缺乏象征性的符号则会成为品牌发展的制约因素。

视觉形象是以标志、标准字、标准色为核心展开的完整的、系统的视觉表达体系。将上述的企业理念、企业文化、服务内容、企业规范等抽象概念转换为具体符号，塑造出独特的企业形象。在 CI 设计中，视觉识别设计最具传播力和感染力，最容易被公众接受，具有重要意义。如美国《国家地理》的黄色边框、报纸品牌的报头和头版版式等。

对于媒介品牌而言，视觉形象主要包括：标志（台标、报头、刊头、网站名等）设计、版面设计、宣传片设计、标准色设计等。

宁夏电视台

宁波电视台

黑龙江电视台

辽宁电视台

湖北电视台

湖南卫星电视台

湖南卫视台标造型设计别具一格，给人联想较多。台标其简单流畅的椭圆形轮廓，左下方自然形成一个缺口，形成鱼的"大写意"，中心呈现一粒稻米的"写真"的放大形状，象征着有"鱼米之乡"美誉的湖南。从屏幕上看，金灿灿的台标恰似一条纽带，代表着电视媒体的特定内涵，意味着湖南卫视是让世界了解湖南，让湖南走向世界的纽带。台标图案同时蕴涵着卫星运动的轨迹，东方的上空又多了一颗璀璨的新星。湖南卫视台标总体造型给人以稳定而不失活泼、严肃而不是呆板的感受。因其台标外形又有点儿像杧果，故湖南卫视也被观众亲切地称为"杧果台"。

1 salone

CCTV中国中央台

凤凰卫视中文台

浙江电视台

MTV全球音乐

美国NBC电视台

凤凰台台标金凤凰飞舞成圆形的造型，大胆运用了金黄色这种对比效果强烈的色彩，显示了浓厚的中国风味和文化底蕴，大气简洁。同时，该台标与凤凰卫视的定位"开创新视野，创造新文化"相契合，正寓意了其所扎根中国，以传播中国文化为己任的目标。

新京报

《新京报》标准字为天安门城墙色底方正大标宋加粗反白。《新京报》符号总是跟天安门城墙颜色出现在一起，时刻提醒国内外读者《新京报》有浓厚的北京特色和中国特色；方正大标宋，表达与国际接轨和借助科技进步的愿望；加粗反白，突出镂刻效果，强调视觉冲击力，象征《新京报》要成为一块传世招牌。

《南方周末》报头字体由鲁迅真迹集字而成，体现了《南方周末》对正义与良知的坚守。设计还采用传统印玺风格，显得沉稳、大气、深刻。

《南方人物周刊》是南方报业传媒集团主管、南方周末出品的综合类人物周刊。它以"记录我们的命运"为办刊宗旨，以"平等、宽容、人道"为理念，关注那些"对中国的进步和我们的生活产生重大影响的人、在与命运的抗争中彰显人类的向善力量和深邃驳杂的人性魅力的人"。其刊头"南方"二字来自《南方周末》，显示两者之间的血缘关系。"人物"二字特别设计，突出其"人物报道"的定位。

《新周刊》定位为中国最新锐的时事生活周刊。它的刊头宽度只占封面宽度的一半，与其他杂志刊头占通栏的情况区别明显。并且《新周刊》刊头字号也相对较小，与它的标题相比，甚至处于弱化状态。这主要是为了更加突出封面故事，以找到最佳卖点。

对于平面媒体和网络媒体而言，版面设计是其视觉识别的一个重要方面，兼具装饰和产品形象设计两种功能。在版式设计方面，传统大报如《羊城晚报》、《文汇报》、《南方日报》近年体现模块化、报头改革、栏型规则化的趋势；新兴报纸如《21世纪经济报道》、《经济观察报》、《国际先驱导报》，体现了国际化、个性化的探索。

企业宣传片的准确定义是企业自主投资制作，介绍自有企业主营业务、产品、企业规模及人文历史的专题片。这类片子主要有四种：企业宣传片、企业形象片、企业专题、企业历史片。四者都是采用影视的制作手段，展现企业的综合实力。

前期包括策划及拍摄两部分。后期包括剪辑、特效、动画、影音合成等。

企业宣传片对企业内部的各个层面有重点、有针对、有秩序地进行策划、拍摄、录音、剪辑、配音、配乐、动画、特效、合成输出制作成片，目的是为了声色并茂地凸显企业独特的风格面貌、彰显企业实力，让社会不同层面的人士对企业产生正面、良好的印象，从而建立对该企业的好感和信任度，并信赖该企业的产品或服务。

媒体企业宣传片多为企业形象片，通过宣传片展示媒体形象。如南方报业每年在全国多所名牌高校现场招聘会上播放宣传片，以吸纳优秀应届毕业生。

【案例】杂志嘉年华之《南风窗》：责任感不是面具（宣传片）

编导：刘娴　摄像：黄杰
广东电视台　2006年3月8日

【宣传片】
我们的镜头
走进这纸上汇成的历史
我们的视野
触摸那历史承载的未来
财富故事，兵分三地
《杂志嘉年华》十月档案
【导语】1
《杂志嘉年华》十月档案，大家好，我是卢笛。继续讲特别杂志的特别故事。在信奉风水的人眼里，有所谓"阳暖东南"之说，认为正南、东南为风水旺地，有南风窗的人家便旺事生财。到了20世纪八九十年代，"南风窗"成了一句广东民间俗语，就是指这个人有海外关系。

我觉得风水之说不足为信，不过有一本杂志，的确风头正劲，它就叫《南风窗》。

【杂志档案】

最具责任感的政经杂志

杂志类型：政经类

杂志特色：新闻分析

创刊时间：1985 年 4 月

行业排名：同类新闻杂志发行量第一

办刊理念：做中国最具影响力的新闻杂志

【配音】

一踏进《南风窗》杂志社，财富记者就碰上了些倍感奇怪的事儿。首先是贴满楼道和办公室的"南风窗之夜"蔡琴演唱会海报。一个在中国新闻界引导"政经之风"的杂志，难道也开始走娱乐路线了吗？

【同期】

《南风窗》杂志社社长陈中：这是一个品牌推广，由于蔡琴在歌坛上的影响力，由于《南风窗》在中国新闻杂志里的影响力，所以我想影响力加影响力产生更大的影响力。

【配音】

紧接着，记者发现陈中办公室的桌上赫然放着一本《女友》杂志，一个"政经"杂志社社长，一个年近半百的男人，莫非也对这种在女生中流行的杂志感兴趣？

【同期】

《南风窗》杂志社社长陈中：不是。我们《南风窗》在全国做分印，这个《女友》杂志是西安印的，西安印刷厂提供给我们作为他们印刷质量（标准），不是我的读物。看我这个形象，一般还不会踏入《女友》这个行列。（笑）

【配音】

的确，细节中见专业，《南风窗》的影响力跟发行量都是有目共睹的，陈中的解释就是墙上的标语："做中国最具影响力的新闻杂志"。那么这本杂志的核心竞争力又是什么呢？我们不妨回顾一下，政经类杂志在中国崛起屡受市场质疑的过程。

1984 年，改革开放的初始阶段，很多人对广州被列为首批的沿海开发城市之一不理解。而当时，新闻改革还未开始，说到政经类，一般都是党报党刊。同时地摊文学又比较泛滥。于是，在广州市委大墙边的一间小平房里，几个不安分的年轻人开始尝试一段新的历史。

【同期】

《南风窗》杂志社社长陈中：地摊文学是什么呢？武侠小说、爱情小说，我们叫拳头加枕头。一个真正有新闻性的，能够生动活泼的，而且是人们关心的热点难点问题还没有很好的一个范例吧。我们想做一个尝试。

【配音】

1985 年 4 月，《南风窗》正式创刊。即使在今天看来，《南风窗》的创刊号都是观念领先的。创刊之初的"假如我是市长"的活动，让全市老百姓给市长提建议，"让从零开始的人讲话"。这次活动被认为是新中国以来首次，誉为"民主化建设的先声。"

【同期】

《南风窗》杂志社社长陈中：我们一开始走的路就是对的，可以说起到了一个领头羊的作用。

【间隔片】

【导语】2

有人说《南风窗》的崛起，源于他们有着出色的策划能力，但陈中说这只是表面，杂志生存真实基础，其实来源于它的人文定位，对《南风窗》来说，那就是社会责任感。讲到这里，我们就不能不提一个人，《南风窗》总编辑秦朔，他在《南风窗》的登场，是在（20 世纪）90年代中期，此时同类型期刊正值战乱，此时，他在国内首次鲜明提出"政经杂志"的概念，提出要做"一份有责任感的政经杂志"。

【黑场字幕】

责任感不是面具而是心灵。

【配音】

1996 年，一个年轻人担任了《南风窗》总编，据说是当时国内新闻杂志社最年轻的一位总编辑。两年后，《南风窗》全面改版，发行量急剧上升，很快成为期刊界发行量和影响力最大的政经类杂志。

【同期】

《南风窗》杂志社副总编辑张良：我觉得他最大的作用是确定了

《南风窗》目前这个政经的方向。

【配音】

秦朔，说到这个人，很多人认为他是一面旗帜，关注现实中国，倡导进步观念，秦朔的文章总是带着强烈的使命感。改版后的《南风窗》将对国计民生的责任感融入专业分析和报道中，注重深入、理性，前瞻性地对政治、财经、社会热点问题进行深度分析，推出了一系列有分量的政经报道，在全国引起广泛关注和影响，并引发了其他媒体的转载和跟进革命。不过，就在《南方窗》发展得如火如荼的时候，2003年，因为广州日报集团的委派，秦朔突然离开了有着浓厚感情的《南风窗》，到上海去开辟自己的事业了。

【同期】

《南风窗》杂志社副总编辑张良：我想每个人都有自己追求的目标吧。

《南风窗》杂志社社长陈中：他下这个决心很痛苦，很难。他跟我说他几个晚上没睡觉。因为他做了13年的杂志，他很想挑战自己的能力再做一份报纸，这是一次机会，如果不去尝试，也许一辈子都后悔。我说，既然是这样的话，《南风窗》永远是你的家，不管怎么样，任何时候我都欢迎他回来。

【配音】

秦朔现在还挂名在《南风窗》，但已经不参与实际事务了，慢慢淡出《南风窗》的秦朔，现在将主要精力放在自己的报纸上了，人常驻上海，非常忙碌。

【同期】

《南风窗》杂志社总编辑秦朔：每个人都有他自己的生活方式，大家都有自己的一个选择。

【黑场字幕】

没有秦朔的《南风窗》。

【配音】

有人说，如今中国很多媒体对个人依赖性很强，比如提起《财经》就想起胡舒立，提起《南风窗》就想起秦朔。他已经成了《南风窗》的一个品牌。没有了秦朔，南风窗会有一个新的开始吗？

【同期】

《南风窗》杂志社副总编辑张良：每个媒体都需要自己的一个灵

魂人物。一个成熟的媒体，它到了一定发展阶段之后，它对个人依赖确实是要减弱了。报纸发展继续在前进，前进的步伐也不一定比以前慢。

【配音】

据说，秦朔最放心不下的也就是他离开后，《南风窗》会不会在某种程度上受到一些影响。因为到目前为止，陈中也还没有为《南风窗》找到一个真正能替代秦朔的新的灵魂人物。

【同期】

《南风窗》杂志社总编辑秦朔：老是有种想法就是，是怎么样的人，能做什么样的事，但实际上在社会上工作后，这个方面是有道理的，但另外一个方面也很重要，就是说，有一个怎么样的舞台跟空间可以做什么样的事情。

【配音】

有人说《南风窗》最具吸引力的地方就在于深度报道；也有人说《南风窗》的成功是在于它的胆子大，总是"泼冷水比唱赞歌的时候要多得多"。秦朔认为，一个以政经为主的杂志，如果跟社会离得很远，不敢直视这个社会的许多角落，那么他都算不上尽了责任。

不过，副总编张良说，批评报道其实并不是南风窗的编辑方向，他们只要求记者关注中国社会在大时代背景下的一些变化。只不过，变化也有负面的消息而已。

【同期】

《南风窗》杂志社社长陈中：大胆是建立在成熟的基础上，而不是一种愣头青的，愤怒青年的盲目的大胆。我们反对那种为了制造轰动效应打擦边球，我们会比较以一种严肃的、认真的思考去深入地反映社会的真实问题。

【间隔片】

【配音】

陈中的家庭是摄影世家，父亲是电影导演，母亲是电影剪辑，陈中从未专门学过摄影，却从十几岁就开始摄影，到今天已经相当之专业。《南风窗》创业初期，陈中是做摄影记者的，他对摄影的热爱对常人来说可能已经有些夸张。前两年，因为在澳门的一次展览引起业内好评如潮，他还出了本《陈中摄影作品集》。

【同期】

《南风窗》杂志社社长陈中：我要是看到好的要拍的东西，会眼睛发光，心跳加速，就是还有那种激情。

【配音】

为了拍到好的作品，他会把所有的事儿都抛在脑后，沉浸其中。有一次他拍珠江，珠江旁有很多木排，他跑到其中一个木排上拍，结果拍完后发现这个木排已经漂到下游，两边都到不了岸。

【同期】

《南风窗》杂志社社长陈中：我大概漂了两个多小时，正好退潮往大海去，最后是叫旁边那些渔民的船才把我给接上来。

【导语】3

也许，陈中对摄影的专注就如同他对《南风窗》的坚持。采访临近结束时，陈中说，从30岁到《南风窗》，直到今天，他相当于下半生都交给了《南风窗》。就在刚才，我们得到另外一个消息，秦朔在上海办的日报《第一财经》下月将正式出版发行。这也就意味着，他不再可能有时间再顾得上《南风窗》这边。但我们仍然愿意相信，没有了秦朔的《南风窗》依然能一如既往地辉煌，长江后浪总会推前浪，陈中领军队伍下的《南风窗》会出现更多的秦朔。就如陈中最爱说的那句话：太阳每天都是新的！

标准色设计。标准色指企业为塑造独特的企业形象而确定的某一特定的色彩或一组色彩系统，运用在所有的视觉传达设计的媒体上，通过色彩特有的知觉刺激与心理反应，以表达企业的经营理念和产品服务的特质。如2002年3月28日，《南方周末》将沿用了18年的报头进行了创刊以来的首次大规模改进：一是将报名外一粗一细两条文武线框改成中国传统印玺的肌理效果；二是将报头的正品红中加入少许蓝、黑，近似朱砂色，成为该报的专色红。这一章一红确立了《南方周末》的品牌形象和基本色调。

标准色的设定一般有以下三种情况：第一，单色标准色。具有集中、强烈的视觉效果，容易记忆。第二，复数标准色追求色彩的组合效果，增强色彩律动的美感，同时也传达了企业的有关信息。第三，多色系统标准色。一般应选择一个色彩为企业的标准色，再配多个辅助色彩。其主辅关系为了表达企业集团母子公司的身份和关系，亦可表示企业内部各部门或品牌、产品的分类。

　　通过上述对品牌识别的界定，确定品牌给顾客创造的价值目标导向：功能性利益、情感性利益还是自我表达利益，明确本品牌是否可以为其他品牌提供支持。在品牌识别、品牌的顾客价值和品牌与其他品牌关系的基础上，明确"品牌—顾客关系"。这样一个完整的品牌识别系统的设计工作就完成了。

第六章

媒介品牌的延伸

作为一种经营策略，品牌延伸在 20 世纪初就得到广泛的应用，世界许多著名企业大多是靠品牌延伸实现其快速扩张的。美国著名经济学家艾·里斯说："若撰述美国过去 10 年的营销史，最具有意义的趋势就是延伸品牌线。"据统计，过去 10 年中，美国新崛起的知名品牌，有 2/3 是靠品牌延伸成功的。现在一些国内企业在推出新产品、进入新领域时，也广泛采用这种策略。媒介产品也不例外。

第一节　品牌延伸概述

品牌延伸，就是企业借助消费者对原品牌的认知、联想或其他情感因素，将品牌用于新的产品上，使新产品借助原有品牌的优势支持，尽快打开市场，从而节省新产品市场推广营销成本，缩短新产品被消费者所接受的时间，以降低失败的概率。据统计，在 20 世纪 70 年代至 80 年代企业向市场推出的新产品中，真正获得成功的仅占 20%，其中有 20% ~ 30% 因为不被消费者所接受和过高的市场初期导入费用而失败。解决上述问题的有效途径之一，就是充分利用已有的品牌名称和品牌资产，通过延伸转移到新的产品或服务，从而大大降低新产品进入市场的壁垒。（薛可，2008：138）

一　媒介品牌延伸的定义

媒介品牌延伸（Media Brand Extension），是指将著名媒介品牌或已经具有较大知名度的媒介品牌使用到其他媒介产品甚至非媒介产品上。

媒介品牌延伸能够充分利用原品牌的效应，提高推出新产品成功的可能性。它有利于新产品进入市场，增加品牌的新鲜感，维系消费者的忠诚，降低新产品进入市场的费用，同时丰富了产品组合，形成规模经济效益，从而减免品牌的危机。正因为如此，品牌延伸在产业领域得到了大量的运用。

但是，品牌延伸也不是没有风险的，如果不遵循品牌延伸的原则，分析延伸的可行策略，不仅会导致新产品的引进受挫，甚至还会给原品牌造成负面影响。

二　媒介品牌延伸的原则

媒介品牌延伸要遵循以下两个原则：

1. 延伸产品必须符合品牌核心价值

各个品牌之间的竞争归根到底是品牌核心价值的竞争，它是一个品牌的灵魂所在。品牌的核心价值表达了能向消费者提供什么样的价值，在精神和观念上得到消费者的认同和拥护，是消费者对品牌的核心需求，也是消费者忠于品牌的根本理由。对某些成功品牌而言，品牌的核心价值已经牢牢占据了消费者的心理，如果企业擅自去改变品牌的核心价值，就会引起客户的迷惑甚至是强烈不满，从而最终影响到品牌形象和品牌价值。媒介品牌的核心价值须能包容延伸媒介产品的个性与特点。为了说明包容性不必基于产品性质相关的联想，帕克（Park）等专家认为应保证"品牌—含义——致性"（Brand – Concept – Consistency），这主要是指品牌核心价值与延伸产品之间的关联性。品牌价值建设是企业品牌建设之路的主题，在核心价值的统领下进行产品跨种类乃至跨行业的延伸才是不断强化品牌自身价值的过程，当所有的延伸足迹都会让消费者联想到品牌的核心价值，或者当消费者产生某种需求时会首先想到该品牌，也即只有这样的品牌延伸，才能在品牌延伸的过程中使品牌的核心价值不断凝聚，在消费者的心目中形成统一的品牌形象，品牌忠诚才能在消费者心目中扎根。

基于媒介市场竞争的加剧，媒介机构需要用一种抽象的东西占据受众心中的位置，这是形成持久竞争力的根本所在。长期来看，媒介品牌的竞争，本质是品牌核心价值的竞争，核心价值在受众心中的地位越巩固，竞争力也就越强大。迪斯尼坚持"Make People Happy"的核心价值，从卡通画到卡通影视作品及迪斯尼乐园，始终没有离开这一价值理念。虽然迪斯尼的影视产品不断翻新与扩展，但迪斯尼从不宣称自己仅仅经营具体的产品，而是倡导

"给人类带来快乐"的品牌核心价值。（陈兵，2008：206）

2. 重视新产品与原产品的属性相关联

这种属性关联性原则要求延伸产品不能脱离原产品的定位，延伸产品不能超出原产品的领域。在产品越来越同质化的今天，品牌定位目的是建立品牌与竞争对手的差异性，以求占领消费者的心，无论是以品质定位、情感定位还是群体定位的品牌都具有自己特定的目标消费者，并且一定程度上是具有高度聚焦的品牌。如果将原代表一定产品或概念的品牌延伸到代表两个、三个或者更多的不同产品或概念的品牌上，即你将越多的东西往这个品牌上放，消费者就越容易失去关注点，该品牌也就和其他产品没区别了。南方报业在这方面曾经教训深刻。它在 20 世纪 90 年代全国涌起下海潮时，曾投资药材、水泥等行业，由于不善经营，加之游离于本业之外，最终铩羽而归。其后痛定思痛，集中力量投入报业，在"龙生龙、凤生凤"的多品牌战略指导下，一举获得成功。

第二节　媒介品牌延伸现状

媒介品牌延伸是媒介品牌战略的主要内容之一。它不仅在媒介组织的品牌经营中占有重要地位，而且对整个媒介组织的发展和战略决策产生重大的影响。

一　中外媒介品牌延伸现状对比

我国规模最大的媒介品牌中央电视台，2010 年广告创收 188 亿元（人民币），而时代华纳仅 2011 年第三季度的收入就达 70.68 亿美元。两相对比，差距甚大。事实上，在时代华纳、索尼、迪斯尼等传媒产业巨头的引导下，西方 50 家媒体娱乐公司占据了当今世界上 95% 的传媒产业市场。中外媒介品牌的差距不仅表现在收入指数，还体现在品牌影响力等方面。由世界品牌实验室编制的 2011 年《世界品牌 500 强》，入选品牌共覆盖了 49 个行业，传统媒体以 37 个品牌入选仍保持着行业第一。但中国仅有中央电视台入选，位列第 50 名。

1. 基于延伸领域的对比

从 20 世纪 70 年代开始，国外的媒介品牌通过收购、兼并等方式掀起了大规模的品牌延伸与扩张之潮。它们的延伸领域不仅仅局限于同一媒介行业，而是从报纸、杂志、出版、电视、电影以及互联网甚至整个文化产业、信息产业等更广阔的空间实施延伸，形成综合的媒介生产链。

时代华纳（TWX）旗下拥有一系列极具价值的品牌：电视台方面包括CNN（美国有线电视新闻网）、TNT（付费体育）、HBO（付费电视，以自制剧闻名，不卖广告）；杂志包括 *TIME*、*PEOPLE*、*FORTUNE*、*Sports Illustrated*；另外还包括电影和电视娱乐制作公司华纳兄弟以及有线电视，宽带网络及 IP 电话服务供应商及内容供应商时代华纳有线（TWC）。其品牌延伸涵盖六大业务：美国在线（ISP）、电视和广播部门、有线电视部门、出版、影视娱乐以及音乐。迪斯尼公司现在是世界第三大娱乐公司，品牌延伸领域包括：影视娱乐、媒体网络、主题公园、度假村和消费产品。迪斯尼公司 21%的经济收益来自广告收入，另外有约 25%的收入来自主题公园营业额。新闻集团虽以"新闻"起家，但集团超过 60%的收益来自"娱乐"及相关产业。新闻集团的品牌延伸涵盖电影电视节目的制作和发行，无线电视、卫星电视和有线电视广播，报纸、杂志、书籍出版以及数字广播、加密和收视管理系统开发，等等。

相比较而言，国内媒介品牌的延伸领域显得单薄。目前国内还没有一家真正横跨报纸、图书、广播、电视、电影、互联网等的媒体。以国内最大的媒介品牌中央电视台为例，1995 年，央视切入调查业，成立调查咨询中心，品牌延伸自此开始。目前，中央电视台已形成以电视传播为主业，电影、互联网、报刊、音像出版等相互支撑的多媒体宣传、广告经营和产业拓展的多元化品牌经营格局。另一颇具影响力的媒体是于 2000 年成立的中国第一家省级广电传媒集团——湖南广播影视集团，下辖 10 个电视频道、一个电影子集团、5 个广播频率、两家网站以及 3 家公开发行的报刊。这两家媒体虽然已经形成了跨媒体多元化品牌经营格局，但其主营业务及其品牌影响力仍然集中在电视领域。另外，具有代表性的第一财经传媒，近年来积极拓展产业链，搭建起统一品牌下的广播、电视、报纸、网站、周刊在内的五大媒体平台，还积极涉足财经数据产品提供以及财经公关服务领域，但其品牌延伸主要是基于财经领域的延伸。还有南方报业传媒和广州日报报业集团，主要是基于平面媒体的延伸。

地级传媒集团反倒走在探索跨媒体经营的前沿，但影响力毕竟十分有限。如牡丹江新闻传媒集团于 2004 年 5 月由原牡丹江广电集团和报业集团重组而成。集团公司作为国内首家以广播、电视、报纸、杂志、网站等多种媒体运营为主体，以新闻资讯、文化产品生产经营为特色的国有独资企业，产业涵盖影视动画制作、出版发行、网络传输及增殖业务、广告、网站运营、公共信息服务、印务、传媒教育、文化旅游、对外经济合作、快送和饮品等多个领域。另外，还有广东佛山传媒集团等。

表 6 - 1　　　　　　　　　六大跨国媒介品牌的延伸领域

媒介品牌 \ 延伸领域	报纸	杂志	出版	电视	电台	电影	音乐	录像	网络	其他
迪斯尼		√	√	√	√	√	√		√	主题公园、食品与饰物等消费品、动画片、教育与娱乐软件等
时代华纳			√	√	√	√	√	√	√	棒球队、漫画公司等
新闻集团	√	√	√	√		√			√	道·琼斯股票价格指数等
维旺迪国际		√	√			√	√		√	水务、能源、交通等
维亚康姆				√		√	√	√	√	主题公园、户外广告等
贝塔斯曼	√	√	√	√	√	√	√		√	读书俱乐部

资料来源：整理自 MBA 智库百科资料、百度百科资料。

表 6 - 2　　　　　　　　　国内典型媒介品牌的延伸领域

媒介品牌 \ 延伸领域	报纸	杂志	出版	电视	电台	电影	音乐	录像	网络	其他
中央电视台	√			√		√		√	√	调查咨询、旅游开发、乐团等
湖南广播影视集团	√	√		√	√	√			√	会展
第一财经传媒	√	√		√					√	财经数据产品
南方报业传媒	√	√	√						√	

资料来源：整理自 MBA 智库百科资料、百度百科资料。

2. 基于延伸方式的对比

国外媒介品牌大多通过兼并与收购的方式，达到快速实现品牌延伸和扩张的目的。仅 20 世纪 90 年代的媒体兼并高峰期，欧美媒体的电台兼并案达到 548 次，占据兼并案总数的 26.5%；有线电视兼并案达到 387 次，占据兼并案总数的 18.7%；电视台兼并案达到 281 次，占据兼并案总数的 13.6%；报纸兼并案达到 284 次，占据兼并案总数的 13.7%；音乐兼并案达到 104 次，占据兼并案总数的 5%。（曾华国，2004：95）综观当今世界六大跨国传媒集团，无一不是通过兼并收购成长起来的。以拥有《时代周刊》和《财富》杂志等刊物而著名的时代公司，1989 年以 140 亿美元收购了在电影界具有重量级别的华纳公司，1996 年又以 76 亿美元收购了美国电视网 CNN 的母公司 TBS，而 2000 年耗资 1035 亿美元的最大一次跨媒体并购案，更是被业界和学术界称为"世纪收购"。几次大规模并购，成就了美国在线—时代华纳这一全球最大的传媒集团的诞生。

在中国，媒介品牌的延伸大多依托内部资源、基于自身积累发展实施延伸。但近年来伴随我国传媒业在转企改制、上市融资、事业单位改革等方面的诸多探索，媒体并购开始实施。值得一提的是，2008 年 12 月 22 日，新浪宣布以 4700 万新发行股份的代价，收购分众传媒户外数字广告业务，新浪和分众传媒由此合并，成为仅次于央视的第二大媒体集团。但总体而言，由于我国传媒领域市场化程度不高，部门分割与区域分割并存，政府体制约束等原因，国内至今还没有一家真正横跨报纸、图书、广播、电视、电影、互联网等的综合性媒介品牌。即便是 20 世纪末开始涌现的一批广播影视集团、报业集团、电影集团等，很多是基于行政层面的整合，而并非市场经济行为化的传媒产业并购行为。

二　媒介品牌延伸的影响因素分析

无论是从延伸领域还是延伸方式的对比来看，中外媒介品牌延伸存在着巨大差距。究其原因，传媒开放程度有限、现阶段行政管理体制的约束是其重要影响因素。中国现行的媒介体制是行政导向型的，它与传媒产业的发展并不总是一致，有时甚至存在着巨大的差距。当数字化的技术已经打破了传统媒体的壁垒，广播、电视、报纸、杂志这些内容产品本身可以在数字化的平台上互相融合，但是媒介管理体制仍然严守着广播、电视、报纸不能互相进入的壁垒政策。媒介跨地域经营同样受政策约束及地方保护主义的阻碍。

当然，影响媒介品牌延伸成功的因素复杂多样，抛开体制原因，还有来自市场、媒介本身等诸多因素的影响。下面，我们将借鉴企业品牌延伸影响因素模型，对影响媒介品牌延伸的因素进行全面分析。

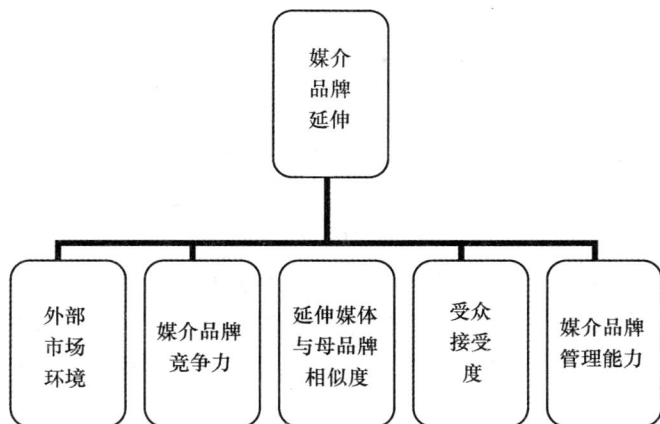

图 6 - 1　媒介品牌延伸的影响因素模型

1. 外部市场环境

媒介品牌延伸的外部市场环境主要有媒介市场容量和媒介市场竞争程度两个因素。

首先是媒介市场容量。市场容量是指有支付能力的需求量。改革开放以来，我国经济的不断发展，促进了人们消费范围的扩大和消费欲望的增长，社会需求呈现出多层次、多方位、多样化的特点，这一特点也体现在对媒介利用的需求上。事实上，实施品牌延伸的首要前提是，了解市场容量是否足以支撑媒介延伸的运营，市场容量越大，意味着媒介越有机会做大做强品牌；反之，失去最基本的需求支撑，媒介品牌延伸就是无本之木，只会遭遇失败。例如，2005 年 8 月，已创办 5 年多的南方报业传媒集团旗下《南方体育》宣布休刊，并入南方都市报报系重新整合。这是因为当时国内体育报纸市场整体萎缩，《南方体育》身处这样的市场环境，亏损在所难免，必须主动调整业务组合。事实上，当时的体育类纸媒市场除了最具影响力的《体坛周报》、《足球》，还活跃着几十家体育纸媒，同时，互联网、电视及强势综合性报纸对专业类体育纸媒还形成多重夹击，导致读者大量分流，市场需求不足以支撑数量众多的体育媒体的运营，因此，南方报业传媒集团审时度势，主动撤出体育媒体领域。之后，南方都市报系利用《南方体育》的刊号创办了《南都周刊》，因为中国的周报市场仍存在较大的潜在空间。可见，是否具有足够的市场容量是媒介实施品牌延伸的首要前提。

2. 媒介市场竞争

媒介市场的竞争程度可用延伸媒体所在领域竞争对手的数量、品牌影响力以及进入成本高低来衡量。延伸领域的竞争对手越多，意味着竞争越激烈，相对市场容量越小，如上分析的《南方体育》的例子。另外，竞争对手的品牌影响力也是需要衡量的一个重要因素。当竞争对手已经在这一领域确立了牢固的品牌领导形象，实施延伸的媒体必须从这一领域新的市场空间确立定位，寻找突破，这也是《新定位》一书强调的原则。以《瑞丽》杂志为例，《瑞丽》于 2001 年进入家居杂志市场，创办了《瑞丽家居设计》。当时，家居杂志已经有《时尚家居》、《缤纷 Space》等率先进入市场。其中，《时尚家居》以世界潮流为风向标，追求高品质的家居设计，但离大众消费的生活有一定距离，实用性不强。《缤纷 Space》则偏重设计师层面，而且其专注领域是广泛意义上的人居空间，包括建筑、室内设计、城市、环境等。因此，《瑞丽家居设计》创刊以来，确立了新的市场定位，其内容设计更注重实用性，着眼于家庭家居设计，多以案例分析指导读者如何布置家居空间等等，其品牌延伸在短短几年之内获得巨大成功。

一些研究表明，在竞争性的市场条件下，采用品牌延伸会比建立一个新的品牌更有优势。也就是说，竞争越激烈，品牌延伸的相对价值越高。从另一个角度理解，竞争越激烈，进入成本越高，而品牌延伸最大的好处就是节省成本，因此相对价值越高。

3. 媒介品牌竞争力

媒介品牌的竞争力是指媒介品牌本身固有的，通过与竞争对手相比较而具有的竞争优势，它是决定品牌延伸成功率的根本因素。竞争力越强，品牌延伸的成功率越高。在这里，我们将从媒介品牌美誉度、媒介品牌定位度和媒介品牌知名度三个指标进行分析。

媒介品牌美誉度是指媒介在受众心目中的赞美程度，是受众对媒介品牌的感知质量，以及对媒介品牌所传达的信息与同类媒介相比较的优势综合体验，它是一种对媒介品牌的主观评价。基于美誉度的媒介品牌，受众才会对其延伸品牌产生好感从而激发购买欲望。媒介应积极主动地通过多种手段，树立自己品牌的美誉度，博取受众好感。目前，我国媒介更多地倚重通过媒介的内容建设来树立品牌美誉度的方式，只有少数媒体在重视内容建设的同时，借鉴企业品牌的推广方式，加强自身品牌建设。

媒介品牌定位度是指媒介品牌的独特性与个性特色，任何媒介品牌都有其特定定位的展示。受众对媒介品牌定位的评价始终是与品牌自身共存的，是构成品牌强势度不可缺少的因素。成功的媒介品牌定位帮助媒介建立声誉，培育品牌竞争力，赢得受众的青睐。媒介品牌的知名度是指媒介品牌在受众心目中的熟悉程度，由于媒介品牌的知名度在一定程度上反映了受众对品牌已有的经验知识程度，对受众的初期购买决策行为有重大影响。试想，一个没有清晰的品牌定位和良好的品牌知名度与美誉度的媒介，意味着没有坚实的受众基础，如何有能力实施品牌延伸？

4. 延伸媒体与母品牌的相似度

延伸媒体与母品牌的相似度，是指两者的相关程度或者是适合度。相关程度越高，媒介品牌延伸的成功率就越高，反之则越低。它包括延伸媒体与母品牌的核心价值相似度、受众相似度两个指标。延伸媒体与母品牌的核心价值相似度，是指母品牌的核心价值能包容延伸媒体的核心价值，即延伸媒体不能与母品牌的核心价值相抵触。而受众相似度则是指延伸媒体具有与母品牌媒体相近或相似的受众群体。

以第一财经传媒为例，它是中国唯一以投资者为对象的专业财经传媒，其品牌定位是跨媒体、跨地域、跨行业的专业财经资讯供应商。尽管其品牌延伸横跨广播、电视、报纸、网站、周刊五大领域，但其品牌核心价值一脉相承，即致力于为中国广大投资者和全球华人经济圈提供实时、严谨、优质的财经新闻和深度评析，打造具有国际影响力的华语财经资讯平台。毫无疑问，其延伸媒体与母品牌的受众群体同样具有高相似度，都是基于广大投资者为目标受众。

5. 受众接受度

媒介品牌延伸能否成功，最终取决于受众接受的程度。受众接受度可以从三个方面进行衡量，包括受众对媒介品牌的认知度、联想度、忠诚度。当受众对媒介品牌的认知度、联想度和忠诚度越高，媒介品牌延伸越容易取得成功。

品牌的认知度包括品牌识别和品牌记忆。品牌识别（Brand identity）是指人们在认识了一个品牌之后，一看到或一听到它，就能区别出它与别的品牌的不同。品牌记忆（Brand memory）是指提到某个品牌时，人们对于它的记忆程度如何（邵一明，2008：72）。媒介品牌的认知度是指受众在不同环境中识别出该品牌的能力，要让受众认识到延伸媒介品牌的突出特点，提高受众对于延伸品牌的认知度，增强受众识别和回忆起延伸品牌的能力，就必须要努力使母品牌旗下的延伸品牌同时具有品牌认知的深度和广度。

品牌联想（Brand association）是指记忆中与品牌相连的每一件事，即一提到品牌名称，消费者脑海中出现的所有事物。品牌联想源于企业的品牌传播、口碑和消费者的品牌体验。美好的、丰富的品牌联想，意味着品牌被消费者所接受、认可、喜欢及具备市场上的差异力和竞争力等，这不仅增强了消费者的购买信心，也极大地丰富了品牌的价值和品牌资产。就媒介品牌而言，品牌通过延伸后，可在一定程度上把品牌联想转移到延伸媒体上去，创造延伸媒体的品牌联想。也就是说，当受众对延伸媒体的品牌联想度越高，品牌延伸的成功率就越高。

品牌忠诚度（Brand loyalty degree）是指消费者在购买决策中，多次表现出来对某个品牌有偏向性的（而非随意的）行为反应。它是一种行为过程，也是一种心理（决策和评估）过程。品牌忠诚度的形成不完全是依赖于产品的品质、知名度、品牌联想及传播，它与消费者本身的特性密切相关，靠消费者的产品使用经历。提高品牌的忠诚度，对一个企业的生存与发展，扩大市场份额极其重要。

品牌忠诚紧紧地与使用经验联系在一起，而且受到品牌知名度、品牌美誉度及品牌联想的影响。（邵一明，2008：73—74）

这一理论同样适用于媒介品牌延伸，受众对媒介品牌的忠诚度越高，证明品牌越有价值，对延伸媒体也会喜欢甚至忠诚，因此品牌延伸越容易取得成功。

6. 媒介品牌管理能力

媒介品牌延伸进入到一个新行业时，如果仅仅依靠母品牌的知名度和核心价值等力量是远远不够的，还必须对延伸品牌进行管理，使品牌具有良好的竞争能力。

就国内媒介品牌管理的现状而言，目前还远远落后于企业品牌管理的步伐。直到 20 世纪末期，媒介进入事业性与商业性双重性质的时代，面对残酷的市场竞争和生存压力，部分媒体开始仿效企业进行品牌建设的尝试，媒介品牌的塑造与经营才逐渐被学界及业界所关注。尽管国内媒介品牌的经营与管理起步较晚，至今还存在着媒介品牌发展不平衡，品牌执行力较差，品牌人才缺失等问题。但应当看到，由于媒介在资源上的独特优势、品牌意识的加强及品牌管理人才的完备，未来几年，国内媒介无论是在自身品牌塑造、品牌管理，还是品牌的跨媒体运作等方面都会取得更好的成绩，这也意味着媒介品牌成功延伸的时机越来越成熟。

第三节　媒介品牌延伸模式

　　进入 20 世纪 90 年代，传媒产业为品牌延伸提供了更为充分的条件。首先，科学技术尤其是数字通讯技术的发展使各种媒体间的可替代性迅速增强，品牌与传播方式互依互存的关系日益被打破，这为品牌在同类媒体中的延伸和跨媒体延伸提供了极大的便利。其次，我国传媒产业营利模式的转变催生媒介品牌延伸。传媒产业是一个高投入、高消耗的产业，依靠单一的广告营利模式显然难以做大做强，而且抗风险的能力也很差。只有传媒业的收入结构实现多元化，才可以有效降低市场风险。在美国，电视综艺类节目总收入中约有 40% 来自广告收入，剩下的 60% 来自对节目品牌的延伸营销，许多传媒巨头都是横跨电影、电视、广播、书籍、音像等多种媒体的综合经营体。我国传媒产业盈利模式的转变较晚，从 20 世纪 90 年代开始起步，这一转变也为媒介品牌延伸提供了契机。另外，传媒产业的发展使媒介品牌的竞争日趋激烈，"另起炉灶"创建新品牌的难度加大，因为新品牌知名度的形成，需要投入大量的宣传费用，需要很长时间的积淀。品牌延伸有利于节省成本，借助母品牌的力量推动延伸品牌快速占领市场，有助于媒介规避风险。而且，品牌延伸还能够为母品牌注入新鲜感，为其增加活力，丰富母品牌内涵，扩大其市场影响力。因此，品牌延伸成为媒介开拓现有市场和进入新市场的重要选择。从内部条件而言，媒介品牌本身必须具有强大的品牌影响力、良好的受众接受度和品牌管理能力，而且延伸应是基于品牌核心价值进行的延伸。

　　品牌专家科普菲尔（Kapferer）把品牌延伸分为两种类型：相关延伸和间断延伸。相关延伸是指向一个相同或相近的行业产品延伸，有助于品牌的扩张，而且可以利用企业对相关行业的熟悉和了解，以原有品牌进入一个新的市场空间。如传媒产业内部延伸，或者向信息产业、文化产业延伸。而间断延伸则抛弃了新旧产品之间的相关性，如传媒产业向房地产、旅游产业等的延伸。这里只讨论基于传媒产业的科普菲尔定义的相关延伸。媒介品牌延伸模式分为三种：水平延伸模式、垂直延伸模式和跨媒体延伸模式，其中垂直延伸模式又包括前向一体化和后向一体化延伸模式。

一 水平延伸模式

水平延伸模式又称单一媒体扩张（延伸）、横向一体化等。它是指利用原品牌的优势，在一个或同样的媒体行业中进行延伸的过程。

1. 水平延伸模式案例分析

1980 年 6 月 1 日，泰德·特纳（Ted Turner）开创了 CNN。在庆祝典礼上，联合国国旗、美国国旗和美国佐治亚州州旗一同升起，这暗示着特纳的全球野心。建立初始，CNN 只有一家电视台、25 名员工和 170 万用户。现在的 CNN 已经拥有 15 个有线和卫星电视频道网络，2 个当地电视网络，在全球还拥有多个地区和外语频道，仅其国际频道就拥有 2 家电视台和 5 个新闻通讯站，覆盖 200 多个国家及地区，在世界各地拥有 2.5 亿用户。

CNN 亚特兰大总部拥有来自 50 个国家的新闻从业人员；就全世界范围来说，CNN 拥有 4000 名员工和 39 个分部。据估计，全球有 10 亿受众能通过电视、网络、电台和手机等接触 CNN 这一品牌。但是，CNN 的前线记者基本上是一样的，后方的编辑根据不同终端用户的需求进行不同侧重点的加工编辑，从而构成了针对不同观众需求的内容。

CNN 的成功在于它的品牌不断延伸。1981 年，CNN 虽然大量亏损，靠着 7000 万美元维持正常运作，但特纳仍顶住压力创办了第二个频道：CNN 标题新闻频道（CNN Headline News）。到了 20 世纪 80 年代中期，新的有线电视系统运营商开始登台亮相，越来越多的频道吸引着观众的眼球。卫星使媒体的影响波及全球，因此特纳将 CNN 及其标题新闻频道同时通过卫星播放，并于 1985 年创办 CNN 国际频道（CNN International）。同年，CNN 自建立以来首次赢利。

1987 年，CNN 开创了第一个全球新闻报道节目——CNN 世界新闻报道（CNN World Report），提供来自全球 100 个国家新闻机构的未经编辑及审查的新闻。

1989 年，CNN 赢利已达 1 亿美元，美国本土用户已达 5000 万，欧洲、中东和东南亚用户全天 24 小时可以接收到 CNN 的节目。

1991 年，海湾战争爆发。在伊拉克遭到空袭的前天晚上，CNN 从巴格达发布了现场独家报道。这次报道中的图片被全球地面电视频道转播，屏幕一角的 CNN 台标格外醒目。这也许是 CNN 成为国际品牌的最具有标志意义的事件。CNN 对海湾战争的报道产生了著名的"CNN 效应"，即人们只要收看 CNN 频道或登录 CNN 网站，就肯定能找到最新的要闻报道。

1992 年，美国《时代》周刊将特纳评为"年度杰出人物"，从此 CNN 上升为国际知名品牌。

1994 年，CNN 创建了香港制作中心，从而开始了它在亚太地区有意义的业务延伸。CNN 还设立了 CNN.com 网站，不断提供更新的新闻，并配以视频与音频文件、图片和文本。

1997 年，CNN 国际频道开始制作本地化节目，逐步为以下地区的用户制作节目：欧洲地区、亚太地区、南亚地区、拉美地区和北美地区。特纳为全球提供新闻服务的梦想终成现实。（马克·唐盖特，2007：2—13）

2. 水平延伸模式的优势

美国最大的报业集团甘乃特公司总裁盖瑞·沃森（Garry Watson）曾经这样形容公司旗下日报、专业报纸以及周刊等之间的关系。"日报，只是我们用于传播信息的渠道和途径。一个地方的日报可以说就是太阳，它身边得要有一个又一个小行星环绕着。这些小行星也许是一份小的周报，也许是一份广告印刷物。也许是一份杂志，也许是一份购物指南，也许是一个网站，等等。日报是太阳，是生意的核心，但不能缺少行星的环绕。因为，你必须要将你的信息通过多种不同的渠道传播才行。传播的渠道越多，你的信息的再利用频率就越高，信息达到的观众就越多，成本就越低。当然，利润也就会越高。反之，如果你只有一份日报，也就是说，只有一个太阳，而它身边没有这一个又一个围绕的行星，那你就有麻烦和危险了。因为，你的读者会流失得越来越多，你的信息达到的人越来越少。"（苏荣才，2005：33）这段话其实道出了水平延伸的三大优势：第一，帮助媒体扩大市场占有率，占领更多的细分市场；第二，阻止受众流失，变品牌间转移为品牌内转移；第三，规模经济效益。因为传媒产品具有公共商品的属性，所以规模经济也存在于传媒业中。规模经济即随着产品消费规模扩大而产生的成本效益，而且由于传媒产品的低复制成本，使得这种效应更加明显。

同时，水平延伸模式的优势还体现在媒体的经济范围。一个企业把同一媒体内容安排在不同的媒体出口时，可以大大节省成本。也就是说，如果同样的媒体内容或者知识产品能够被一个以上的媒体出口利用，就能获得更多的经济范围的利益。另外，由于单一媒体扩张而导致企业拥有更多的市场份额，它们会获得与产品消费者或者产品供应者更多的谈判优势。（曾华国，2004：97—98）

二　垂直延伸模式

垂直延伸模式又称纵向一体化延伸，它是指媒介基于产业链上下游的延伸。产业链是指企业与其上游供应商、下游销售商等共同形成的垂直供应链。传媒产业链可以这样划分：第一是生产制作媒体内容的单位，比如电视广播节目制作商、新闻内容提供商；第二是媒体本身，比如报纸、电视、杂志等；第三是发行或者销售单位。这三个部分在产业链上是独立的。垂直延伸模式又分为前向一体化延伸和后向一体化延伸，前向一体化是指媒介向生产环节方向的延伸，后向一体化是指媒介向销售或者发行方向的延伸。

1. 垂直延伸模式案例分析

从当前跨国传媒的经营实践看，它们所经营的报纸杂志，一般都拥有自己的造纸、油墨甚至印刷设备等原材料生产商，或对相关生产商进行控股；在产品的销售、发行上，创办自己的报刊发行公司、影视音像连锁店以及电影院等；同时，自己牢牢掌握广告公司，以完成信息产品的二次售卖，通过这种方式，跨国传媒将原材料供应商、销售渠道、资本运营等价值行为纵向整合成一条完整的价值链，使其处于媒体内部控制之下。

仅仅就时代华纳的影视娱乐业务而言，它是垂直延伸模式的典范：首先，从生产环节来看，它在故事片、电视、家庭录像以及动画等制作业务方面一直居于全球领先地位，旗下华纳兄弟电影公司和华纳唱片公司世界闻名，影片黑客帝国（*Matrix*）、蝙蝠人（*Batman*），以及获得 11 项奥斯卡奖项的《指环王：王者归来》（*The Lord of the Rings：The Return of the King*）都是出自华纳兄弟电影公司。华纳唱片是 20 世纪全球五大唱片集团之一，在世界各地有三十几家分公司和 40 个以上的加盟品牌。旗下歌手包括麦当娜（Madonna）、保罗·西蒙（Paul Simon）和老鹰（Eagles）乐队等世界级歌坛巨星。其次，从媒体本身来看，时代华纳媒体业务包括有线电视新闻频道CNN；有线电视电影频道 HBO、Cinemax、特纳经典电影；有线电视娱乐频道 TBS Superstation、TNT、The WB、Cartoon Network。最后，从发行或者销售环节来看，时代华纳旗下拥有多个发行公司，如 New Line Cinema、Turner Entertainment Company、Inc，等等，负责时代华纳的电影、电视、卡通等媒体的全球发行业务。从 2003 年开始，时代华纳还将触角延伸至中国影院业，投资 1396.5 万元人民币，购入上海永乐影院 49% 的股权。联合大连万达共同投资兴建连锁"华纳万达"国际影院，等等。

2. 垂直延伸模式的优势

垂直延伸模式中，基于产业链上下游的企业被纳入同一媒体企业麾下，最明显的优势是可以降低交易成本。交易成本是指提出要求、讨价商谈、订立合同、交货检验等活动的成本。（丁玉红，2009）

三　跨媒体延伸模式

跨媒体延伸模式，是指延伸领域不仅仅局限于同一媒体行业，可能是电视向报纸、出版等行业的延伸，也可能是报纸向网络、音像等行业的延伸。

1. 跨媒体延伸模式案例分析

以迪斯尼的媒介经营模式为例。迪斯尼全称为 The Walt Disney Company，为全球第二大传媒企业，由沃特·迪斯尼（Walter Disney）创办于 1922 年，现任总裁迈克尔·艾斯纳（Michael Eisner），是总部设在美国伯班克的大型跨国公司，主要业务包括娱乐节目制作、主题公园、玩具、图书、电子游戏和传媒网络。皮克斯动画工作室（PIXAR Animation Studio）、惊奇漫画公司（Marvel Entertainment Inc）、试金石电影公司（Touchstone Pictures）、米拉麦克斯（Miramax）电影公司、博伟影视公司（Buena Vista Home Entertainment）、好莱坞电影公司（Hollywood Pictures）、ESPN 体育，以及美国广播公司（ABC）都是其旗下的公司（品牌）。

据 2011 年 BrandZ 最具价值全球品牌 100 强第六次全球发榜，迪斯尼品牌价值达 172.90 亿美元，名列第 38 位。

在全球娱乐媒体企业中，迪斯尼公司可以说是实现其品牌价值的最大赢家。它依靠一个品牌，通过品牌的价值链来构筑这么一个商业模式：它不追求主题公园在业界第一，也不追求电视节目在业界是第一，它所追求的是每个商业活动都有迪斯尼品牌，通过品牌把各种商业连接起来，这就是迪斯尼所谓品牌价值链的管理模式。

迪斯尼品牌价值链管理模式最成功的案例就是《狮子王》。迪斯尼在 1994 年耗资 5000 万美元制作了《狮子王》，最终其收益达到 20 亿美元。其中，电影票房直接收入达 7.7 亿美元。在电影降下帷幕后，旗下博伟家庭娱乐公司把《狮子王》电影的内容录制成视频产品，好莱坞唱片公司把电影音乐录制成 OST 唱片出售，两项收入均达到数亿美元。迪斯尼主题公园把《狮子王》的动画角色制作成游戏设施，并在迪斯尼商店中出售《狮子王》玩具。另外，迪斯尼还把《狮子王》改编成音乐剧在百老汇公演，取得 1998

年的最高票房。

迪斯尼是一个"品牌乘数型企业"，即用迪斯尼的品牌做乘数，在后面乘上各种经营手段以获得最大的利润。当然，这种经营模式是完全以其跨媒体延伸模式为基础的。迪斯尼不断推出一部部制作精美的卡通片，每一部影片推出后都要大力宣传赢取票房，通过发行拷贝和录像带，赚进第一轮。然后是后续产品的开发，主题公园是其一，每放一部卡通片就在主题公园中增加一个新的人物，在电影和公园共同营造出氛围，让游客高高兴兴地参观主题公园，迪斯尼由此赚进第二轮。接着是品牌产品，迪斯尼在美国本土和全球各地建立了大量的迪斯尼商店，通过销售品牌产品，迪斯尼赚进第三轮。这还不够，迪斯尼还在不断地收购电视频道，现已经拥有了卡通电影频道、家庭娱乐频道，甚至还购买了新闻频道。借助电视的触角，迪斯尼布下它的天罗地网。去迪斯尼乐园，买迪斯尼卡通，甚至已成为全世界儿童的生活习惯之一。

2. 跨媒体延伸模式的优势

跨媒体延伸模式的优势可以总结为三点：第一，整合资源优势，实现优势互补；第二，实现规模经济效益，成本降低，比如同一条信息资源可以在电视、电台、报纸、网络等媒体平台多次输出利用；第三，相对于单一媒体扩张，避免了将鸡蛋放在同一个篮子里的风险。

第四节　媒介品牌延伸策略分析

在媒介品牌延伸过程中，如何发挥优势，实现品牌增值，同时有效规避风险，是媒介延伸成败的关键所在。媒介品牌延伸是一把双刃剑，它在帮助媒体节省成本、带来巨大经济效益、扩大品牌知名度的同时，也隐藏着巨大的风险。正如营销学家阿尔·里斯和杰克·特劳特所说，品牌延伸不是错误，而是一个可能置企业于死地的充满诱惑的陷阱。所以，媒介在实施品牌延伸前，必须审时度势，寻找正确的方法，以规避品牌延伸可能带来的风险。

一　媒介品牌延伸中的常见风险及规避

1. 媒介品牌延伸中的常见风险

第一，稀释原有品牌的个性。过度延伸和盲目延伸都会导致原有品牌的个性稀释。当一个品牌在市场上取得成功后，在受众心中就建立了特殊的形象定位。如果媒介为了追求更加宽泛的受众而过度延伸，可能会使原有品牌的定位变得模糊。归类理论显示，一个品牌延伸的产品越多，品牌的含义会越模糊，消费者情感转移到延伸产品的可能性也会减少。2002 年，《体坛周报》推出了情感类杂志《玫瑰周刊》，由于体育和情感是两个相关度很低的领域，受众很难将对《体坛周报》的情感转移到《玫瑰周刊》，而且，由于两本杂志的品牌个性相差甚远，导致《体坛周报》在受众心目中的品牌定位变得模糊。最后，《玫瑰周刊》一段时间后尴尬停刊。

第二，株连效应。媒体在进行品牌延伸时，如果延伸媒体产品的形象违背了母品牌在受众心目中的形象定位，则原有母品牌所代表的形象信息就会被弱化，品牌的整体核心价值也会被削减，甚至会导致受众对母品牌的全盘否定，这就是株连效应。例如，上海电视台《纪录片编辑室》栏目以真实地反映社会生活的纪录片取得成功，讲述的大多是"小人物"的故事。但其 1996 年推出的栏目《纪录片 20 分钟》，同样以凡人琐事为题材，其初衷是希望能借助母品牌的知名度实施品牌延伸，但由于两者定位过于雷同，结果观众根本分不清两档栏目的区别，导致新老栏目收视率一起下降。最后，《纪录片编辑室》和《纪录片 20 分钟》两个节目都停播了。

第三，心理冲突。当两个媒介品牌之间存在某些方面的矛盾时，受众的心理会发生微妙的变化，即使媒介品牌延伸获得成功，仍会有部分受众对延伸媒介产品抱有抵触情绪。因为从受众的观点来看，媒介品牌延伸与品牌的类别定位策略是互相冲突的。（陈兵，2008：168）

当媒介把品牌延伸到和原市场不相容或者毫不相干的产品上时，就有悖受众的心理定位。这种不当的品牌延伸，不但很难取得预期的成效，而且还会影响母品牌在受众心目中特定的心理定位。比如前几年有些媒体将产业延伸至旅游、房产、餐饮等行业，就遭遇了失败。其原因是媒体产业与旅游、房产等产业的类别定位相差太远，容易引起受众的心理冲突。

第四，跷跷板效应。跷跷板效应最早由艾·里斯提出的，它是指一个名称不能同时代表两个完全不同的产品，当一种上来时，另一种就要下去。实际上，当延伸媒体在市场竞争中处于绝对优势时，消费者就会把母品牌的心理定位转移到延伸品牌上来。这样，无形中削弱了母品牌的优势。这种母品牌和延伸品牌竞争态势此消彼长的变化，就是"跷跷板"效应。品牌延伸的基础是受众的品牌忠诚度。如果品牌延伸是以降低母品牌的受众忠诚度为代价的，那么，这种品牌延伸就得不偿失。

2. 从质与量两方面规避风险

媒介要做到审时度势，有效规避风险，就必须遵循两个尺度：即"质"的控制尺度和"量"的控制尺度。

第一，遵循"质"的控制尺度，避免盲目延伸。品牌延伸之前必须正确评估延伸的可行性，从市场环境、品牌自身成熟度、受众接受度等方面进行综合评估，而不能一窝蜂地仿效其他媒体，盲目扩张。盲目扩张必然导致财力、精力的分散，一旦延伸产品不成功，反而会影响原有品牌的价值。同样，品牌延伸不是照搬照抄，而应该是原有品牌的补充，每一个延伸品牌都要有特色，有不同的市场定位，否则将导致内部竞争，稀释品牌个性。另外，品牌延伸应注意和母品牌的联系，必须是基于其母品牌的核心价值进行的延伸。

第二，遵循"量"的控制尺度，避免过度延伸。艾·里斯曾经有过这样的忠告："品牌是橡皮筋，你越伸展，它就会变得越疲弱。"因此，在品牌延伸中必须重视"量"的控制，也就是"度"的把握。品牌延伸固然重要，但并非越多越好，如果力所不逮，就会导致人、财、物等资源过度分散，顾此失彼，反而使母品牌和延伸品牌双双陷入危机。

二 掌控正确的媒介品牌延伸时机

大多数观点认为，品牌延伸的时机不是越早越好。在市场发展的早期，品牌延伸相对于新品牌获得的市场份额要少，并且获得超过平均接触率的机会也很小，生存的可能性就弱。一旦延伸失败，就会损害到母品牌的形象。总的来说，稍晚引入品牌延伸，媒介机构则会获得更多的正当性和利益性。而如何掌控正确的品牌延伸时机？首先要综合分析媒介内外部资源的成熟度，以此为基础评估品牌延伸的可行性。其次要掌握受众在评价媒介品牌延伸时，影响其态度的各种因素，只有当受众对媒介品牌延伸采取接受态度时，延伸的时机才是恰当的。

1. 依据内外部资源成熟度评估可行性

从媒体的内部资源来看，它包括品牌的知名度、美誉度、人财物等资源的可调配性。基于品牌资产的角度进行分析，强势品牌是品牌延伸成功的基础。媒介必须在原有品牌成熟并且在受众心目中形成了一定的知名度和美誉度、具有一定的市场占有率之后，才能进行品牌延伸，否则，原有品牌尚且不足以打动受众，更无从谈起新产品和利用它开辟新的市场了。另外，可调配的人财物等资源也同样重要，失去这些有形资源的支撑，品牌延伸的实施寸步难行。再从媒介的外部资源来看，它包括市场占有率、受众基础等等。市场占有率是衡量媒介成熟度的基本指标，它与受众基础的关系密不可分，没有一定的市场占有率，就谈不上良好的受众基础。在推出新的延伸媒体产品之前，媒介应加强对受众行为的研究，购买尼尔森等专业调查公司的数据或者针对延伸媒体市场进行市场调研，了解受众的行为需求，确保新的延伸媒体会加强受众忠诚而不是破坏它。

在评估品牌延伸可行性的基础上，媒介还应该借鉴企业推出延伸品牌的做法，实施延伸前进行严密的成本核算，衡量新的延伸产品能否赢利，以此判断延伸时机是否恰当，这一点在目前媒介品牌延伸的实践中尤为缺乏。

2. 依据受众接受度把握延伸时机

原品牌实际上是代表一种信息或信息线索，无论是根据霍夫兰（Carl Hovland）和詹尼斯（Janis）的劝说情境模型，还是根据心理学上的"晕轮效应"（The Halo Effect）原理，消费者对原品牌的态度是决定他们如何看待延伸产品的重要因素。艾克和凯勒（Keller）在其1990年的开创性研究中，将此一因素构建到品牌延伸模型中，认为消费者在评价延伸产品时，态度取决于三个重要因素——原品牌的感知质量、原产品与延伸产品的关联性、延伸产品的制造难度，这些因素综合决定了消费者对品牌延伸产品的态度。艾克和凯勒认为，三个因素和消费者对品牌延伸的评价都是正相关，即消费者认为原品牌质量越高，原产品与延伸产品的关联性越大，延伸产品制造难度越大，那么对延伸产品评价就越高，反之则越低。而关于原产品与延伸产品的关联性这一因素，艾克和凯勒还提出从互补性、替代性、转移性三个方面进行测量。

根据这一理论，媒介品牌本身必须拥有良好的感知质量、延伸媒体与母品牌之间存在较高的关联性、延伸媒体存在着一定的创刊难度，受众才有可能对媒介品牌延伸给予良好的评价。而受众的态度是接受还是抗拒，也是评判延伸时机是否恰当的重要依据之一。

三　基于媒介品牌核心价值进行延伸

品牌资产理论创始人大卫·艾克对品牌核心价值的阐释是，核心识别（价值）的每个方面都要反映组织的战略思想和价值观念，其中至少要有一个方面造成与其他品牌的差异，能与消费者发生共鸣。也就是说，品牌的核心价值是一个品牌的本性、精髓、灵魂，与组织的战略思想和价值相关，是品牌内涵中最深层次的内容。品牌核心价值一旦形成，一般不会因品牌延伸至其他领域而改变。

如果非要将品牌延伸至与媒介自身的产业属性相去甚远的行业，将很难起到提携作用，新的延伸产品可能稀释母品牌的个性，并且难以让受众引发好的品牌联想。品牌延伸无论是横向延伸还是纵向延伸，甚至是跨媒体延伸，必须符合或者强化它的品牌内涵，适合品牌的核心价值。

四　实施完善的媒介品牌管理

媒介不断实施品牌延伸，也面临着如何对日益庞大的媒介品牌机构实施管理的问题。根据企业品牌管理的理论，品牌管理的对象是品牌资产，而品牌资产是由品牌本身所驱动而带来的市场价值或附加价值，是一种超越产品、所有有形资产以外的价值。品牌管理是以提升品牌所代表的无形资产和市场价值为目的的，它是一个不断积累、丰富和完善品牌资产的过程，它需要时时关注消费者对某一品牌的喜好、评判和取舍。品牌管理须围绕以下几个方面具体实施：

第一，建立专门的媒介品牌管理部门。我国媒介在近几年才开始借鉴企业做法，成立市场部、品牌管理部实施品牌管理职能。由于媒介品牌的特殊性，媒介品牌管理的目标应综合考虑经济效益和社会效益。

第二，媒介要拥有一整套的视觉识别系统，包括品牌标识、广告语等，这也是品牌传播的基本要素。

第三，对媒介品牌传播而言，首先应立足于内容经营，实行精品策略，突出专业化，锁定目标受众群，形成其独特的品牌核心价值。其次，在品牌传播手段上，还需倡导现代营销观念，综合利用广告、公关、活动等传播工具的组合，对媒介品牌进行立体式传播。在这一点上，媒介品牌远远落后于企业（商品）品牌，应更多地借鉴企业的优秀经验。

第四，品牌提升包括品牌延伸、品牌组合、品牌老化与更新等。媒介可以选择精品栏目、子媒体进行重点培植，使之成为媒介品牌的核心资源。在此基础上，给予资金、政策方面的倾斜，进行一系列形象宣传，精心打造少量名牌栏目、子媒体，然后以此为基础实施延伸。此外，节目主持人也是品牌的代言人，是构成品牌的人格化符号，应当作为无形资产进行培育和保护，并利用名牌主持人效应，进行适度的品牌延伸。另外，媒介对于不合时宜的品牌延伸，应及时做出调整，改版、改善经营策略甚至退出。

第五，实施完善的品牌评估体系。品牌评估包括品牌资产评估、品牌保护等。这一层面的媒介管理非常欠缺。媒介应建立市场调查机制，委托权威调查机构对品牌的视听率、影响力和从业人员素质进行客观评价；建立考评机制，成立公正而有代表性的专家考评委员会，对版面（栏目）和主创人员进行量化分析，使真正的名牌、优秀人才得到奖励；建立综合调度机制，能够对新创品牌的风格设计、对稳定品牌的活化和扩张，乃至对时段调整、广告播出比例等提出决策意见；建立危机公关机制，及时维护媒介品牌可能出现的信誉危机。（苏新力，2005）

五　加强媒体内外部资源整合

媒介成功实施品牌延伸后，随之面临的是如何整合资源的问题。资源整合包括：新闻资源的整合、广告资源的整合、内部人财物等资源的整合，资源整合可以实现节省成本，创造经济效益和规模效益，最终提升媒介的核心竞争力。就目前国内媒介品牌而言，无论是通过兼并收购还是自我积累实现延伸，很多都存在着仅仅是单个媒体叠加、合并，而内部依然自成体系、各自为政、资源不能合理利用甚至内耗严重的现象。

就新闻资源的整合而言，新闻资源是所有资源中最重要最核心的部分。我们可以从以下两个方面来整合新闻资源，提高新闻资源利用率。

1. 打造新闻信息共享平台，实现新闻信息的全程直通处理

以台湾东森媒体科技集团为例，东森集团的媒体延伸涵盖电台、电视台、报纸、网络四大平台。它们的新闻采集流程是：采访某一新闻事件，由一新闻小组承担，到达现场采访时，先由文字记者通过电话或其他通信手段，口头向东森广播网发布信息，由电台率先播出；然后当摄像机架好并进行电视采访时，新闻信息就开始流向电视媒体，供各电视台编辑后播出或即时播出；同时，文字记者整理出文字新闻稿，发给集团的网络媒体；而集团内的平面媒体，则从集团网络新闻中下载所需新闻，经编辑后在报纸上刊出。当然，为了避免雷同，东森旗下的媒体在制作新闻时，往往根据自身特点，结合新闻背景及相关资料进行特色加工或深度加工。就国内而言，目前还没有一个媒介集团，像东森一样成立统一的"大编辑中心"。这方面的操作涉及面较广，操作难度也较大。资深媒介研究学者郭全中认为，由于各个

媒体的定位不同以及对新闻关注角度的差异，同一条新闻稿即使经过后期编辑，也很难在集团内所有媒体包打天下，但是版面相似的媒体可以采用这一做法。如天津日报报业集团的《天津日报》与系列报《每日新报》，其要闻版在编辑制作时，共用一个采编平台。还有，不在同一城市的同类媒体可以通过版面实现资源共享。《南方都市报》与其异地创办的《新京报》、《云南信息报》采用的就是这种模式。

2. 加强新闻信息资源开发的力度，拓宽新闻信息来源的渠道

新闻报道活动起始于编辑记者对新闻线索、新闻素材的发现，因此发现新闻信息资源是开发利用新闻资源的前提。很多媒介集团都占有大量的新闻信息资源，但往往分散在旗下各子媒体中，这就需要提高新闻信息资源的利用率。比如整合线索资源，包括将来自热线电话、互联网、电子邮件甚至QQ、MSN的线索统一收集管理，经过处理后呈现在采编平台上，集团内部所有记者都可以进行浏览选用。一些突发的、有报道价值的新闻线索可以直接通报各媒介负责人。对特别有价值的信息，可以组织业务骨干，进行分析，深入挖掘新闻价值，向采编部门提出处理意见。

人力资源的整合在现有体制下相对难度较大，在不触动组织架构的情况下，很多媒介集团开始采取在重大报道活动中成立项目组的形式，综合调用各部门、子媒体的人员，实现整体合力。（吴长伟，2009）广告资源整合具有扩大覆盖面的优势，多种媒介组合能达到更多的人群，对于广告客户更具有吸引力，另外，多种媒介的平台传播效果显然要比单一媒体强大得多，可以实现优势互补提升传播效果。近年来，很多媒介集团开始涉足广告资源的整合，但总体而言，整合的广度和深度仍有待提升。

第七章

媒介品牌营销

自 20 世纪 90 年代以来，西方国家传媒产业经营模式已经从"两次"售卖进入了"三次售卖"阶段，日益注重品牌营销和品牌延伸。

伴随着中国社会的转型，中国的传媒也在摸索中前行，传媒市场的高度饱和和竞争的白热化是媒体市场的大环境。无论传统媒体还是新媒体，要想在同质化严重的"红海"中杀出重围，品牌化经营是改革的方向。

第一节　媒介品牌营销概述

品牌营销（Brand marketing），是指企业通过利用消费者的品牌需求，创造品牌价值，最终形成品牌效益的营销策略和过程，是通过运用各种市场营销策略使目标客户形成对企业品牌和产品、服务的认知过程。品牌营销从高层次上就是把企业的形象、知名度、良好的信誉等展示给消费者或者顾客，从而在顾客和消费者的心目中形成对企业的产品或者服务品牌形象。

最高级的营销不是建立庞大的营销网络，而是利用品牌符号，把无形的营销网络渗入到社会公众中，把产品理念输送到消费者心里。

一　媒介品牌营销的定义

媒介品牌营销是指传媒在市场调研的基础上，通过媒介市场交换，实现媒介商品、服务和信息从媒介开发经营者向媒介购买者流动的综合性的经营销售活动。媒介品牌营销从根本上来说也是一种具有特殊目的的营销活动，其核心思想是：媒介必须面向媒介市场，面向受众信息消费，必须适应不断变化的媒介市场并及时做出正确的反应；媒介企业的存在要为受众提供满意的媒介产品和服务，并且要用最少的费用、最快的速度将媒介产品送达受众手中。媒介企业应该在受众满足之中实现自己的各项目标。

媒介品牌营销是一个连续而不是孤立的过程。品牌营销的策略包括品牌个性、品牌传播、品牌销售、品牌管理四个方面。因此，媒介品牌营销是品牌战略和品牌规划的具体化。

二 媒介品牌营销的本质

在媒体经营二次销售理论中，把内容卖给受众是受众市场的第一次销售，而把受众的广告价值卖给广告商是第二次销售。面向受众市场的第一次销售是媒体经营的基础环节，面向广告市场的第二次销售是实现媒体市场价值的关键环节。因此，媒介经营首先是吸引受众，有了足够数量的受众，并且受众具有良好的广告价值，才可能在广告市场具备足够的吸引力，实现媒介的市场价值。这一理论已经成为中国媒介经营的基本模式和导向。因此，媒体首先要在内容生产方面下工夫，以高品质的内容来吸引更多的受众和改善受众构成。"内容为王"就是这一经营理论和模式的体现。而"收视率"、"阅读率"、"收听率"、"到达率"等衡量受众覆盖规模的指标则成为媒体追逐的目标。可见媒介营销活动的价值通过营销活动最大限度地吸引受众的关注力，将受众的广告价值最大化。因此，媒介品牌营销的本质是影响力营销。

媒介产业是一种文化产业，媒介经济是一种创意经济，它的本质就是一种影响力经济。（曹鹏，2001）媒介就是靠这种影响力去吸引观众。媒介的影响力主要是媒介通过自身的传播活动，对受众的思想观念以及对事物认识产生影响的过程。媒介的影响力是一个综合指数，它包括社会公信力、受众的认可、有效发行量（收视率、收听率），等等，媒介品牌的营销归根结底就是一种影响力营销。媒介要实现影响力营销，是一个潜移默化的过程，不可能一蹴而就。轰动效应是有可能形成的，但轰动效应不等于影响力。所以，媒介要把打造影响力作为长远追求的战略来执行。

第二节　整合营销传播理念

整合营销传播（Integrated Marketing Communication，简称 IMC）是由被

誉为"整合营销之父"的美国西北大学商学院唐·舒尔茨（Don. E. Schultz）教授提出的，简单说就是综合、协调地使用各种传播方式，传递本质上一致的信息，以达到宣传目的的一种营销手段。

整合营销传播主张把企业的一切营销和传播活动，如广告、营销和公关等进行一元化的整合重组，使消费者从不同信息渠道获得对某一品牌的一致信息，以增强品牌诉求的一致性和完整性。统一使用信息资源的统一配置，也使得营销活动和传播有了更加广阔的空间，可以运用的传播方式大大增加了，品牌信息传播的效果和效率将由此得到明显的改善。

整合营销传播不仅能够带来整体的企业及产品宣传效果，建立良好的品牌印象，同时，整合营销传播的运用也可以降低产品的宣传费用。当今媒体的碎片化分散了消费者的注意力资源。将广告、营销和公关等整合起来无疑有利于扭转这一局面。

一　从 4P、4C 到 5R

传统的营销传播观念认为，一个好的产品只需要适当的定价和相应的销售渠道，再配合促销手段就可以达成市场营销目标，这就是早在 1960 年由美国密西根大学的杰罗姆·麦卡锡（Jerome Mccarthy）教授所提出的著名的 4P 理论：产品（Product）、价格（Priee）、渠道（Place）、促销（Promotion）。4P 理论的提出，是现代市场营销理论最具划时代意义的变革，从此，营销管理成为公司管理的一个部分，涉及了远比销售更广的领域。但是 4P 在获得巨大成功的同时，也逐渐暴露出该理论对营销现状难以适应的弱点。

为了弥补传统营销价值体系的不足，1990 年美国市场营销专家舒尔茨和罗伯特·劳特朋（Robert F. Lauterborn）提出 4C 理论：顾客欲望与需求（Consumer）、满足欲望与需求的成本（Cost）、购买的方便性（Convenienee）、沟通与传播（Communicatin）。在这样的营销价值体系中，有关营销传播的要素依然存在，但是它却由"促销"转化为"传播"，所有价值的出发点也变了，由过去的"产品"转为现在的"需求"。舒尔茨在《整合营销传播》书中的第一句话便说："4P 已成明日黄花，新的营销世界已转向 4C。"

10 年之后，舒尔茨又进一步提出了 5R 理论，并以 5R 作为整合营销传播的基础。第一个 R 是关联（Relevance），指客户需要什么样的产品和服务，而不是企业能生产或者提供什么样的产品和服务；第二个 R 是感受

（Receptivity），指客户什么时候想买或什么时候从生产厂商那里认知产品；第三个 R 是反应（Responsive），指当客户产生需求时，企业如何去应对需求；第四个 R 是回报（Recognition），指企业在市场中的地位和美誉度；第五个 R 是关系（Relationship），指买方和卖方之间的长期互相促进的所有的活动。简而言之，营销活动必须从以产品为中心的方式转向以客户为中心的方式，这也是现代整合营销传播的精髓。5R 较 4C 更凸显顾客的核心地位。

从 4P 到 4C 到 5R 的进程中可以看出，整合营销传播在继承传统营销传播观念的同时，摒弃了传统营销传播思想中的许多固有价值观念，从而带来了一些观念上的变革。整合营销区别于传统市场营销理念的关键，在于营销中心的转变，它需要实现营销重心由企业向消费者的转移，将市场需求导向的营销方式转变为消费者需求导向的营销方式，以消费者最大限度的满意为目标。整合营销旨在综合、协调地使用各种传播方式，传递本质上一致的信息，以达到宣传目的的一种营销手段。整合营销传播是把诸多营销传播方式整合在一起，促使不同的营销传播方式互为补充，从而更好地发挥协同效应。（郭静，2005）

二 数据库营销策略

数据库的建立是整合营销传播的核心，因为它是从消费者的行为出发进行研究并发展营销传播计划的最基本要件，通过数据库找到自己的消费者是其关键。比如直接接触消费者，建立动态的客户资料库，以不断培养品牌忠诚度。另一种营销方式则是通过俱乐部活动，如读者俱乐部，以加强沟通并保持受众对媒体的忠诚度。

传媒数据库包含目标人群的诸多信息，诸如购买力、消费习惯、偏好和消费结构等。这些信息暗示着目标人群消费目标、能力或潜力水平结构情况，为传媒满足这些需求指明了方向。在传媒与消费者结成的关系中，最基本的是传播关系。随着传媒市场竞争程度加剧，客户容量的有限性和开发新客户投入的不断提高，获取目标消费者的忠诚度变得尤其必要。例如《经济观察报》，它在创办之初，一方面，就着手建立有关目标人群的数据库，专门成立了"定制发行部"，负责收集上市公司高管、政府要员、经管领域专家学者、广告公司名录等，数据库一度高达 10 万人左右，然后直接向这些读者赠送报纸。通过这种方式在极短时间内就引起了高端读者的注意并得到推荐，大大降低了新产品扩散过程中的市场摩擦，发行量提升很快。另一方面，报社还组织"华商名人财经管理团队"和"华商名人堂"，以俱乐部形式为该报目标读者提供了一个商业运作的交流和互动平台，使该报不仅是一种阅读力量，而且成为一种组织力量和鼓动力量。（朱春阳，2004：94—95）《南方都市报》精心筛选广州、深圳、东莞、佛山、珠海、中山、惠州的7万名"三高"（高学历、高收入、高地位）读者建立起高端的读者数据库；以企业中高层的管理人员为主的客户数据库。还在"酒店、写字楼、高尚社区、高尔夫俱乐部、西餐厅、酒吧、VIP通道"等高档场所设立近1万个发行点。其子品牌《TOP风尚》的DM直投就是利用以上渠道来销售。

第三节　媒介品牌营销传播途径

媒介品牌营销的传播途径有很多，常见的主要包括广告宣传、公共关系、推广等。每一种营销方式都有其独特的作用，媒体要根据适合自己的情况灵活选择。或选择某一种营销方式，或将这几种方式整合为一个有机的整体，全方位立体式地对媒体进行有效的宣传，以达到预期的目标。

一　品牌形象广告

广告是广告主通过有偿取得的、可以控制的宣传媒体的形式，对媒介产品、服务和观念进行大众传播，以有效影响公众、促成整体营销计划的活动。通过媒体形象广告宣传，可以直接把有关媒体的信息向目标受众广泛传播，并不断地对目标客户或潜在客户产生诱导作用，以唤起他们的注意，逐渐导致阅读、收视和购买行为。广告还可以协助媒介参与竞争，媒介通过广告宣传向受众传播其主打产品，容易形成先发优势，能够在一定程度上减缓竞争者进入自己的领域的力度。特别是率先推出的主打产品，这种优势会更加明显。

媒体形象广告突出媒体的个性、追求和优势，要全面反映企业形象的内涵和实质。其涉及面很广，大致有媒体理念广告、媒体实力广告和社会责任广告。（薛可、余明阳，2009：129）

发挥广告对于塑造品牌的作用，需要一些客观条件，如媒体的公信力和影响力、广告的创意和制作，商业味不能太浓。国内外不少成功媒体在这方面积累了丰富经验。如 2010 年 4 月 27 日，深圳航空公司一架绘着"南方都市报"彩图的独特客机在广州白云国际机场起航。以"南都号"命名深航飞机，不仅开创国内第一家传媒企业冠名航空工具的先河，也标志着深航与南方都市报的合作进入了一个崭新的阶段，这必将助力深航与南方都市报的影响力撒播在全国各地，使南都媒体品牌更加深入人心。

2006 年 5 月，《广州日报》专门成立了品牌战略运营中心，负责建设和维护《广州日报》品牌。根据报社战略定位，《广州日报》品牌市场部策划和组织了近 600 场活动和事件，从线上和线下，以多种渠道和方式来推广和宣传《广州日报》的品牌，全方位立体化的组合宣传，以紧密的频率和迅猛的势头，让各个层面的受众对《广州日报》的形象和特性有了更加深刻的认识。

2007 年 4 月 2 日起，《广州日报》公益形象宣传片"新广州，大未来"在中央电视台、广东珠江台、广州分众、广州城市移动电视及大洋网播出。在片中，众多大家所熟悉和喜爱的广州名人，包括抗非英雄钟南山院士、世界殿堂级演奏家赵胤胤、广州芭蕾舞团团长张丹丹、国际时装设计师刘洋等，向广大市民讲述他们对广州的感受、对广州发展的期望和信心。赵胤胤在《广州日报》"广爱天下"的慈善晚宴上献上一曲钢琴独奏后表示："就像在纽约每有大事我必看《纽约时报》一样，在广州有大事我只看《广州日报》，因为《广州日报》是最有公信力的媒体。"广告宣传片推出后大受称赞，当年被评为中国媒体企划奖银奖。除此之外，《广州日报》还设计了一系列平面宣传广告进行投放，并与广州地铁合作，连续制作了多期《广州日报精彩时间》节目，在广州地铁电视媒体中滚动播放。这种通过跨媒体内容合作来潜移默化地推广品牌的做法，可说是报纸的一个新探索。

二 公共关系

公共关系是一个社会组织为了塑造组织形象，通过有计划的、主动的努力，运用科学的传播手段，达到组织与公众之间的相互理解、相互适应的一种管理活动。如果说广告是一种直接的宣传，那么公共关系就是以一种潜移默化的宣传来赢取更多目标受众的方式。媒介作为一个独特的组织，可以利用自身的优势开展形式独特而多样的公共关系。比如赞助公益活动，组织爱心捐款，公正报道揭露事情真相弘扬社会正气等，以体现媒体的社会责任感。立足长远的公共关系宣传，肯定会树立良好的媒体形象。

日本朝日新闻集团为提高报纸品牌影响力而展开的公益事业活动有以下一些团体组织：（1）全日本摄影联盟。全日本摄影联盟受朝日新闻赞助，成立于 1924 年。主要从事会员间摄影交流、国内外的各种摄影比赛及开设摄影教室以及国内国际摄影比赛。缴纳少量的入会费和年会费，任何人都可以参加摄影爱好者团体，可以获得《朝日摄影》杂志，免费参加由联盟主办、赞助的摄影会、比赛、研究会。（2）全日本合唱联盟。这是以合唱音乐的普及和提高，合唱团的培育和指导，贡献音乐文化发展为目的的组织，各地设有支部，2003 年全国有 5030 个加盟团体。（3）日本学生航空联盟。支援大中学生进行滑翔机体育活动。（4）财团法人森林文化协会。财团法人森林文化协会是朝日新闻社 1979 年设立的从事环保活动的公益法人。主要活动为举办森林环保研讨会、林间野外讲座、培养护林志愿者、造林及有关森林研究以及发行综合性信息杂志《绿之力》。（5）朝日新闻福利文化事业团。朝日新闻福利文化事业团通过向读者、企业、团体募捐而进行的支援残障人士的非营利事业。主办助残、助老、儿童福利、医疗及发放相关指南宣传品、义展义演等活动。（6）朝日奖学会。为在朝日新闻专卖店从事送报劳动的大中学生设立奖学金制度。这些学生每天早、晚两次上门送报（每次约为 400 份），劳动时间在 5—6 小时，除每个月可获得固定工资和每年两次的奖金收入、享受免费的宿舍外，还可以获得与他们所需学费金额相当的奖学金。（尹良富，2005：23—24）

又如《南风窗》杂志于 2005 年发起和组织的"调研中国——《南风窗》中国大学生社会调查活动"。这是一项鼓励和资助中国在校大学生进行社会实践和社会调查的公益活动，旨在为关注当下中国社会各方面状况并有兴趣对其进行调查、研究的大学生团队提供必要的资金支持和实操合作，以促进大学生对社会发展现实的深入接触和思考。南风窗每年举办这样的活动对于自身品牌宣传起到了很大的推动作用。

《广州日报》也很重视争取大学生这一群体，原因是大学生往往是报纸的潜在读者，培养大学生的阅读习惯，就等于为未来培养一批读者。为此，广州日报专门为广州大学城新生免费印刷服务手册《大学新鲜人宝典》，不定期组织明星记者前往校园开设讲座，在全国高校中开展报纸 DIY 大赛。还让中大、华工等广州高校的学生参与制作该报纸的大学校园版（《广州日报·U–NEWS》），通过各种与大学生的"互动"，让《广州日报》的品牌在大学生群体中产生较大的影响力。

南方都市报数年前设立了"华语传媒大奖系列"（华语电影传媒大奖、华语音乐传媒大奖、华语文学传媒大奖和华语图书传媒大奖），是南方都市报缔造华语传媒界影响力的一个拳头产品。另外，还通过"责任中国"全国公益广告大赛、捐赠 40 万元建设安徽的希望小学、在八所名校设立新闻奖学金等公益活动以提升报纸品牌。

三 事件营销

事件营销（Event marketing），亦称活动营销，是指企业通过策划、组织和利用具有新闻价值、社会影响以及名人效应的人物或事件，吸引媒体、社会团体和消费者的兴趣与关注，以求提高企业或产品的知名度、美誉度，树立良好品牌形象，并最终促成产品或服务的销售的手段和方式。由于这种营销方式具有受众面广、突发性强，在短时间内能使信息达到最大、最优传播的效果，为企业节约大量的宣传成本等特点，近年来越来越成为国内外流行的一种公关传播与市场推广手段。

将《福布斯》推向事业巅峰的马尔克姆·福布斯（Malcolm Stevenson Forbes）是事件营销的高手。1973 年，马尔克姆乘热气球横跨美国的壮举，让他成为家喻户晓的大明星。他所乘坐的红绿相间的大气球上写着这样几个字："福布斯——资本家的利器"。旅行结束时，即便是那些对财经新闻没有兴趣的普通民众，也牢牢记住了"福布斯"这个名字。

现今，许多报纸的广告部门通过事件营销来提升经营业绩和品牌形象，加强了市场推广和营销策划，组织诸如房展会、车博会等，既扩大了广告创收，又推广了品牌，起到了一石二鸟的作用。在事件营销方面，《广州日报》积累了丰富经验。它曾巧妙借助"世界杯"、"记者节"、"2007 亚洲年"、"广州三号线全线开通运营"、"香港回归 10 周年"、"北京奥运"等事件进行了新颖而广泛的品牌推广活动。比如，在 2006 年德国世界杯时期，《广州日报》抓住世界杯这个四年一度、全球瞩目的一契机，推出了全方位立体化的品牌推广活动。其中既有针对时尚白领人群的"缘起世界杯"酒吧现场狂欢活动点亮广州足球夜生活，又有个性鲜明创意独特的系列海报冲击人们的眼球，同时还通过跨媒体平台的短信比赛结果播报紧密网罗"拇指一族"的心。在设计这些活动时，《广州日报》的品牌工作人员即已将见报效果考虑在内，随着报道的升温，活动的影响力远远超出了现场受众的范围，新颖的创意受到了读者和客户的一致好评。

四　自我推销

媒介公司可以不通过其他大众媒介，而是直接面向大众推销自己。在宣传推广方面，媒介有其自身独特的优势，因为它本身就是传播载体。它可以直接播出或者刊登多种信息内容来宣传自己的形象和内容。如电视媒体就可以在其电视节目中直接宣传著名主持人、主打栏目等。"凤凰卫视"每天都在电视台滚动播出主持人以及栏目，这种宣传给观众留下深刻的印象，创造了《时事早班车》、《凤凰大视野》等经典栏目。

在国内报纸中，《南方都市报》是自我推销做得最好的报纸。它利用报头、广告或版面不断宣传其品牌理念，即"办中国最好的报纸"。而且在不同阶段有不同的表现形式：1995 年为"南方都市报，看了都说好"，1998 年为"大众的声音"，2000 年为"我来了，我看见，我征服"，2002 年为"改变使人进步"，2004 年为"成熟源自责任"，2006 年为"品位成就地位"，2010 年为"南都，无处不在"，而"办中国最好的报纸"则是"南都的核心价值宣言和品牌总口号"，亦即品牌理念，它是南方都市报员工的经营哲学、价值追求和思维方法。这就使该报的职业操守和新闻品质跃然于读者心中。

【案例】湖南卫视品牌塑造中的 IMC

湖南卫视是国内较早进行品牌整合的媒体，2004 年湖南卫视开始挖掘其本身优势，对资源进行重组并将其扩大，建立了自己的品牌系统。在处于相对弱势的环境下脱颖而出，成为国内强势媒体。

在确立品牌核心定位以后，湖南卫视成功地设计了自己的传播渠道，并按照品牌整合传播流程建立品牌接触点，充实品牌形象，使品牌印象更加清晰。2004 年，湖南卫视正式确定以"打造中国最具活力的电视娱乐品牌"为目标，秉持"快乐中国"这一核心理念运营。强势推出改版后的《快乐大本营》和情感节目《玫瑰之约》。《快乐大本营》被认为"国内电视综艺节目的革命先行者"和"综艺娱乐节目的第一品牌"。随后，《新青年》、《晚间新闻》、《有话好说》、《真情》、《音乐不断歌友会》、《金鹰之星》、《背后的故事》、《谁是英雄》、《越策越开心》、《天下女人》等名牌栏目应运而生，与《快乐大本营》和《玫瑰之约》汇成合力，频道收视一路看涨，并确定了湖南卫视强势品牌的地位。在国内所有电视媒体中，湖南卫视是第一家对自身品牌进行清晰定位与形象区隔的频道。在这个定位下，湖南卫视采取栏目、大型活动、电视剧三驾齐驱的战术，有力提升频道品牌。

2004 年，湖南卫视创造性地推出"快乐中国超级女声"，首开无门槛大众娱乐之先河。有媒体与业内人士认为，该节目是又一具有"承前启后"意义的节目形态，是湖南卫视继《快乐大本营》之后对中国电视界的又一重大贡献。国家广电总局《2006 年中国广播影视发展报告》评价说，"《超级女声》的成功带动了真人秀节目的大量推出"，对超级女声给予了高度评价。同时，"国球大典"、"闪亮新主播"、"吉列威锋英雄会"、"阳光伙伴"、"谁是冠军"等大型活动与此前的又一国字号电视界盛事金鹰节一起，不断点燃频道热点，将湖南卫视"快乐中国"这一理念有效提升。

为了增强湖南卫视频道的核心竞争力，也为了避免频道同质化现象，湖南卫视精心制定独家剧策略，重视大片生产、加大自身制作量、巨资独家引进经典剧目。2004 年 1 月，湖南卫视独家播出自制传奇大戏《还珠格格Ⅲ》。该剧播出后，根据央视—索福瑞的资料显示，同时段湖南卫视全国收视率仅次于中央电视台第一套节目，位列全国第二。2005 年后，湖南卫视独家引进并播出经典剧目《大长今》、《金枝欲孽》、《阿信》。这些剧目的播出，创下了频道的收视新高。《大长今》项目运作被评为"2005 年年度商业标杆"。

湖南卫视还创办了金鹰卡通卫视、《湖南广播电视报》、《天下情》、《粉红》杂志、金鹰网，构建成一个跨媒体、多平台、大架构的传媒新旗舰，实现了原有的品牌战略目标。

湖南卫视的品牌整合传播，代表媒体行业的升级，同时也为其他媒体提供了一个标杆，说明了品牌整合营销传播是媒体最终发展的必然趋势。

第八章

报纸品牌

报纸品牌价值,不仅决定着报纸的价值,也决定着这份报纸在资本市场、资源整合领域的影响力与号召力。

在大众传媒时代,报业竞争历来是媒体竞争的一个焦点。特别是步入 21 世纪之后,报业竞争趋于白热化,单纯的发行量和广告量已不再是评判一家报纸市场竞争力的唯一标准,报业竞争已逐渐成为品牌的竞争。

第一节 报纸品牌概述

报纸品牌是基于产品个性的品牌,是一种报纸区别于其他报纸的标志。无论是西方的《纽约时报》、《华尔街日报》,还是中国的《南方周末》、《中国青年报》等品牌报纸,其品牌都是由知名度、美誉度和忠诚度维系的。这些品牌报纸经过多年的发展,形成了各自的风格和传统,有着别的报纸无法取代的核心价值。

一 报纸品牌的定义

所谓报纸品牌,是指由报名、宣传语、报头标识、版式特征、报道方式、文字风格等构建起来的一种受众对报纸的认知关系。

报纸和其他商品一样,是消费者支付金钱(免费报纸除外)而获得的一种产品和服务,其所表达的市场含义,是新闻资讯的质与量,以及受众对品牌的认知程度。报纸品牌实质上是指一种符号,能向读者传递出关于该报品质的相关信息,即使读者尚未阅读,但报纸品牌就足以让他获取该报风格品位、内容选取等方面的大致印象，使目标读者产生强烈的认同感。比如，当人们说起《纽约时报》时，受众对它的认知是它对新闻事件报道的客观性、全面性和权威性，是"美国人心目中最伟大的报纸"；谈到《南方周末》，人们首先想到的是它是中国影响力、公信力最大的一份周报，其对新闻真相的挖掘、对公平正义的追寻、对中国社会问题的深刻解读是该报鲜明的特征。

二 报纸品牌的价值评判

报纸品牌的价值评判涉及两个方面的问题：一是评判主体，二是评判指标。报纸具有商品性和意识形态性。从商品性这一角度看，报纸品牌的评价主体应当是普通读者，报纸读者的构成、行为、认知和情感决定报纸品牌的价值。读者又可分为两类：一是普通意义上的读者，媒体对其具有宣传和提供信息资源的作用；二是各种客户，包括厂商、经销商、广告商，是有购买报纸广告的意愿和能力的消费者。从意识形态性这一角度看，报纸品牌的评价主体应当是政府官员、学界及商界名流等拥有社会话语权的人士。此外，报纸在报业体系中的地位以及其自身个性也是报纸品牌价值评判的重要尺度。

报纸品牌价值的高低主要表现在：人们对该报纸品牌是否记忆深刻，是否认同其传播理念与价值观，是否有阅读或购买的习惯，在同类型报纸中是否排斥其他品牌的报纸等。我们可以从以下几个方面对报纸品牌价值进行评判。

1. 读者的结构

首先是读者的影响力。报纸的读者在性别、年龄、职业、文化层次等方面，都不同程度地呈现出庞杂性、多样性的特点。报纸定位应当主要依据基本的读者群体。基本的读者群体通常被称为"标准读者"或"目标读者"。一般而言，目标读者的层次高，品牌价值也相应高。《南方日报》据此提出了"高度决定影响力"的口号。该报将目标读者锁定为各级领导者、决策者，各层面的管理者、投资者、经营者和研究者，及公务员、商人和专业人士。简言之，就是那些主流读者。创办于 1889 年的《华尔街日报》是美国最有影响力的财经报纸，大大小小的投资者把它当做金融市场的"圣经"。据说，每天早上，500 万最富有、最有影响力的美国人，起床后的第一件事就是看《华尔街日报》。《华尔街日报》的读者平均年龄在 55 岁，都是中产阶级以上人士。一本介绍《华尔街日报》的书这样写道："事实上，整个华尔街及美国企业界，以及具有重大影响的法律、政治、教育及医学界的重要人物，从星期一至星期五，每天至少要花 45 分钟看《华尔街日报》。"

其次是读者的地理分布。报纸分布区域越广，影响范围越广，报纸品牌越大。若其他指标相近，则全国性报纸的品牌价值比地区性报纸大。像《华尔街日报》不仅在美国本土发行，还有欧洲版、亚洲版，以及覆盖全球的网络版。因此，它是美国乃至全世界影响力最大，侧重金融、商业领域报道的日报。国内的《人民日报》、《南方周末》、《21 世纪经济报道》等是全国性的报纸，影响辐射力相对其他区域性报纸要大得多。有些报纸虽然属地方报纸，但通过跨地域扩张，以及网络传播，品牌价值相对其他辐射力弱的区域性报纸要高。像《南方都市报》通过跨地域合作办报（北京的《新京报》和云南的《云南信息报》）和创办珠三角地区的城市地方版，再借与网络、电视等媒体间的互动，成功突破了地方报纸的局限，成为有全国影响力的地方报纸。

2. 读者的行为

读者的行为亦即读者的购买阅读行为，它通过以下指标反映出来：第一，发行量。即每期报纸实际到达读者手中的份数。发行量的大小直观反映出读者的喜好评价，它是报纸品牌价值系统中最基本的指标，但绝不是唯一的指标。如英国的《太阳报》和《泰晤士报》同属鲁珀特·默多克的新闻集团，前者是该国发行量最大的报纸，但其品牌价值远低于一直被认为是英国的第一主流大报、被誉为"英国社会的忠实记录者"的《泰晤士报》。发行量也应该用动态的、前瞻的视角去考察：从横向上比较某品牌的报纸与主要竞争对手的发行量，同时结合考虑该地区整个报业发展情况（CDI），从纵向上看该报历年发行的增减趋势，它预示着品牌的发展前景。此外，还应当重视自费订阅、报摊零售、公费订阅的比例，自费订阅者越多，品牌价值越大。例如，《南方都市报》与《广州日报》是广州报业市场竞争最激烈的两家报纸，后者在发行量，特别是在市民的自费订阅量上曾经长期处于领先地位。但是前者经过奋起直追，目前两家报纸总体发行量已经不相上下。在广州地区的自费订阅量上，后者稍高于前者，但前者在广州以外地区的发行量要高于后者。总体上看，两者品牌价值已非常接近，但南都一直保持上升势头，前景更为看好。第二，传阅率。即平价每份报纸被传阅的次数，传阅 5 次相当于多发行 5 份，传阅率与发行量的乘积构成报纸的总接触人口，包括通过订阅、零购或传阅等方式接触报纸的人口，总接触人口弥补了发行量的缺陷。传阅人数越多的报纸，读者数量越多，广告效果也往往较好。第三，读报时间。读者阅读一份报纸的时间与报纸品牌价值有重要联系，两者成正相关。比如阅读一份《南方周末》通常要比阅读其他报纸（如地铁报）花费更多时间，主要因为读者心目中该报的垃圾版面很少，不像有些报纸存在读者不感兴趣的大量冗余内容。第四，关注度。关注度是对读者读报行为侧重"质"的认定，读者读报时越是专心投入、越是主动积极、越是"先睹为快"，报纸的传播效果越好，影响力越大。相较于其他内容（如娱乐内容），新闻内容通常有着更高的关注度。有些报纸通过成功的选题策划吸引读者，以扩大报纸的影响力。如《南方都市报》最初是一张很不起眼的报纸，发行量仅区区数万份。它在 1997 年用 4 个版策划的"戴安娜车祸遇难"专题一下子引起读者关注，1998 年策划的 43 期"法国世界杯特刊"、1999年策划的"一日看百年"特刊（365 期，每期两个版）等，争夺到大量读者，使该报发行量持续、快速上升，很快成为《广州日报》强劲对手。第五，忠诚度。拥有大比例忠诚读者（即长时期购买该品牌报纸的读者）的报纸更可能成为强势品牌。如《广州日报》和《南方都市报》都是广州地区读者忠诚度很高的两家报纸。若对读者进行细分，则可以发现前者的忠诚读者以广州本地居民为主，后者的忠诚读者以珠三角新移民为主。

3. 读者的认知

读者的认知：第一，熟悉度。报纸品牌是由词语、形象、思想和相关事物组成的框架，品牌在某种意义上讲是一份报纸的指纹，强势品牌具有一种"熟人效应"，读者对报纸品牌符号越熟悉，该报的品牌价值越大。第二，知名度。人们处理信息的能力是有限的，能从众多报纸中脱颖而出的报纸品牌才能具有市场竞争力。知名度包括提示知名度和未提示知名度，由于报纸与人们的生活息息相关，在测定时应侧重考察未提示知名度，即在未经提示的情况下，可以主动记忆报纸品牌的读者占总人口的比例，其中第一提及的报纸，品牌价值最大。

4. 读者的情感

第一，溢价，即读者把某一品牌的报纸与其他竞争中的报纸相比，他所乐意多支付的代价。溢价表现在多个方面：首先是价格，即报纸价格的差距。《南方都市报》于 2007 年 11 月 1 日将深圳地区的报纸零售价上涨至 2元，成为同城乃至全国最贵的都市类报纸，这一涨价之举被大多数当地读者所接受。其次是时间，主要指新闻的时效性。如《南方周末》到达读者的时间往往要比本地报纸晚一两天，但读者仍然希望看到这份报纸对于重大新闻独到的报道和评论。最后是信任。资料表明：如果消费者对品牌的崇信度增加5%，这个品牌产品的营利能力就能够增加85%。对同一事件的报道和评论，各报立场、角度和报道风格会有所不同，读者会相信某份报纸的说法而怀疑与之相悖的其他说法，这里的信任差异也是一种溢价。第二，美誉度，指品牌的外在表现和内在信息满足读者需要时产生出的信念和好感度，它是引发读者购买和阅读报纸的积极心理动力，往往表现为一种抽象并为他们所感兴趣的心理体验。美誉度取决于报纸对读者的各种需要（主要是可靠、省时、实用、时尚）的满足程度，涉及多方面的情感与评价：报道内容是否权威、详尽？版面是否方便阅读？立场是否公正？文字是否能让读者产生阅读快感？第三，认同感。优秀的报纸品牌应是主流价值观的倡导者，进步观念和风尚的引领者。某些品牌的报纸能给读者社区归属感，产生"我的报纸"这一心理认同，这种认同感在一定程度上象征着读者的身份和社会地位，也体现了读者消费的个性和品位。第四，公众印象。即报纸在读者主观印象中的总体形象，反映为报纸所拥有的口碑，这是一个对应于集体而非个体的概念。优秀品牌的报纸，会让它的读者群产生正向的、积极的联想，它可能是诸如严肃、大气、客观、深刻等关于品质的认定，也可能是诸如不错、喜欢、挺好等属于倾向的评价。

5. 领导地位

第一是同类报纸的领导地位。居于领导地位的报纸品牌代表了某种类型报纸的最高水准，它可以通过诸如"第一代表性报纸联想排名"等方式调查得到。如《21世纪经济报道》经过创刊以来的快速发展，渐渐拉开了与同类报纸的距离，成为国内财经类报纸发行量及广告量均居第一的领导品牌。第二是地区主导。即报纸在某一城市或地区所处的地位。如武汉地区市场占有率最高的报纸为《楚天都市报》，这份报纸最为当地居民所欢迎。第三是引领潮流。领导性报纸的内容、版次的革新会引来其他报纸的仿效，而不会在其他品牌的报纸后面亦步亦趋。如2006年9月，《广州日报》在国内率先推出"索引和导读版"，使得厚报有了易读性与便利性，其他报纸纷纷仿效。

6. 独特个性

即报纸品牌表现出与众不同的个性形象。目前，我国报纸的同质化、雷同化程度极高，真正有个性的报纸凤毛麟角。喻国明教授指出，在独家新闻越来越少的情况下，我们只有对新闻进行更多的智力投入，将新闻做足做深做透做出味道做出特点才能赢得读者，占领市场。例如，《新京报》创办于2003 年，它在较短的时间内在报业竞争十分激烈的北京站稳脚跟，与它定位相对高端、长于为受众提供观点的独特个性有关。（田文生，2001）

三　报纸品牌建设的作用

在报业市场同质化竞争日益激烈的今天，加强报纸媒体自身的品牌建设将对报纸工作起到非同寻常的作用。

1. 报纸品牌与读者认同

持久的媒介品牌不是依靠名字本身，而是靠与时俱进并不断提供有价值的新闻。报纸品牌是基于读者认同的品牌，缺乏读者认同的品牌则报纸的影响力无从谈起。报纸品牌实际上就是社会公众对于报纸的系统评判，影响这种评判的因素很多，包括信息的准确性、时效性、可信性、报纸的责任感、对公众的态度等，这些因素在受众心目中的固定化和标识化就成为受众和消费者认知的重要基础。如《纽约时报》的读者并非一般的老百姓，而是受过良好教育且家境富裕的精英阶层。据《纽约时报》的资料显示，他们当中大多有硕士学位，家庭年收入在 15 万美元以上（或者人均收入在 7.5 万美元以上）。这些精英阶层对报纸的特色有着非常独到的见解。国际广告代理商扬雅公司（Young & Rubicam）针对全球 13000 多个品牌进行了一次品牌资产评估的联合追踪调查，结果显示《纽约时报》"可靠，值得信任，机智，高水准以及富有社会责任感"。2003 年 5 月，《纽约时报》一名 27 岁的记者杰森·布莱尔（Jayson Blair）涉嫌制造虚假新闻被曝光，并且导致了《纽约时报》两名高层总编杰纳德·博伊德（Gerald Boyd）和执行总编豪厄尔·雷恩斯（Howell Raines）下台。该月 11 日的《纽约时报》自揭伤疤，刊登了两篇长长的致读者信（其篇幅甚至占据部分头版版面），以澄清事实并公开道歉。《纽约时报》这一史无前例的举动，在于挽回新闻造假事件对报纸品牌的伤害，重建读者对这份大报的信任。

2. 报纸品牌与品牌营销

报纸品牌需要通过品牌营销加以巩固、强化及提升。报纸品牌营销与其他产品的品牌经营要求一致，如独特的品牌定位，鲜明的品牌个性，有效的品牌营销推广等。在西方，传媒的品牌运作早已成为自觉行为，它们有专门的品牌维系机构、专门的品牌经理，严格按品牌营销规律进行品牌规划。例如 20 世纪 50 年代，前卫的平面广告设计师阿布兰·吉布斯（Ablan Gibbs）

受聘为《金融时报》制作一期宣传海报。吉布斯设计的图案很简单：一个"会走的报纸"穿着细条纹的长裤，手里拿着公文包和雨伞（伞面往外卷）。20 世纪 70 年代早期，"吉布斯人物形象"退出舞台，新的宣传口号"欧洲的商务报纸"被制作成大型海报出现在休斯罗机场。1981 年，广告代理商奥美公司（Ogilvy & Mather）替《金融时报》设计了这样一则广告词："没有《金融时报》，就没有发言权"（No FT，no comment）。该报的品牌营销策略还会因为市场定位的不同而有所变化。在英国，由于经济的原因，《金融时报》把读者范围扩展到非金融群体，该报被作为更宽泛的概念——"超越商务"而加以推广，故 1999 年打出的广告词是"别以为我们只涉及商务"。而在海外，它被冠以"国际商务信息源"、"国内新闻的补充"等口号。

又例如，《纽约时报》在"9·11"事件后的第二天在自己的报纸上刊登了两则广告，第一则广告使用了诺曼·洛克威尔（Norman Rockwell）的一幅名为《恐惧下的自由》的作品，画面中一对父母将他们的两个孩子安顿在床上，父亲手中拿着一份折叠的报纸。原作中，这份报纸的标题是关于第二次世界大战的，但在获准改动后的广告中，报纸标题被替换为 9 月 12 日的《纽约时报》的头版。第二则广告使用了一幅名为《遥望远方》的作品，原作呈现的是一位老人和一个小男孩遥望大海另一端的景象，而《纽约时报》则改为他们遥望灾难过后曼哈顿凄惨的天际线。这两则广告表达了报纸与读者之间同仇敌忾的关系。《纽约时报》还非常擅长利用自己的形象达到品牌宣传的目的。例如有一次为庆祝"父亲节"，它们在海报中将一份《纽约时报》折叠成领带。其他的类似图形形象还包括将《纽约时报》改成一条裙子或沙滩浴巾。通过赞助艺术和周末休闲时尚活动，《纽约时报》的媒体报道做得非常成功。这项活动从 2001 年开始，每年 1 月定期举行。通过赞助与合作，报社向它的读者提供各种展览、戏剧、电影以及音乐会的免费票或者半价票。《纽约时报》也瞄准机会，大力开发潜在市场。它活跃于中小学和各种大中专院校，并将报纸当作学生的学习工具。报社还举办了一系列的多文化交流活动。自 1999 年起，《纽约时报》就在广播、杂志和电视等各种媒体上投放专门针对纽约西班牙裔、印第安人、韩国人和俄国人社区的广告。像许多其他主要报纸一样，《纽约时报》也采用数据库管理技术，对特定目标客户实施特定的销售方式以实现最优化管理。（马克·唐盖特，2007：90—91）

3. 报纸品牌与媒体扩张

报纸媒体品牌对媒体的深度经营、跨媒体经营、跨地域经营、跨行业经营等均起到了决定性的作用。这些经营活动，既可以扩大营收，提升品牌竞争力，又可以分散风险。如《日本经济新闻》诞生于 1876 年的东京，它和《朝日新闻》、《读卖新闻》是同一时代的产物。经过一个多世纪的发展，由最初的一份"物价日报"转变成为世界上发行量最大的财经类报纸。该报还出版了《日经产业新闻》、《日经金融新闻》、《日经 MJ》、*THE NIKKEI WEEKLY* 等子报。此外，还涉及图书杂志出版、电视传播网（持有日本第五大私有电视网主干台东京电视台 36.9% 的股份）、信息收集、处理供应、不动产及中介服务、经济及企业研究等，形成了一个庞大的经济信息供应集团。

创建于 1888 年的英国《金融时报》如今已经是一个全球品牌，它的读者只有 30% 在本土。对于《金融时报》来说，20 世纪 80 年代是全球扩张时代。1979 年，它在法兰克福出版发行了欧洲版。1985 年，它开始在纽约印刷发行。到 20 世纪 90 年代末，该报已经在美国、欧洲、亚洲建立了分部。到 2000 年《金融时报德语版》的发行使这一战略达到了顶峰。1995 年，《金融时报》开通网站 FT.com。到 21 世纪初，《金融时报》真正成为一家世界性报纸，海外读者超过了英国国内的读者人数，全世界的发行总量超过了45 万份。

第二节　报纸品牌成功要素

报纸作为一种大众文化的消费品，必须注重报纸的内在质量，为读者提供全面、准确、公正、及时的新闻和读者所需的相关资讯。品牌形象塑造不是一蹴而就的，它需要经过细致的市场调研、精准的品牌定位，具备良好的发行与经营提高品牌影响力。最后，还要注重品牌的管理与维护。以下结合《21 世纪经济报道》这一案例（该报可视作国内品牌运作最为成功的报纸），对报纸品牌成功要素进行具体分析。

一　细致的市场调研

在品牌的建构过程中，市场调研是基础。市场调研是对品牌的现状进行了解，或者是搜集相关树立品牌的资料，从而发现品牌系统存在的问题或影响因素，并对其进行全面了解。对于报纸品牌塑造而言，市场调研可以为报纸经营者了解报纸市场，明了市场竞争态势，掌握读者需求，提供第一手的资讯。品牌调研主要包括报纸的历史、现状、特色、目标、理念、所处环境、竞争对手等的分析。

《21世纪经济报道》在2001年创办之前，即委托美国著名的AC尼尔森调查公司进行市场调研。当时，经济类媒体在整个平面媒体里面还不是主流，一方面广告收入少得非常可怜，所占的比例按照当时的统计也就一个百分点左右；另一方面是经济类媒体的读者数量比较少，而且分散。传统的经济类日报，如《经济日报》等报纸形象趋于老化，内容偏于传统，影响力不强；而一些传统的行业报，如《中国轻工报》、《中国电子报》、《中国商报》等随着综合性经济类报纸的崛起开始萎缩；虽然以《中国证券报》、《上海证券报》、《证券时报》为代表的专业性的证券日报得到官方授权，内容专业实用，在证券报道方面的权威地位无可取代，但影响力主要限于证券行业；还有一些机关报和都市报的经济版面比较贴近生活，但信息供应量有限，专业感不强，深度不够，不能满足人们特别是专业类人士对经济报道的需求。因此，在经济带动财经媒体复苏这一背景下，作为新锐财经类报纸的《21世纪经济报道》存在很大的发展空间。

把《21世纪经济报道》做成周报，从某种程度上说，乃是不得已而为之。当时，中国的广告市场还不足以支撑一张财经日报的生存（黄升民、周艳，2003：184）。报社主编刘洲伟认为，报纸经营过程要谨慎，不能冒进，要稳扎稳打。另外，在开掘深度（深度）、信息量（广度）和权威性（高度）三方面，周报与电视、广播、网络及杂志之间相比具有优势：深度上，由于时间上制约较小，周报可以胜过日报、广播、电视和网络等，而且在把握信息重要性方面要优于其他媒体。信息量上，最具优势的应该是网络，但过于海量，在一定程度上又成了网络的缺陷，而且海量对其中真正有价值的信息来说，是一种伤害。权威性上，由于受传统的影响，印刷媒体在媒介中的权威地位，暂时无可取代。特别是作为经济类纸媒体，可以发挥好权威性这个有力优势。

报纸面临着广播、电视、杂志等重重挑战，特别是网络媒体的低成本运作，给纸媒的发展带来很大的威胁。但在新生代与新浪网举行的一个商业报纸读者调查中，发现有67%以上的主流人群还是通过商业类报纸来了解每天最新的商业资讯，所以南方报业集团认为这个市场本身是一个客观存在的需求，推出经济类周报乃至日报还是有很大的发展空间的。在《21世纪经济报道》的具体操作中还融合这样的判断和分析：主打全国市场的经济类媒体多以月刊、半月刊为主，在专业经济类日报与财经类期刊之间，只有一张周报——《中国经营报》较有影响力，但其注重权威消息与人物访谈，强调相关信息对经营实务的指导意义，缺少新闻性与深度分析。《21 世纪经济报道》期望在差异中寻找自身的比较优势。

二　精准的品牌定位

作为特殊商品的报纸要树立自己的品牌必须深刻理解报纸品牌定位的内涵。必须明确以下几方面的关系：第一，报纸品牌定位是寻找报纸品牌形象与目标读者群最佳结合的过程，报纸品牌形象在读者心目中的最终确立才是报纸品牌定位的结果；第二，品牌定位是确立报纸品牌个性的基础与平台，后者是对前者的战略延伸；第三，报纸的品牌定位是报纸品牌整合传播的客观基础；第四，报纸的品牌定位是树立自己的竞争优势从而与竞争对手进行区分的过程。

《21 世纪经济报道》确定报纸的市场定位是国际化的商业报纸，是中产阶层的代言人。它将报纸的目标读者定位为经济活动中的主流人群，主要包括：企业主、投资商、政府管理人员、企业经理人、研究机构、商务人士和专业人士。可以说，它面向的是一个较高收入的人群，或者是力图通过经济手段改变个人生活状态，挤进这一群体的人，《21 世纪经济报道》用"经济人"来称呼这一群体。

内容是品牌强有力的支撑。在内容定位方面，《21 世纪经济报道》以产业为出发点，以分析国际形势、透视中国经济、观察行业动态、引导良性发展为目的，立足于国际运行的经济法规，及时有效地反映世界格局及变化，跟踪报道中国企业界的动态与发展，侧重于微观领域，整体突出，板块合理，拿出来的都是最新最让人关心的东西，而且有深度、有责任感，实事求是，有很多独家报道。这集中体现在：

第一，请权威人士撰稿、开设专栏，并辟有国际评论栏目，同时通过与MSNBC、LATS 等国外机构互动提供新闻稿件，刊登美国著名经济分析家詹姆斯·弗拉甘尼（James Fraghani）等人的专栏文章，并直接购买林行止、张五常、萨缪尔森（Paul A. Samuelson）等大牌经济学家的专栏。此外，《21 世纪经济报道》与美国洛杉矶时报集团、道琼斯公司及《华尔街日报》、时代公司、英国《金融时报》等国际性的媒体公司进行长期的策略性合作，购买了大量的海外资讯版权，使《21 世纪经济报道》的内容更具国际化的视野。

第二，《21 世纪经济报道》关注问题的视角十分独特：当众多媒体对运动会的举办成功进行宣传时，它却聚焦在企业投资赞助的成败得失与体育产业化的前景上；当众多媒体正对旅行社的前景作分析时，它为读者介绍的是一家小小旅行社的成功经验。

第三，《21 世纪经济报道》给读者提供的是一些不为人知的内幕消息。当国家开始关闭盗版音像城时，它告诉读者深圳原亚洲知名的盗版音像城已变为全国最大的正版音像制品销售专卖店；当中国允许 AOL 时代华纳与新闻集团在广东省内提供有线电视服务的时候，它的第一访谈就邀请香港亚视总裁封小平进行现场对话，为读者剖析珠三角电视的格局变化；当观众在为电视上突然涌现运动鞋和洗发水广告而眼花缭乱时，它又及时带来一篇经过详细调查研究的报告，解除读者心中的疑惑。中国的经济在走全球化道路，中国的媒体和新闻报道也要有全球眼光，这就要求中国的媒体也必须与世界级媒体接轨。

在版块定位上，封面、时评、世界观、政经、资本·金融、产业·公司、快公司、赢基金、新资本、奥运、IT、汽车、网络和地产 14 个版块覆盖了尽量多的行业领域，一方面是应经济报纸要提供尽量多的信息的要求；另一方面则是出于吸引更多广告的考虑。《21 世纪经济报道》比一般的经济类报纸更注重体现自己信息量和驾驭深度报道的能力，力求体现 WTO 背景下中国宏观与微观经济可能出现的改变，以及这些改变所要取向的路径选择。比如与《中国经营报》相比，两份报纸都有财经、管理和评论版块，《中国经营报》的财经范围比《21 世纪经济报道》要宽泛得多，但它的有关管理的企业版块则远比《21 世纪经济报道》深入详细；至于评论版，《21 世纪经济报道》注重对中外经济社会问题的深入分析，强调其言论的权威和世界眼光。其力图展示国际背景下的中国经济全景，打造全民经济时代中国的《华尔街日报》的努力由此可见一斑。

由于财经类媒体的受众区分不明显，一个媒体树立独特的风格品位成为区别其他财经媒体的重要途径。《21 世纪经济报道》就显示出一种与其他财经报纸完全不同的风格特征：端庄沉稳中略见圆润的大标扁宋报头，从墨绿到湖蓝不同层次的冷色调运用，显示报纸冷静、务实的理性色彩。正如该报在创刊号上的一则自我形象广告中所说的：以务实、开放、求证的心态观察

经济形势，以全新的视觉报道经济新闻，传播21世纪经济理念。（徐芳、陈家林，2001）

在《21世纪经济报道》冷静、理智的版面风格中，隐藏着它的社会关怀和它的激情，这主要体现在它的报道手法上。其犀利、深刻的深度报道，使它对经济现象的分析不仅仅停留在经济的层面上，而往往会从社会、思想的角度去探讨政策性、体制性的问题。例如2007年9月7日第561期的《烫手的山芋：北京经适房交易调查》一文，对在《国务院关于解决城市低收入家庭住房困难的若干意见》这项政策出台后的北京经济适用房二手房交易进行调查，通过采访经济适用房炒房者、房产中介、经适房转让者和地产权威专家等，多方面分析新政策在经适房二手交易实施过程中的漏洞，以及对地方细规则有助于规范政策实施的推测。我们从这类报道可以看出《21世纪经济报道》十分注重新闻事件本身的价值，契合"新闻创造价值"的理念。从前期采写到后期的编排处理，都很重视突出新闻事件对社会经济生活的重大意义，报纸往往从全球的眼光、历史的眼光来审视中国的经济现象和经济制度，所以在经济报道中带着一种知识分子的人文关怀。《21世纪经济报道》贯彻新闻全球化和新闻专业化两大采编理念，不断将"新闻创造价值"的宗旨具体化、明确化。

三 良好的发行与经营

报纸必须采取各种发行和经营活动来提高品牌的影响力，不断提高发行量、经营额、传播力、公信力和影响力，最终在林立的市场中确立自己独特的品牌。《21世纪经济报道》深刻意识到品牌服务的重要性，它的印刷和发行面向全国，借力于《南方周末》的发行渠道，形成自身的发行网络和发行终端。它在广州、北京、上海、成都、西安、武汉、济南、沈阳、南京等全国九大城市中设有分印点，卫星传版，这些分印中心共同构建了《21世纪经济报道》强大的发行网络中枢，同时在全国建有强大的零售批销代理网络，为读者获取报纸提供了便捷。

《21世纪经济报道》注重报纸发行的有效性和影响力，致力于渠道维护和创新，重视读者的层次和结构，全力提升发行的核心竞争力和品牌的商业价值。它在北京、上海组建发行投递队伍，通过科学的管理，精确发行工作，提高发行效率。同时通过自身庞大的采编系统和关系资源，在政界、学界、商界的优秀人群中进行反复推广，使报纸在中国最有影响力的阶层得到更为有力的传播。

《21世纪经济报道》在上海拥有最大规模的高端人群展示网络,覆盖400家四、五星级酒店、1500间银行、200家证券公司、500栋甲级写字楼、150间高档会所、1000家公司以及机场、商学院等场所。通过展示平台,每天有近200万人次接触到《21世纪经济报道》,真正做到财经资讯随处可得。此外,《21世纪经济报道》在北京、广州、深圳的展示网点达10000个。2003年开始还扩大在香港地区的发行,全面覆盖香港地区高级写字楼、便利店、超市和机场,零售摊点超过1000个。在特殊渠道发行方面,《21世纪经济报道》进入了国内及国外主要航空公司的主要航线,包括中国国际航空公司、南方航空公司、东方航空公司、海南航空公司、维珍航空公司、德国汉莎航空公司、美国西北航空公司、法国航空公司、加拿大航空公司、芬兰航空公司、新加坡航空公司;在各大城市机场、地铁以及超市、写字楼、酒店、高档会所、使领馆、银行、餐厅、商学院、证券中心等重要场所,均能阅读到最新的《21世纪经济报道》。

《21世纪经济报道》每年都使用第三方公司提供的调查数据,深入细致地了解其客户和读者,了解客户的需求情况的变化、客户喜好,等等,为各方面的广告运营决策和品牌建设的重点提供客观依据。每年9月,《21世纪经济报道》都会研究市调公司提供的读者数据库,分析解读目标读者的属性,同时了解《21世纪经济报道》在读者中的知名度、忠诚度等系数,确定接下来品牌建设的努力方向。

《21世纪经济报道》在全国率先建立市场中心,全面负责品牌经营和衍生产品开发。该报已成功发起并主办了一系列高端活动,以"商业中国推动力"为理念,缔造媒体专业影响力。其中包括中国最佳企业公民评选、红粉笔乡村教育计划、博鳌·21世纪房地产论坛、中国酒店金枕头奖、21世纪亚洲金融年会、中国品牌价值管理论坛等活动,大大提升了报纸的品牌影响力。

四 富有创意的品牌营销

美国著名公关专家亨得利·拉尔特(J. Handly Wright)曾明确指出:一个社会组织,如果想塑造良好的形象和取得卓越的成就,90%靠自己做,10%要靠宣传。传媒的价值是对目标人群有很大的凝聚力,对目标读者的注意力和付诸行动产生了很大的影响力,经营者必须通过提升影响力来获得经济利益。一张报纸的真正品牌还需营销活动策划诉求功效。

报纸开展活动策划，有利于品牌形象的塑造，也有利于实现服务的便捷和多样化，是树立品牌个性的有效方式，是提高报纸竞争力的重要策略，在报纸品牌经营中有着不可替代的重要作用。长期坚持搞好各类活动的组织和策划，报纸才可以从最初的毫无特色、没有生命的一个牌子变成读者认同的品牌，变成一种有效价值的标志。在极短的时间内迅速形成有利于媒体的舆论，使报纸获得更广泛的支持与合作，强化并扩大报纸品牌在社会上的影响力。

报纸策划活动是与社会互动的需要，是实现自我目标的需要，是产业发展的需要，是切合读者心理的需要。《21世纪经济报道》通过各项市场活动，以品牌带动其他经营业务，并对市场活动重新定位，提出属于《21世纪经济报道》的"精品活动"理念。随着品牌需求的转变，《21世纪经济报道》的活动定位也完成了从"造势"到"专业影响力"的转变，由《21世纪经济报道》发起并主办一系列活动，如中国最佳企业公民评选（2004—2007年）、红粉笔乡村教育计划（2005—2007年）、博鳌21世纪房地产论坛（2001—2007年）、大型企业MBO研讨会、中国酒店金枕头奖（2004—2007年）、中国品牌价值管理论坛（2004—2007年）、亚洲金融年会暨亚洲银行竞争力排名（2006—2007年）、21世纪年度汽车人物暨商务经营座驾评选（2005—2007年）、中国软件自主创新论坛（2006—2007年）、21世纪中国经济年会（2006—2007年）和绿色畅想·21世纪大学生环保公益大赛等，不断树立行业标杆，建立商业中国发展新秩序。这些活动更是扩大了报纸的品牌影响力，提升自身在经济界的地位，提高公信力。

《21世纪经济报道》从创刊开始就发起并主办"博鳌·21世纪房地产论坛"，该论坛是目前中国规格最高、影响力最大的专业房地产论坛，所以形成了其独家拥有的著名会议品牌。从2001年"反思中国房地产的兴衰成败，启迪地产新思维"主题、2002年"新地产，新资本，新财富"主题，到2003年"金融紧缩下的中国房地产"主题、2004年"宏观调控下的中国房地产"主题，再到2005年"地产进化论：宏观调控下的物种选择"，2006年"地产博弈论：多方利益格局下的效率与公平博鳌"，以及2007年的"地产资本论：后调控时代的价值演变"。"博鳌·21世纪房地产论坛"的每一届年会主题都凝聚了《21世纪经济报道》整个创作团队的心血与智慧——从提炼论坛主旨、设计议题，到斟酌嘉宾人选以及思考如何引导论坛走向更富建设性的研讨，其中每一个环节都经过反复推敲与论证。正是这种严密与谨慎，最终确保了每届年会的硕果累累，更树立了《21世纪经济报道》品牌形象。特别是"博鳌·21世纪房地产论坛"的2007届年会由《21世纪经济报道》主办,新浪房产、《中国房地产报》和全国工商联房地产商会等联合主办,更好地发挥这个论坛的作用和影响力,同时,也把《21世纪经济报道》的品牌做大做强。

此外最能体现《21世纪经济报道》风格特色的就是它的年终特刊。从2002年开始连续几年的100版年终大特刊策划的几个概念涵盖范围很广,几乎能够囊括一个国家经济生活和能够影响经济生活的每一个方面,大气并且尽显实力。如2002年强势推出的年终特刊《中国向上》包括"大变局"、"大交易"、"开放与壁垒"和"上行中国"四大板块的内容,被誉为勾勒十六大之后中国政治、经济、文化发展趋势的"清明上河图"。赢得读者好评的2003年终特刊《中国世纪》,涵盖了"天问"、"天下为公"、"国家穿越"、"效率中国"和"建设的力量"五大板块的内容,特别是"天下为公"板块内的许多文章如《执政党维新》、《乡镇撤并浪》、《公共政策与有限政府》等政治报道体现了《21世纪经济报道》对政经新闻的关注,而且表现得比其他报纸更坦率。这些年终特刊在传媒界的启示力量和公关效应不低于任何一个传媒的年终"大堂会"。

五 品牌管理与维护

《21世纪经济报道》不断完善其品牌管理体系,让品牌更加健康、长远地延续下去。现在《21世纪经济报道》各个活动以及内容的运营都已经很成熟。市场活动的日益增多,其品牌也日益成熟,基本形成了各自独特的VI系统、管理方式、宣传渠道等,这些增加了整体品牌管理的难度。为更好地进行整体品牌的管理,加强整体品牌的建设,独立于各项目管理组之外,《21世纪经济报道》成立了专门的团队来负责品牌管理工作,对报纸的品牌建设及宣传、视觉管理进行统一规划及执行。为配合品牌形象塑造,报社对整个品牌元素的使用进行统一管理,包括视觉元素、色彩、口号、定位语、办公文件模板等都设定了标准,规范化操作。

报社通过市场简报、活动内部宣传等方式向每一位员工宣扬报纸的理念、定位、形象等,介绍报纸近期活动的内容、规模、目的,强化报社内部人员的品牌意识,让全体员工对报纸的认识与报纸对外的宣传同步,让每一个员工都有意识地去维护报纸的品牌。(丁玉红,2010)

第九章

期刊品牌

21世纪，中国期刊业的发展已进入了"品牌探索"期，这较之20世纪80年代的"产品探索"期和90年代的"市场探索"期，无疑是一个历史性的跨越与突破，同时也表明，期刊的品牌营销时代已经到来。

期刊品牌有大有小，有强有弱。当某个期刊经过一段时间的努力之后，就会形成自己的办刊风格和思路，在特定读者中间形成独特的形象和影响力，并与广告商建立稳定的联系。这样，期刊品牌就变成了品牌期刊。（叶新，2007：106）

第一节　期刊品牌概述

期刊品牌的形成，表明期刊所从事的传播知识和信息的创造性劳动，得到了众多读者的认可，由此建立起了一种受众对期刊的认知关系。在琳琅满目的各类期刊中，其目标读者产生"这就是我们需要的"这一认同感。如果你心目中拥有一个了解与信任的品牌，那它将有助于你更轻松快捷地做出选择。这时期刊的名称已成为具有市场开发价值的无形资产。

一　期刊品牌的定义

所谓期刊品牌，是指办刊人按照既定的办刊理念精心打造具有丰富内蕴、鲜明的编辑个性和独到的装帧设计，以及为特定的读者群体所广泛认同的期刊总体形象。它是内在品质与外在视觉的完美统一。所谓内在品质，表现在期刊名称、办刊理念、栏目设置以及所刊发的所有文章上；所谓外在视觉，包括封面设计、版式设计、题图尾花、字体字号、主色调、开本、纸张以及印制工艺，等等。同时，期刊品牌还表现为期刊的生产者（编辑）与消费者（读者）心灵之约的最佳契合。

二　期刊品牌的分类

我国期刊分为七大类：综合类；哲学、社会科学类；自然科学、技术类；文化、教育类；文学、艺术类；少儿读物类；画刊类。这实际上是按参照图书的分类方法进行划分，不是从市场角度区分的。

在西方国家，期刊一般分为消费类、商业类和学术类，在这三大类下再进行细分。所谓的消费类期刊主要指满足大众消费者个人兴趣爱好的期刊类型。期刊进行了二级分类，分为娱乐休闲、生活服务、文化艺术、时政社会。商业类主要基于某一个专业领域的行业性期刊，更多是基于行业信息性的内容，提供商业领域的专业信息。学术类期刊旨在学术交流和传播，包括自然科学和社会科学学术期刊。

期刊品牌主要集中在消费类，因为这类期刊种类最多，发行量最大，也最受读者欢迎。以我国为例，在20世纪80年代末，以大众文化类和文学类期刊为主体的通俗文化期刊得到空前发展。其中包括《读者》、《知音》、《家庭》、《故事会》、《女友》、《青年文摘》等大众文化类期刊就是这一阶段期刊业发展的典型产物。到20世纪90年代中期，随着我国国民经济的腾飞和国民收入的提高，国民日渐关注生活质量的提高，娱乐休闲类期刊中的时尚类期刊得到迅猛发展。而市场经济的发展又带动了期刊广告的投放，进一步为时尚期刊的发展奠定了市场基础。其中《时尚》、《瑞丽》、《世界时装之苑》是这一阶段时尚类期刊的佼佼者。在20世纪90年代末和21世纪初，随着金融证券业的发展和国有企业体制改革的深入，财经类期刊应运而生，成为消费类期刊的热门投资领域。于是出现了《财经》、《21世纪商业评论》等财经类名刊。近些年，包括汽车类、家居家、宠物类、健美类、饮食厨房类、购物指南类等生活服务类期刊开始成为期刊投资的新亮点，发展比较迅速。其中尤其是汽车类、家居类最为突出。时政类期刊虽然在消费类期刊中发行量和广告量上并不是最大的，但由于涉及国计民生及公众关注的热点话题，所发生的社会影响力是其他期刊难以企及的。我们可以列出一串响亮的名字：《三联生活周刊》、《中国新闻周刊》、《凤凰周刊》、《南风窗》、《瞭望东方周刊》、《新周刊》、《南方人物周刊》，等等。

三　期刊品牌的特性

中国期刊协会曾列举了 10 个方面的内容作为期刊品牌的判断依据，这反映出了期刊品牌的特性：（1）品牌期刊是视质量、信誉如生命的信得过产品。（2）期刊品牌是引领期刊内容、创意、手法、形态、风格等方面风气之先的黑马。（3）期刊品牌是由内在的丰厚底蕴与外在完美风采结合而成的高智力产物。（4）品牌期刊是读者的首选，读者深信不疑的是：品牌期刊所提供的精神食粮，其价值肯定超过购买这本期刊所付出的费用。（5）品牌期刊是读者的精神恩物、心灵天使。在给读者带来愉悦的同时，善于将读者引入一个情趣相投、相互启发的环境之中。（6）品牌期刊是作者一心向往之发表园地。它既有凝聚力，作者都以站在它的旗下为荣，又有竞争力，令每个作者都兢兢业业，唯恐文章功力不够而从期刊品牌行列中出局。（7）期刊品牌是开发期刊生产力的强大动力。它以自己在数量与质量上的权威力量拉动期刊事业，特别是成为不断壮大期刊产业实力的尖兵。（8）期刊品牌是中国期刊事业进入世界期刊之林的入场券，是应对国际期刊市场竞争的重量级选手。（9）期刊品牌是先进文化的标志。在全世界参差不齐的期刊市场上，你可以根据期刊品牌的有无及期刊品牌的高低之别，判断出谁是文化的巨人，谁是文化的侏儒。（10）期刊品牌是参与社会变革、推动社会进步的舆论先锋。

从以上定义可知，品牌期刊代表着它的特点与个性，它的科学性与先进性，它的竞争能力与领航能力。

第二节　期刊品牌的要素

期刊品牌是读者对自己所钟情的期刊的一种情感依赖，是想到它时脑海中浮现的画面。期刊品牌的形成，表明期刊所从事的传播知识和信息的创造性劳动，得到了读者的认可，期刊已经有了很高的信誉度和影响力，这时期刊的名称已成为具有市场开发价值的无形资产。

一个刊物要想成为品牌期刊，起码应具备以下几个重要因素：精准的定位、高品质的内容、独特的个性和有效的营销。

一　精准定位——打造期刊品牌的基础

期刊实施品牌战略是市场竞争的必然结果，精准定位是创建期刊品牌的基础。只有找准了自身的位置，才能确定期刊的发展方向和风格。"我为谁而生"、"针对谁"、"我能做什么"和"我能在读者心目中占有什么地位"——这是品牌定位需要回答的。

"我为谁而生"是品牌产品对目标读者的设定，就是"谁是我们的读者"或"我们的读者应该是谁"。"针对谁"是对品牌的市场竞争对手而言。面对某个特定的市场，除非一个品牌是这一市场的第一家，当作为第二家进入这一市场时，它都要面对和自己提供相同产品的其他品牌，也就是它的竞争对手。"我能做什么"、"我能在读者心目中占有什么地位"，是指该品牌满足了目标读者的需求，从而证明该刊物在读者心目中的品牌地位。

南方报业旗下的《城市画报》杂志的经营与营销策略始终以品牌为中心，这与其受众定位有着密切的关系。其核心受众为国内大中城市中25—35岁的年轻人，这个群体的消费生活越来越倾向于"品牌主导型"：喝咖啡去星巴克、买东西去宜家、健身要去舒适堡……再看看他们日常使用的手机、电脑，无一不跟品牌相关。《城市画报》要让这些喜欢"可口可乐"、"耐克"的年轻人接受，必然也要像"可口可乐"、"耐克"一样树立和巩固自己的品牌优势。它的目标不仅要从国内8000多份杂志中脱颖而出，更希望能使年轻人像买"可口可乐"一样习惯于买《城市画报》。《城市画报》将受众群定位在生活在全国大中城市的新兴中产阶层，年龄在25—35岁之间，以白领及专业人士为主。他们的政治信仰模糊，关心自我的生存状态，积极追求，但没有长远的目标，关心具体问题的解决多于远大目标的达成。这群人追求个性，注重享受，注重生活质量，是新生活主义者。

在对受众进行了清晰、明确的定位后，《城市画报》对其自身的品牌进行定位，但这一定位并非一次完成，而是经历了三次修改，最终形成了《城市画报》目前的品牌定位。

自1999年10月起，《广东画报》正式更名为《城市画报》，在《城市画报》发展之初，先是定位于"带给你一个全资讯的广州"。2000年4月，重新定位为"新生活的传播者"。2003年1月，《城市画报》的定位再次调整为"新生活的引领者"。其内容也更偏向于内心，特别是核心受众——新兴中产阶层那种微妙的情绪。《城市画报》就是以求新、开放、快乐的观点去探求和引领城市新兴中产阶层的生活方式,让读者从中发现获得生活之乐的不同方式,并直接体验到生活中的快乐情绪。《城市画报》的定位决定了其创意不是传达信息,而是感受情绪。

《城市画报》最核心的定位就是"生活",虽经过两次调整,从"新生活的传播者"到"新生活的引领者",但其定位始终没有放弃对城市生活的挖掘,要传播的概念就是"新生活主义",即从各种生活体验中体验快乐的情绪。《城市画报》正是这样一个界面,把都市人品味生活的快乐真实呈现。其最核心的品牌定位,是在转型之后经过多次定位调整,最终形成品牌发展的方向。(王卉,2010)

二 高品质的内容——打造期刊品牌的保障

在期刊市场竞争日趋激烈的情形下,期刊要求得生存发展,进而打造出自己的品牌,最重要的还是要坚持内容为王,以高质量的内容争取主动、抢占先机,以自己独特的理性思考、文化底蕴、高雅情趣和艺术氛围去赢得读者。《纽约客》(*The New Yorker*)是美国纽豪斯家族属下的康德·纳斯特(*Conde Nast*)出版公司主办的一份综合文艺类刊物,内容涉及政治观察、人物介绍、社会动态、电影、音乐戏剧、书评、小说、幽默散文、艺术、诗歌等方面。该刊是荣获美国国家期刊奖奖项最多的期刊,共获得 34 个奖项。它强调精品意识,注重刊物质量,编辑方针严肃认真。《纽约客》已成为高品质的代名词,杂志研究者里雷(Riley)和塞斯诺(Selnow)写道:"《纽约客》一直以高品质闻名:只刊发最好的小说、诗歌、评论、散文和插图。"(王栋,2008:123)1925 年,哈罗德·罗斯(Harold Ross)创办《纽约客》,从一开始,它就是一本集成优秀文学作品与最新观点的杂志。杂志研究者昆寇(Kunkel)写道,《纽约客》的成功向世人证明:重要的观点完全可以通过清晰、文学化和令人愉悦的方式向大众传播。在它问世的 1925 年,"格调高雅"还被认为是欧洲文化独有的特征,而《纽约客》的出现为美国人带来了文化上的自信。它的风趣和智慧帮助美国人熬过了经济大萧条的年代。在第二次世界大战期间及战后,《纽约客》帮助美国人形成了全球化的视角和社会良知。《纽约客》在杂志行业创造了很多前所未有的东西,杂志研究者里雷和塞斯诺说:"《纽约客》最重要的创新之一,就是发展了传记体的'人物特写'(Profiles);它提升了美国式幽默的层次,并让漫画流行起来;它那些没有情节的短文成为其标志性内容——被称为'《纽约客》式的文章'；它还推动了解释性报道的发展。"（王栋，2008：123）《纽约客》已成为美国文化，特别是纽约文化的象征之一。该杂志保持多年的栏目"城中话题"（The Talk of the Town）专门发表描绘纽约日常生活事件的短文章，文笔简练幽默。每期杂志都会点缀有《纽约客》独特风格的单格漫画，让人忍俊不禁。尽管《纽约客》上不少的内容是关于纽约当地文化生活的评论和报道，但由于其高质量的写作队伍和严谨的编辑作风，《纽约客》在纽约以外也拥有众多的读者。

三　独特的个性——打造期刊品牌的核心

任何产品成了品牌，也就是意味着它形成了与其他产品不同的特点和个性，拥有了区别于其他产品的差异性竞争能力，期刊也是如此。一本期刊如真正形成品牌，必须有它的独到之处和吸引人眼球、刺激人购买欲望的"差异性竞争能力"。而造就具有鲜明个性和独特风格的品牌期刊，有以下几点不容忽视：

一是期刊的名称，应新颖独特、富有个性，最好能直观地反映它独特的市场定位，特别是读者定位，如《时尚》、《国家地理》、《家庭》、《财经》、《三联生活周刊》、《都市主妇》等，这样，读者（消费者）很容易从一本期刊名字的外在特征，就形成想象和感性认知，从而强化期刊品牌的影响力。

二是内容具有独创性、可读性。相对于报纸等媒体而言，期刊的时效性虽差，但其编辑、加工、整理信息方面却体现出它的优势，恰好满足了人们对"深度信息"的需求，在内容的深度和广度方面有着其他媒体无法比拟的优越性。充分发挥期刊这种"整理信息"的功能，使期刊的内容具有独创性和深度以及较强的可读性是期刊品牌建设的重要内容，体现在办刊的具体细节上就是要注重期刊的策划（包括内容策划、栏目策划、专题策划乃至标题策划等一系列与期刊独创性和可读性有关的各种策划）。特别是下大力气抓好内容策划，是期刊确立个性、形成风格、创建品牌的有效途径。比如，国内以精于内容策划见长，号称"中国最新锐的时事周刊"的《新周刊》，无论是题材选择、报道深度，还是在图片运用乃至版式方面都进行了精心的策划，从而处处彰显出自己"新锐"的个性，特别是它每一期都有大的专题策划，如《中国不踢球》、《第四城》、《城市魅力排行榜》、《飘一代》、《忽然中产》等，这些专题都以较强的独创性和可读性，形成了区别于其他刊物的独特风格，从而造就了杂志市场上多个"叫好又叫座"、兼具欣赏和收藏价值的经典案例，由此确立了它在全国期刊市场的品牌地位。其他如《财富》、《时代》、《读者文摘》、《三联生活周刊》、《南风窗》、《财经》等杂志都是具有原创意识和独特风格的品牌期刊。

三是追求期刊内容与表现形式的完美统一。很难想象，一个内容和表现形式不够协调的期刊能够形成自己鲜明的特色和统一的风格。这方面美国《国家地理》杂志为我们提供了很好的范例。

四　有效的营销——期刊品牌做大做强之道

品牌营销能力是期刊营销人员最重要的技能之一，它要求营销人员尽其可能地创建、维护、加强和保护品牌，设计和实施创建、衡量、管理最大化其价值品牌的所有营销活动与项目。主要包括：（1）识别和确立品牌定位；（2）计划和实施品牌营销；（3）衡量和解释品牌的表现；（4）提高和维护品牌价值。

有学者总结出期刊品牌营销的六个要点：第一，品牌推出之前，务必进行细致的市场调查、策划设计和组织准备，严格实施精品战略；品牌推出之后，在投入期和生产期，要加强包装、推介宣传、读者交流与服务等措施，以突出风格和个性，打消陌生感和距离感，最大限度地刺激读者的"购买欲"。第二，从期刊品牌的核心价值出发，依靠特色经营展示自身的魅力。第三，培养风格各异的从业人员队伍，这对于强化期刊品牌个性至关重要。第四，要充分利用期刊品牌辐射效应，发展子刊品牌，进行适当的扩张经营，以利于形成规模效益。如《时尚》、《瑞丽》等重视品牌保护的刊社相应发展了子刊品牌，并取得很好的效果。第五，在品牌运营中，要具有大胆改造、创新之心。对于不能适应社会需要和市场变化要求注定要被淘汰的期刊品牌，以及定位模糊、设置重复的期刊品牌，应当大胆改造或撤销，以利于新期刊品牌的诞生，重新开始新期刊品牌的创造工作。在维护中，也要充分挖掘地域性、对象化、时尚感的活跃因素，以新颖的意念，调整阶段性内容，使品牌更新换代，实现自我超越。比如由云南教育出版社创刊的《人与自然》，原来的品牌宣传是"热爱自然、尊重自然、敬畏自然"，2005 年始因调整了内容，改为"人类探索自然之旅"，阶段性品牌目标的调整适应了跨地域、跨文化塑造的变化。当然，这种创新品牌与维护应当保持期刊品牌风格的继承性。第六，建立品牌管理机制，是实现期刊品牌运营科学化的有效途径。这种管理机制主要包括市场调查机制（委托或自己组织权威调查机构对期刊品牌的阅读率、传阅率、影响力、美誉度和从业人员素质进行客观评价）、期刊运作机制（期刊生产诸要素的整合，在人、财、物上给予有力保障）、期刊考评机制（对从业人员工作绩效进行量化分析，使真正的名牌栏目、优秀人才得到奖励）、综合调度机制（对期刊新品牌的风格设计、对稳定品牌的活力与扩张等提出决策意见等）。（龚军辉，2010：208）

第三节　期刊品牌的延伸经营

所谓期刊品牌延伸（Brand extension of journal），也称为期刊的特许经营，是指期刊品牌的拥有者利用原有品牌的市场知名度开发同名或类似系列产品的营销策略。

期刊品牌的延伸和开发有各种各样的形式和途径，有的仅限于期刊范围，有的则延伸到图书、文化用品、网络及其他媒介，甚至进入产品领域。《美国国家地理》（National Geographic）是最令人尊敬的杂志品牌之一，也是最具品牌活力的杂志，它的延伸领域很多，包括一个电视网、一个畅销节目、一个流行网站、电视和电影产品（包括《三月企鹅》，March of the Penguins，等）、图书、DVD、探险活动、品牌延伸产品（望远镜、户外活动装备）和一系列优秀子刊——《国家地理·旅行家》（NG Traveler）、《国家地理·探险》（NG Adventure）、《国家地理·孩子》（NG Kids），还有最受欢迎的钉鞋。杂志网站每月有270万点击量；《三月企鹅》仅美国票房收入即达到7700万美元。

归纳起来，期刊品牌延伸形式主要有以下几种：

一　创办子刊和地区版

创办子刊是期刊品牌延伸发展的最直接、最有效的方法。这样可以缩短读者认同的时间，并迅速打开市场。例如世界最大的期刊出版商——法国阿歇特集团，1945年开始出版著名的娱乐性杂志——《她》（ELLE）。此后陆续在全世界34个国家出版204种期刊。亚太地区35种，其中有代表性的有《她》、《巴黎竞赛画报》、《旅行假日》、《划船》、《汽车与驾驶》、《妇女生活》、《大众摄影》等子刊，实现了期刊品牌的规模扩张、延伸发展。

《读者》是甘肃人民出版社主办的一份综合类文摘杂志，原名《读者文摘》。杂志多年来始终以弘扬人类优秀文化为己任，坚持"博采中外、荟萃精华、启迪思想、开阔眼界"的办刊宗旨，在刊物内容及形式方面与时俱进，追求高品位、高质量，力求精品，并以其形式和内容的丰富性及多样性，赢得了各个年龄段和不同阶层读者的喜爱与拥护。其延伸的子刊有：《读者》（大字版），内容与《读者》相同，另外增加"读书"栏目，半月刊；《读者》（校园专供），内容为《读者》正刊和"《读者》杯全国中学师生写作大赛"优秀作品专版，半月刊；《读者》（繁体字版），内容与《读者》相同，主要发行受众为港澳台地区读者；《读者》（原创版），创刊于2006年，开始为双月刊，后改为月刊；《读者》（乡土人文版），月刊；《读者欣赏》，读者第一本子杂志，是一本定位于高端读者的杂志；《读者》（维文版），内容与读者相同，语言为维吾尔语，半月刊；《读者》（海外版）；《读者》（半月刊）；《读者》（盲文版）（与盲文出版社合作）；《读者》（维文版）（与新疆人民出版社合作）。作为《读者》杂志品牌新的延伸，《读者》（原创版）首期发行达68万册并实现赢利。

在美国，许多期刊针对不同的地域和读者，出版各种地区性的版本。比如《电视指南》有119个地区版。所有的地区版都有着同样的全彩封面和篇章结构，但有不同的黑白文章和专门的栏目。

二 出版图书等相关出版物

图书往往是期刊内容的延伸。有的期刊历史悠久，在读者中享有较高的知名度。它们可以对已经出版的期刊内容进行各种主题的编选，开发新的图书选题，或者在某个栏目或版块基础上，开发相关的图书资源。

1940年，美国《读者文摘》在"图书增刊"基础上，推出了《读者文摘读本》丛书，包括18本图书和《读者文摘》的其他精彩内容。结果大获成功，销售60万册。1950年2月，《读者文摘》推出了《读者文摘》浓缩书（*Reader's Digest Condensed Books*），每期包括2本畅销小说、1本名著和1本非小说，当年即获得巨大成功，每个季度可卖出46万册。此后，它又连续推出了《读者文摘创刊30周年读本》、《今日最佳非小说》、《世界最佳读物》、《读者文摘百科大词典》等。

我国品牌期刊在图书出版方面，也积累了不少经验。如《瑞丽》的一个重要产品就是瑞丽图书，从1998年出版到现在，共发行400多万册，已经成为最受欢迎的口袋书品牌。《新周刊》每年都出版好几种图书，如"《新周刊》

十周年系列丛书"、《新周刊·忘忑》、《微语录》、《2011语录》等。《三联生活周刊》、《南风窗》、《凤凰周刊》等品牌期刊,都推出过相关的图书产品。

三　实行跨媒体经营,创办网络媒体

美国著名时尚杂志《花花公子》将经营范围扩大到多个媒体领域(花花公子电视、花花公子广播)。2006年10月,著名的花花公子俱乐部在拉斯维加斯重建,而《邻家女孩》(*Girls Next Door*)电视真人秀轰动一时,平均有110万观众。美国在线和时代华纳合并后,时代杂志集团利用美国在线的顾客数据库和对互联网营销的专业经验,仅《时代》周刊就增加了50万订户。麦格劳·希尔公司(McGraw-Hill)希望旗下的《商业周刊》(*Business Week*)和互联网结合后能成为替整个出版集团服务的作业平台。其网上媒体分为8个方向:《商业周刊》、每日摘要、投资、全球商业、技术、小企业、商学院、职业。《商业周刊》不仅享用母公司《华盛顿邮报》的资源,而且介入了美国最有影响的新闻网站MSNBC(微软公司和全国广播公司合作)。时代公司的《时代》和《体育画报》(*Sports Illustrated*)与美国有线电视网(CNN)的合作几乎天衣无缝,CNN不仅有和《时代》共同策划制作的电视节目,每日还播出以《体育画报》命名的电视栏目。而《体育画报》这个有着320万册期发行量的传奇性周刊开办的网站有着590万的点击量。另外,该杂志先后推出了一个定制桌面应用系统(允许体育爱好者随时关注自己喜爱的球队)、一个多媒体虚拟体育产品(450万用户),受到读者的热捧。

我国的《瑞丽》杂志向新媒体领域的延伸,除了最主要的瑞丽女性网外,还大力拓展电子杂志业务,因为电子杂志是和平面杂志粘合度最高的新媒体产品线,而且它有很多平面杂志不具备的优点,比如说在电子杂志上可以呈现视频,充分和读者互动,也可以更容易整合平面媒体的资源。另外《瑞丽》还有无线产品,如彩信、WAP等。

四　举办公关及论坛活动

国外有一定规模的品牌期刊,经常通过社会公共关系来谋求多赢局面。像美国的《纽约客》、《十七岁》等期刊,每年都要开展400余场大型公关活动;《施工船》(*Workboat*)有一年一度的施工船展览;《美国新闻与世界报道》每年评选"美国大学排行榜";《商业周刊》每两年评选"25所最佳商学院"。而这些活动本身绝大部分是赢利巨大的项目。有的项目还附带产

生相关延伸产品的生产线。（叶新，2007：109）

品牌期刊经常举办论坛活动，以塑造其品牌。美国的《财富》杂志自1955年开始评选"500强企业"，1995年又创办"财富论坛"。半个多世纪以来，"财富500强"成为美国工业界最热门的话题。全世界的媒体都以此为重要新闻进行报道，而进入500强的公司更是身价陡增。1999年在上海举行的"《财富》论坛"，让中国人领略了《财富》的影响力。也是从那次论坛的报道中，国人第一次见识了那么多停泊在浦东机场上的全球顶级富豪的私人飞机。

国内期刊在活动营销方面做得最为出色的当数"中国最新锐的时事生活周刊"——《新周刊》，它每年发布的"四大榜"——"中国年度新锐榜"、"生活方式创意榜"、"中国电视节目榜"和"中国城市魅力榜"，被认为对时代生活、经济、文化、城市发展有着风向标的作用。2004年，《新周刊》与《华西都市报》联手推出"娇子，成都十大名片"活动，提升了周刊的品牌价值，成都娇子也成功借势，被选为成都的"城市名片"。2005年之后，娇子连续冠名《新周刊》年度大盘点的"中国娇子年度新锐榜"。这种俗称"打榜单"的方式，起到了一石二鸟的作用，在提升杂志品牌的同时，也获得了企业的巨大赞助。国内时尚杂志代表之一的《瑞丽》每年推出的品牌活动有六七个，其中影响最大的是每年一届的"瑞丽封面女孩大赛"。其子刊《瑞丽时尚先锋》、《瑞丽家居设计》和瑞丽女性网都有各自品牌营销活动。

五 生产相关产品

通过冠名方式进行相关产品商品化经营，以增加收益，是期刊品牌延伸的一个重要方向。例如《花花公子》牌休·赫夫纳签名雪茄、《国家地理》贺年片等。美国赫斯特公司提供了一整套相关产品：《体育竞技场》（*Sports a field*）烹饪手册加上狩猎和钓鱼器具；《美好家园》（*Better Homes and Gardens*）涂料；《大众机械师》（*Popular Mechanics*）工具和管工设备。由丹尼斯出版公司出版的著名男性杂志《马克西姆》（*Maxim*）除包括32个国际版、卫星电台、特殊兴趣杂志、无线广播、品牌手机产品外，还拥有寝具、家具、酒具在内的产品线。2005年12月"马克西姆休闲屋"（The Maxim Lounge）在南部海岸开业。2006年，马克西姆生活用品生产线销售额达到5000万美元。

有"家政女皇"之称的玛莎·斯图尔特（Martha Stewart）一直被媒体渲染为成功女创业家的理想楷模。她是美国历史上第一位拥有自己媒体上市公司的女亿万富翁。她现在拥有两档电视节目，一档是日间的饮食栏目，一档是真人秀的主持以及与时代华纳合作的家居顾问杂志《玛莎·斯图尔特生活》和《天天饮食》。她的出版品牌延伸到多个领域，从涂料到家具再到五金器具，涵盖面广泛。在 2003 年，尽管她的旗舰杂志《玛莎·斯图尔特生活》的期发行量从上年的 230 万份跌到 180 万份，但在这年头 9 个月里，她从电视节目、商品特许经营和电子商务中获利 2300 万美元。

国内的品牌期刊在延伸产品生产上相对滞后，主要因为期刊品牌影响力不够强大。另外，生产相关产品也对品牌管理构成了挑战——延伸产品与核心产品离得越远，危险性也就越大。目前个别品牌期刊在这方面已有积极的尝试，如瑞丽品牌延伸的产品，包括和光大银行合作的阳光瑞丽卡、和招商银行合作的瑞丽联名信用卡、与携程旅行网合作推出的瑞丽商务旅行卡，以及瑞丽模特经纪公司等。

第四节　期刊品牌激活策略

期刊作为传统的媒体之一，其发展形势受到以互联网为代表的新兴媒体的严峻挑战。我国不乏知名的期刊品牌，《半月谈》、《中国国家地理》、《读者》、《故事会》、《家庭》等。但它们大多面临品牌老化的威胁，甚至有的未老先衰。品牌激活是期刊永葆活力的利器。

一　品牌激活理论

品牌激活（Brand Activation）是针对品牌的老化问题而进行的一系列品牌管理和维护活动，以实现品牌资产增加和品牌活力永葆的目标。现代营销学的生命周期理论表明，品牌也同样具有市场寿命，也有诞生、成长、老化及死亡的生命进程。品牌老化则是基于生命周期理论而出现的概念。然而，品牌的生命周期表现形态更为复杂，寿命的长短具有很大的弹性。当今不乏许多"年长"的著名品牌，如宝洁、雀巢、奔驰及同仁堂等，尽管这些品牌的许多产品早已远去，但品牌却依然生机勃勃、活力不减，它们向世人证明了品牌可以超越产品生命周期而熠熠生辉。

二　品牌老化的表现及成因

品牌老化的实质就是品牌资产的流失，这是品牌长期管理中需要解决的问题。从市场的角度而言，高知名度和低认可度是品牌老化最为突出的特征。从企业的角度来看，则表现为销售量、市场占有率及美誉度和忠诚度的持续下降。

品牌老化与消费者的认知存在一定的关系，当品牌开始被消费者忽视，即表明它开始衰老。品牌老化的原因也主要从消费者和企业两方面进行探究。喜新厌旧、消费观念和生活方式的改变是品牌老化的市场原因，品牌意识淡薄，品牌战略规划的缺失或不当、市场反应迟钝等则是品牌老化的企业方面原因。

三　品牌激活的方法

品牌老化的发生就像是岁月流逝带来容颜的衰老一样难以察觉，因此从市场表现和品牌价值方面实施品牌监控是发现老化问题的重要手段，然而，在品牌的长期管理中，品牌激活是一种具有持续吸引力的营销战略，原因在于技术进步和模仿者会消除先行者优势，但依靠消费者对品牌的信任和忠诚能够获得竞争优势。基于企业的视角，品牌老化存在于产品、目标市场和传播几个方面，相应的，有三种对应的品牌激活方法：更新、延伸或扩充。通过产品创新或者新包装来改变产品样式，扩充产品的用途并提高使用频率。修正和扩大目标市场是品牌激活的另一重要方面。有时，品牌只是被消费者淡忘了，这就需要强化传播或者更新品牌形象，提高联想强度或改变品牌联想等沟通策略来达到激活品牌的目的。

品牌与消费者的认知密不可分，从消费者的角度实现品牌激活的可行性在于老品牌具有的历史价值和怀旧价值。老品牌悠久的历史可作为一种市场价值的来源，是合理性和真实性的文化标记。由真实性产生的独特性是品牌个性的重要方面，而品牌的核心价值同真实性高度相关，它是消费者信任的来源。老品牌的怀旧价值体现在它可以将消费者联系在一起形成共同兴趣的社群。例如在 20 世纪八九十年代，"北有《读书》，南有《随笔》"，这两本人文类杂志在全国知识界影响深远，连许多大学生都趋之若鹜。但现在都已式微。要激活这些期刊品牌，首先得唤醒人们的记忆。

四　品牌老化与激活策略——以《南风窗》为例

《南风窗》创刊于 1985 年 4 月的广州。它地处中国改革开放前沿阵地，以"宣传新观念、扶持新事物、揭示新趋势、促进新潮流"为创刊初衷。这份有着 20 多年历史的大刊，至少仍有着不可小觑的影响力。但毋庸讳言，它的品牌老化表征已比较明显。根据慧聪邓白氏 2010 年上半年调研数据显示，在时事新闻类期刊各月广告状况排名中，以市场份额（广告收入）为指标，《南风窗》尽管跻身前八强中，但是，份额还未突破 10%，而《三联生活周刊》（1996 年创刊）的份额在 30% 左右，《新周刊》（1999 年创刊）、《中国新闻周刊》（1999 年创刊）都在 15% 左右。从这个方面来讲，1985 年创刊的《南风窗》品牌竞争力并没有随着时间的流逝而积累。在 2009 年上半年时政/新闻类期刊大城市零售发行的排名中，《南风窗》低于《三联生活周刊》和《南方人物周刊》（2004 年创刊），排在第 3 名，值得关注的是在北京、上海、广州三地的销售表现都逊于同城的《南方人物周刊》。

　　《南风窗》品牌老化有复杂的原因，一是经过改革开放 30 多年，广东的区位优势没有以前明显，很难像过去那样始终领风气之先；二是目标受众不够清晰。在很大程度上，《南风窗》是依靠对受众的假想——"关心中国社会问题的群体"来形成自己的目标市场，而对于这些群体的经济能力、个性特征、年龄、地理位置等缺乏必要的了解。另外，它与其他媒体的互动较少。期刊本身作为一种媒体，长期以来国内从业者很少意识到借用其他媒体为它自己做品牌传播，更多的是靠期刊的发行，设置读者互动栏目实现品牌的自我传播。期刊与其他媒体最有效的互动方式之一就是"打榜单"。《南风窗》自 2003 年也开始了评选"为了公众利益"做出贡献的组织和个人。可惜的是该评选活动缺乏电视、网络视频等媒体的参与，仅有的也是一些新闻网站以及获选方网站上文本类型的信息。反观《新周刊》举办的"电视榜"和"中国娇子新锐榜"，从榜单的内容和评选过程都与电视、视频等多样媒体实现了互动。如其"电视榜"直接以电视主持人、电视剧为评选对象，提高了双方的互动频率。

　　《南风窗》品牌激活策略可以从以下几个方面入手：

　　1. 强调读者自我表达利益的沟通形式

　　《南风窗》提出的口号"做中国最有影响力的新闻杂志"，表明了杂志社对品牌的愿景。然而，这是从杂志社的角度所形成的品牌联想，对于受众而言，拥有《南风窗》代表着什么才更为重要。著名消费者行为研究家鲁赛尔·贝尔克（Roussel Belk）曾说道："我们拥有什么，我们就是什么，这恐怕是最基本和最有力的消费者行为现象。"这即是品牌和产品可以成为个人自我观念的标志，品牌能通过替个人提供自我形象塑造并作为传递工具来实现自我表达的目的。因此，《南风窗》的沟通形式应以读者的自我利益表达为重点，让读者及社会通过《南风窗》将读者与《南风窗》的核心能力——提出观点和分析能力——相联系起来，即《南风窗》的读者是"有主见和分析能力"的人。因此《南风窗》可以以此为诉求点，通过积极的沟通策略帮助品牌实现自我利益的表达，因为这是从受众的角度出发而建立的品牌联想，它与受众之间的联系将更加紧密，品牌也将得到受众的身份认同，成为彰显自我的一种方式。

2. 公关运作携手其他媒体

期刊作为传媒的一种，内容是基础，公信力是核心，经营是手段。因此，期刊品牌的激活相当于一次重生，应该运用公关进行品牌形象方面的塑造和传播。《南风窗》杂志社举办了"调研中国"大学生社会调研活动，这本是一个不错的公关举措。然而，由于缺乏第三方监督和评审，公信力受到削弱。今后，榜单的评选应该加强与其他媒体的合作，增强期刊在公众的曝光率。

3. 聚焦潜在目标受众

《南风窗》的受众中六成是公务员，公务员考试热为《南风窗》聚焦目标受众提供了便利条件。每年的公务员考试大军是诸多媒体关注的热点新闻，某年的广东省公务员考试当中《申论》的题目还是《南风窗》曾经关注报道过的话题。《南风窗》应该把握这样的机会，培育新时代的受众，实现受众的年轻化，这是实现品牌激活的重中之重。因为参与公务员考试的人多为大学学历以上的群体，他们将成为中国的新生中产阶级，是社会的主流，具有广泛的影响力。这与《南风窗》"做中国最有影响力的新闻杂志"理念是相辅相成的。目前因为公务员考试而迅猛发展的华图、中公等考试培训机构无疑是《南风窗》培养潜在目标受众的盟友，此外日益火爆的公务员论坛等也是《南风窗》力量强大的合作伙伴。

4. 借用怀旧更新栏目设置

能够成功激活的品牌必须具备一些要素，Brown 等学者提出了品牌激活的 4A：品牌故事（Allegory）、品牌社群（Arcadia）、品牌精髓（Aura）和品牌矛盾（Antinomy）。其中，最为重要的一点是品牌一定要能引起乌托邦式的幻想，产生一种对理想化的过去或者社群的渴望，即品牌能够产生一种团结和归属感。《南风窗》诞生于改革开放初期，那是一个美好的春天，人们解放思想，自由寻找致富的路径。勇于创新、敢于表达是那个时代的精神风貌，《南风窗》散发着这样的气质特征。经济改革带来的实际成效有目共睹，而今中国社会面临着民主建设等政治体制改革，当今的中国人希望政治体制改革也能够像经济改革一样取得瞩目的成就，这种对过去的渴望赋予了《南风窗》实现品牌激活关键能力。《南风窗》不妨设置一个栏目，专门回顾和介绍经济改革初期的社会问题，一方面满足那个时代读者的怀旧需求，同时也能够满足 80 后探究儿时中国社会的需求。

5. 强化边框颜色标识

在注意力缺失的社会，只有能在短时间内给人们造成鲜明直接的视觉冲击才能拴住人们的视线，否则，更新鲜的东西也许很快把他们引向别处，而富于个性和特色的品牌形象包装是不二选择。《南风窗》的品牌标志为红底白字，"风"字有疾风劲吹的效果，而"南"和"窗"字则为宋体。封面是期刊品牌的面孔，更是她的心灵窗口，封面对期刊销售的意义至关重要。《南风窗》的封面以纯色为底，底色随着图画而改变，而封面图片也不固定，以凸显主题的漫画为主。同时，封面文字以"独家策划"栏目的主题为主，这能够让消费者快速了解本期的热点。除了"南风窗"三个字以外，白色边框则是《南风窗》封面不大显眼的标志，尤其是在以白色为底色的图片上更显得不起眼。因此，确定《南风窗》杂志封面边框的颜色是实现品牌激活策略中应当给予关注的方面。另外，《南风窗》的封面及版式设计总体上感觉陈旧，需要在设计上重新包装，以更加符合当下读者的审美趣味。

6. 官方网站实现多媒体化

《南风窗》建立了网络平台，与关注《南风窗》的新浪、搜狐等媒体博客链接，还与豆瓣读书网站的论坛建立链接，而且编辑队伍的博客链接也设置在置顶栏目上。今后可以考虑在置顶栏目开设"读者社区"，让读者在更加宽泛的范围里实现自由交流。另外，网站还需要增加一些视频，实现网站的多媒体化。官网上的文章可以参照纸质版，图文并茂，在编排上更加迎合网络阅读的习惯。另外增加分享、转载等功能，引进灵活的会员管理制度等。（叶燕芳，2010）

第十章

出版品牌

图书作为最古老的媒体，其经营者很早就开始重视品牌的作用。但其品牌的形成和维护有其特殊的规律，相较报刊等大众传媒更为复杂。在 21 世纪，书业市场的品牌竞争时代已经来临。出版品牌作为出版社的无形资产，更是联系读者的无形纽带，是出版企业核心竞争力的体现。

第一节　出版品牌概述

一　出版品牌的概念及内涵

出版品牌指出版企业形成了明确的出版理念，并将这一理念贯彻到所有出版活动当中，如选题范围、出版物定位、编辑风格、营销方式、宣传口号等，从而在读者心目中形成一个有鲜明个性的和企业特质相关的整体形象。

出版品牌不同于图书品牌，图书品牌是构成出版品牌的重要部分，是体现出版品牌的一个方面。图书可以是单本单套，也可以是丛书乃至某一类书，最终形成一个图书品牌，但图书品牌从出版品牌创建的整个过程来说，它只是其中的一个阶段。

出版品牌的内涵主要是出版物所承载的信息及其所传播的文化，它既是出版企业和出版人的出版理念的反应，也是大众对出版服务的选择和信任。出版品牌是一个庞大的系统，包含了出版人、出版物、出版企业等多种因素。出版品牌就本质而言是一种心理满足，它提供一种古希腊的"隐喻式图景"，具有符号性、象征性的特点。不同的出版品牌以自己的个性特质和形象定位，对目标市场的实际读者与潜在读者的文化层次、阅读趣味和文化品位有较明确的指向，能够引起不同的品牌联想和认同，这就在无形中扮演了界定社会层次和赋予社会地位的功能。从另一个角度来看，出版社在实质上制造的只是有物理属性的产品，而消费者购买的是有情感诉求的精神品牌。所以，出版品牌是一个以读者为中心的概念。

二　出版品牌的特征

出版品牌有以下特征：

1. 出版品牌是一个大的系统，包含了出版人、出版物、出版企业等多种要素。出版品牌的要素之间相互关联、互相影响。如出版人的个人品牌对出版企业的品牌发展影响巨大。编辑品牌、图书品牌、出版企业品牌等都是出版品牌的一部分。

2. 品牌是一种无形资产。它的创建和推广可以使出版社获得巨大的社会效益和经济效益。例如商务印书馆的《新华字典》、外语研究出版社的《许国璋英语》、上海辞书出版社的《辞海》都是著名的品牌，是出版社一种无形资产。

3. 无论何种出版品牌，均传播了出版信息，反映了品牌文化，需要有品牌营销的意识和活动，这是出版品牌的共同特点。出版品牌是动态的，任何一种新品牌的诞生都是在某种或几种前人设计和制造产品的基础上发展起来的。（黄开欣，2007）

三　出版品牌现状和问题

出版社品牌的建立是市场竞争的需要，是出版社生存发展的需要，也是出版社参与国际竞争的需要。但我国几乎没有世界知名的出版企业。究其原因，长期受计划经济的制约，我国并没有真正建立起与社会主义市场经济体制相适应的出版产业体制，相比较电视业、报业，出版业的市场化程度低，垄断保护色彩更浓，出版企业"小而全、大而全"，绝大多数的省市出版企业模式雷同：人民社、教育社、文艺社、科技社、少儿社、民族社一应俱全，再加上高校自己的出版社，没有的也强烈要求填空补齐，造成低水平重复出版，出版业的整体水平和效益偏低。尽管近年来出版产业结构调整，成立了一批出版企业集团，但基本上是行政捏合而成。虽然出现了一些拥有品牌的出版社，但是品牌建设在很大程度上还处于一种自发的状态，远没有上升到品牌战略的高度。即使有一些老社、大社拥有了某一层次的出版品牌，但还没有形成一套完整的品牌运营体系和科学的品牌管理制度来保证。具体表现在以下几个方面：

1. 品牌建设意识薄弱，大多数出版社还没有明确而长远的品牌战略作为指导，对品牌运作更是缺乏科学、系统的了解和足够的重视。

2. 品牌建设缺乏系统性，出版社的各种出版、营销活动隶属于不同的部门，彼此缺乏统筹规划，不能相互支持和协调，无法寻求合力发展。

3. 对已有品牌的保护和可持续发展认识不够。出版界缺乏进一步挖掘和延伸已有品牌的意识，对品牌的保护和更新工作不够重视。有些原本存在的出版品牌，由于没有随着读者和市场的需求变化而及时调整自己，最后导致夭折和消亡。如20世纪90年代春风文艺出版社的"布老虎丛书"和贵州人民出版社的"中国历代名著全译丛书"，都曾经是响当当的品牌，但最后都未能幸存。

4. 缺乏准确充分的出版品牌整体定位，或定位模糊，缺乏个性和特色。有的出版社只注重个别图书的营销，而不注重整体形象的塑造和提升。有的出版社出书范围过于宽泛，品牌定位缺乏连续性，往往造成"错位"、"越位"，因而很难获得读者的品牌认同。

第二节　出版品牌的要素

品牌一旦达到一种高水平的认知程度，那么，其在消费者中的知名度常常要超越有形产品本身，其附加值就能够满足社会和心理需求。比照现代营销学的观点，出版品牌是一个完整的系统。作为一个系统，出版品牌具有一般产品品牌的概念要素：冠以专有名称和标识，代表本企业的相关产品，是企业的无形资产，具有一定的文化内涵是企业文化和企业形象的集中体现等。具体说来，出版品牌构成因素主要可分为三类：人、出版产品、出版体制和文化。如下图所示，出版品牌是一个庞大的系统，包含了出版人、出版物、出版企业等多种因素。（黄开欣，2006）

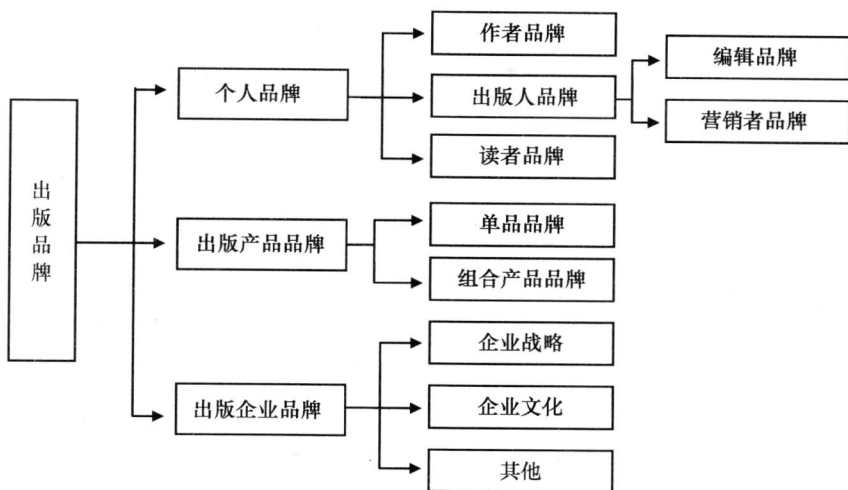

图 10-1 出版品牌的构成要素

一 个人品牌

个人品牌就是个人的能力、风格、理念在实践中被认可，并通过大众传播、人际传播等方式被大众了解熟知，而产生的对个人的道德修养、专业素质、个人情趣等多方面的综合认知，是个人与众不同的特点，是展示个性的名片。出版业中的个人品牌包括作者品牌、出版人品牌和读者品牌。

作者品牌是指一些知名作者，能在大众出版市场或某类型出版物中产生较大影响，具有相当号召力。美国出版商十分注重作者品牌的培养和挖掘。美国年度出书量为十几万种，一种书即使再畅销也不过是排行榜上的匆匆过客，所以出版商宁愿花大价钱包装作者。美国许多出版社都很注重培养自己的作者品牌，不仅包装知名畅销书作家，还注重对新作者的包装或多名作者的共同培养。我国一些作者品牌也挺有号召力，如池莉、余秋雨、易中天、韩寒、郭敬明等，他们的几乎每一部作品都能登上畅销书排行榜。

出版人品牌是指在出版物策划、运营、编辑等方面有较丰富经验和较大影响的著名人物。他们拥有良好个人素质和专业素养的知名编辑，他们具有严谨的科学精神、高超的编辑水平、精准的选题策划能力，受到作者信任、社会认可。如我国知名出版人张元济（1867—1959 年）就是知名的出版人品牌，他 1892 年中进士，入翰林。自述"沉溺西学"，锐意革新。自 1902 年入商务印书馆以来，历任编译所长、经理、监理、董事长等职务直至逝世。张元济先生参与、主持和督导商务印书馆近 60 年，使商务从初期单一的印刷企业，转为集编辑、印刷、出版发行及其他文化事业为一体的出版重镇，成为近代文化教育史上占枢纽地位的出版社。张元济先生作为这一家民间出版社的哺育者和主持人，贡献巨大。张元济先生于商务有三大功劳：编辑教科书、出版汉译名著、创办东方图书馆和涵芬楼。以教科书为例，张元济先生致力于维新，深知教科书在新式教育和启蒙中的重要性，因此初入商务就以学制变更为着手点，所编教材深受欢迎。至 1906 年，在学部钦定的小学教科书中，由商务印书馆发行的就占民营书局的 52.9%，可见出版人的品牌效应显著，也反映了出版人的个人品牌与出版物品牌、出版企业品牌之间的联系紧密。著名作家鲁迅、叶圣陶、巴金等人也是卓越的出版人，在中国现代出版史上占有一席之地，其个人品牌曾发挥重大作用。

著名图书策划人金丽红曾任华艺出版社副社长，编辑出版过《王朔文集》、吴小莉的《足音》、白岩松的《痛并快乐着》、崔永元的《不过如此》、刘震云的《故乡的面和花朵》等畅销一时的作品。2003 年退休后加入长江文艺出版社，被聘为副总编辑。她和华艺出版社原发行部主任黎波分管并组建的长江文艺出版社北京图书中心正式挂牌成立，标志着一个以金、黎二人为中心的出版操作模式——"金黎模式"的形成：即由金丽红负责前端（包括选题策划、编辑制作等），整合上游的高端选题资源；黎波则负责后端（包括印刷设计、宣传推广等），整合下游的市场资源。如今，长江文艺出版社北京图书中心被业界公认为畅销书制造基地。反观华艺出版社，自从金、黎被挖角后，渐渐归于沉寂，也难得再诞生一本名动一时的畅销书。这说明出版人品牌是出版企业核心竞争力所在。

读者品牌是与出版品牌相对应的。它是指出版社拥有的相对固定且文化素质较高的读者群，这一读者群也成了出版个人品牌的一个组成部分。当出版品牌蕴涵的文化意义与读者自身的文化观念大体相符，那么这一出版品牌便会在读者内心产生共鸣。读者品牌与商务印书馆、三联书店等品牌之间存在相互依存的关系。

二 图书品牌

图书品牌是出版产品品牌中提及最多的，也是最传统和悠久的出版品牌之一。就像《新华字典》，高质量加上高达 4 亿册的印数，使得商务印书馆家喻户晓，那些代言出版社形象和权威的品牌图书，是一个出版社的标志和特征。出版社的品牌是由一本本精品图书搭建起来的——从图书产品上升为品牌图书，再由众多的品牌图书上升到出版社品牌，这的确是一个极为重要的积淀和扩张的过程，往往需要几代人的不懈努力才能完成。没有精品出版物，就不可能有出版社的品牌。正如美国著名出版家小赫伯特·贝利在《图书出版的艺术与科学》一书中指出的："一个出版社不是因为它的管理才能而出名，而是因为它的书而出名。"

图书品牌的分类为单本（单套）图书品牌、丛书品牌、类别书品牌。而期刊、光盘、电子图书等出版物也有类似的出版品牌。传统意义的出版品牌多指图书品牌。出版物品牌也可根据出版领域划分为大众出版品牌、专业出版品牌和教育出版品牌，大众出版品牌是指大众图书、音像制品等出版品牌；专业出版品牌是指医学、法学等专业领域的出版品牌；教育出版品牌则指的是在教材、教辅市场中的出版品牌。

成立于 1993 年的山东画报出版社以出版人文社科的"图文类"图书见长，是山东省出版集团所属的专业出版社之一。"图文类"图书是其类别书品牌，《老照片》系列则是其丛书品牌。机械工业出版社是编辑出版机械工业图书的专业出版社，1950 年 7 月成立于北京。主要出版机械工程、电工技术、仪器仪表等方面的技术基础理论、制造工艺、产品及工厂设计、工业与企业管理等专业图书。读者对其印象最深的是计算机、经济管理类图书，这是类别书品牌。而负责这类书出版的机械工业出版社华章分社，则是出版企业品牌。"华章"分社以其富有前瞻性的出版理念、先进的管理模式和令人瞩目的市场业绩，成为出版界最负盛名的领导品牌之一。

三 出版企业品牌

相对于名作者的认知度，出版单位的名称作为一种品牌的认知度要低一些。出版企业品牌是出版品牌中层次最高的，包含了企业战略、出版体制和品牌文化等要素。出版企业品牌也是一个出版社的目标与追求，蕴涵了多年的出版物所积累和沉淀下来的出版文化。据调查显示，56% 的选购出版物的人了解出版单位的名字，但只有 4% 的人认为出版单位的名称影响了他的购买行为。造成这种结果的原因也许是出版单位把名称作为一种品牌来推广的力度不够，对读者而言他们因作者购书的比例远远高于因出版单位购书。（孙黎，2007）但企鹅图书公司却是个例外，由企鹅图书公司组织的一项调查显示，90% 的公众认识企鹅的标志，因此该公司不断地发动对这一品牌而不是图书和作者的广告攻势。又如开普林格（Kiplinger）图书公司几经努力，将公司的名称作为品牌打了出去并使其具备了一定的知名度，于是该公司在新出版的所有图书的封面上都打上"Kiplinger"的标记使销量大增。还有出版韦氏大学词典的迈瑞姆公司（G&C，Merriam），在该书为畅销之时将公司名字改为迈瑞姆韦伯公司（Merriam-Webster），随后不仅注册了这个名字，还将已销售的韦氏大学词典更名为《迈瑞姆韦氏大学词典》（*Merriam-Webster's Collegiate Dictionary*），以便进一步打造迈瑞姆韦氏这个品牌，该公司甚至提出这不仅仅是韦氏还是迈瑞姆韦氏的宣传口号。

事实上，出版企业品牌是出版品牌真正成功的标志。国内的三联书店、中华书局、商务印务馆等老牌出版社，经历了数十年甚至上百年的积淀，才拥有今天的成就。其他的出版社如北京大学出版社、人民教育出版社、人民文学出版社，其在学术出版、教育出版、文学出版领域的地位，不是其他出版社能够轻易超越的。1999 年，人民文学出版社开始着手联系引进《哈利·波特》的版权。当时，国内也有十几家出版社洽谈该书版权引进业务。国外版权机构在审过人民文学出版社提供的国内文学著作及翻译文学书目后，认为人民文学出版社最有资格出版此书。这是人民文学数十年积累起来的品牌起了关键作用。

第三节　出版品牌的运营模式

出版品牌可以分成三级：第一级：作者品牌、编辑品牌、装帧品牌和印刷品牌；第二级：图书品牌，包括单本书品牌和系列书品牌；第三级：出版社品牌，也是最高级。出版社在实施品牌战略时，采取不同的品牌运营模式。与三级出版品牌相对应，品牌运营模式可以分为单一品牌模式、综合品牌模式和成熟品牌模式三种类型。

一　单一品牌模式

它包括作者品牌、编辑品牌、装帧品牌和印刷品牌四种。作为图书出版流程的某一环节，这四种模式分别从图书的内容创造、内容加工、装帧设计或印刷工艺等某一侧面保证图书产品的质量，保证出版社对读者的承诺。一些新建的小社弱社，或者尚未拥有自己品牌产品的出版社，可以先采用这种模式，以确立自己在相关方面的品牌地位，走有特色的品牌发展之路。但由于这四种模式只是各自涉及图书出版的某一方面，在实际操作中应进行整合运作，以尽可能全面地保证图书产品的质量，保证出版社对读者的承诺。

南方日报出版社作为南方报业传媒集团旗下的小型媒体出版社，它创办时间短，实力弱小，其品牌打造选择的是单一品牌模式，即以报纸版面资源的二度开发和实用类传媒图书作为主打方向，形成了"借助集团资源，打造中国传媒思想库"的出版理念。曾经有一段时间，南方日报出版社想在经营类、生活类图书市场分得一杯羹，该类图书在出书总量中占据相当一部分比例，但最后未能得到读者认可。通过收缩战场，坚定地走单一品牌模式，结果经济上打了翻身仗，品牌也最终得以确立。

二　综合品牌模式

即图书品牌模式。它综合编辑、作者、装帧、印刷等图书出版过程各个环节的目标管理和质量控制，从而保证图书产品的品牌质量和形象。图书品牌模式是在单一品牌模式基础上经过组合、扩展而成的。与单一模式相比，它具有更大的优越性。那些在单一模式下已经得到良好发展的出版社，可以整合已有的特色品牌，建立自己的图书品牌，从而走综合品牌的道路。相应地，其模式又可以分为单本书品牌模式和系列书品牌模式。

外语教学与研究出版社（外研社）由北京外国语大学于1979年创办，主要出版外语教材、工具书、读物、教学参考书、学术著作、外国人学习汉语用书等。现有职工450人，年出书近700种，其中新书200种，重印书500种，再版率近70%；年出版外语期刊10种，发行100多万册；年销售码洋超过3亿元，利润近5000万元。外研社拥有两幢（共20000多平方米）现代出版大楼，已经成为我国最大的外语出版机构之一。外研社充分发挥出版社自己的优势，创出品牌的特色。北京外国语大学是我国第一外国语学府，人才济济、专家云集、资料丰富、信息灵通。许国璋、胡文仲、陈琳、张道真、薄冰等每一个名字就代表着一种品牌优势。在走品牌创新的道路时，外研社逐步摸索出一套出版创新体系。

首先，编辑思想创新体系。内容可归纳为"编辑工作与生产管理交叉互动"，即要求编辑突破传统思想，打造21世纪中国图书品牌，建立大出版观念。具体做法是：改变现有编辑室结构，以重大选题为基础，成立专门工作室。工作室发展到下一阶段就是"事业部"是比工作室更独立的部门，事业部再发展到下一阶段就是分公司，分公司实际上就是出版社分社，是独立法人、自主经营、自负盈亏。分公司的数量和规模达到一定程度，就可组建出版集团。"工作室—事业部—分公司"是体现编辑思想创新体系的三部曲。

其次，出版生产创新体系。即"生产方式与编辑流程、财务管理等出版环节交叉互动"。出版部不仅承担图书印制任务，还要介入编辑流程。

再次，发行创新体系。最突出的一点是将发行与外语教育培训结合起来，强化了读者服务意识。

最后，多种媒体及多种学科交叉互动的创新体系。该社之所以发展迅速，最根本的一条就是勇于创新和勤于创新。随着改革开放带来的外语热的深入和电视教学的普及，外研社及时提出了立体化教材模式的设想，并抓住时机，与北京电视台合作，拍摄了《初级电视英语》。节目播出后，10 万套教材一个月抢购一空。有了这第一次成功的经验，外研社更坚定了抓电视教学的信心。随即推出了《维克多英语》、《走遍美国》、《电视俄语》、《国际商贸英语》、《许国璋英语》、《走向未来》和《贝立兹生活美语》等大型电视节目。外研社图书不仅在质量和风格有保障，而且它们在宣传推广的力度和手段上也有很大的突破。1995 年 10 月，《汉英词典》（修订版）出版了。这是一部耗费了几十位专家教授十几年心血的不朽之作，但同类词典在市场上不胜枚举。为了占领市场，打开销路，外研社花费 100 万元，在电视、电台、报纸上广泛宣传。一部词典的广告费 100 万元，这在我国出版界是罕见的，但一部 128 元的外语词典 10 个月销售 10 万册也让业内人士刮目相看。外研社从英国广播公司引进的一部大型电视教学节目《走向未来》的前期投资包括版权费、拍摄费、印刷费、装订费等共 600 万元。图书出版 5 个月后只销售了几千套。但是出于对市场的了解和对节目本身质量的信心，外研社以其特有的胆识、气魄和独特的创新思路，再次投入 80 万元广告宣传费。于是，这套大投入的大型节目终于在铺天盖地的广告之后打开销路，4 个月内即销售图书 13 万套 50 万册，录音带 50 多万盒。不但收回了投资，而且有较大的赢利。（杨晓，2004）

三 成熟品牌模式

也即出版社品牌模式。它是出版品牌运作的最高层次，也是品牌运作成熟化的标志。出版社成为品牌，是一个长期积累的系统过程。作为成熟品牌模式，它应该从整体出版产业发展的大格局出发，综合自己多年来的诸多品牌资产，结合本身固有的出版风格和特色，准确定位、科学管理、合理有序、健康持续地发展和延伸。那些具有悠久历史和深厚积淀的大社强社，那些已经拥有相当多的图书品牌的特色出版社，可以逐渐向品牌出版社转化，走成熟品牌的发展模式。

广西师大出版社就是一个成功的例子。10 多年前，地处西南一隅的广西师大出版社在书业界默默无闻，人们只知道她是一个边远小省以出教辅为主的出版社。当初最著名的教辅品牌是"中小学各年级课后练习解答提示"。新华书店、民营书店都争抢货源。每年春秋两季，各大卖场书台上都重点陈列摆放广西师大的教辅书。那几年教辅书占了广西师大社发行总码洋的 95%以上。就在教辅图书发行凯歌高奏之时，广西师大社 2000 年进军北京，成立贝贝特，显露出在人文社科书出版领域争一席之地的雄心。2005 年又成立上海贝贝特。这两个贝贝特，成为策划社科人文类图书的重要基地。出版社推出很多版本精良、品位高雅的世界思想、史学文库。比如布罗代尔的《文明史纲》，房龙的《人类的故事》插图版、双语版，《宽容》插图版、双语版，贡布里希的写给大家的《简明世界史》，《化学简史》、《天文学简史》、《物理简史》、《数学史》、《科学史》、《圣经故事》插图集，其中韦尔斯著《生命科学》还是郭沫若的译本，弥足珍贵。还有雅典娜思想译丛，其中有《无墙的博物馆——艺术史》（法国马尔罗）、尼采的《悲剧的诞生》（插图珍藏本和修订本）、《人，诗意地安居》（海德格尔）、《利马窦中国札记》、《美学原理》（H. 帕克）、《自由的哲学》（俄尼别尔嘉耶夫）、《论历史》（罗素）、《贝多芬书简》（上下）、《实践理性批判》、《君主论》、《艺术的未来》、《战争论》、《西方战略思想史》等西方经典。广西师大出版这些优秀的人文图书为出版社赢得了很好的声誉，也吸引了越来越多的好作者，许多知名学者都乐意将自己的精心之作交给广西师大出版社出版。

近年来，该社领导认真研究和借鉴国内外出版行业的先进管理经验，及时创新发展策略，在调整产品结构的同时大力调整产业结构，立足实际，因地制宜，以图书出版为主体，在期刊、印刷、图书零售、旅游等多元产业的发展中构建集团化发展的新思路。改革步伐之快、力度之大均出乎寻常。为了更好地适应市场经营的需要和业务开拓的要求，广西师范大学出版社将原来五个编辑室整编为三个主力编辑部，分司人文社科、理科、中小学教学图书的选题开发和编辑业务，他们在相应领域的选题开发、组织乃至运作上具有较大的优势，能够在较短的时间里成为事业部。这一系列重大举措为广西师大出版社开拓了广泛的发展空间，提高了其抗风险的能力。这也引起了业内广泛的关注，被称为"广西师大社现象"。广西师大出版社所走的通过内涵增长、多元经营、立体发展来逐步走向大型出版产业集团的道路更符合产业发展规律，同时也符合他们的实际情况。（邓从真，2006）

从单一品牌到图书品牌，再到出版社品牌，是出版品牌逐渐壮大、深入、延伸的发展过程，也是出版业在品牌运营上逐渐积累经验、走向成熟的系列过程。出版业的发展经过这样的逐级跳跃，最终将走向成熟的品牌运营之路。（肖东发，2008：296—297）

第十一章

电视品牌

　　为了在媒体竞争中脱颖而出，世界各大传媒集团都将品牌发展战略提升到前所未有的高度。例如 1998 年，英国 BBC 环球公司为了保持其在全球传媒业中的一流地位，更好地在全球推广 BBC 的品牌，专门成立了"全球营销和品牌开发部"，并设立了品牌经理来负责 BBC 各类节目品牌的经营。

　　1996 年，央视《东方时空》进行了第一次栏目包装并取得了一定的成功，电视品牌在我国开始受到重视。

第一节　电视品牌概述

　　对一个电视台或一个专业频道而言，品牌是收视率的集中体现，是竞争力的象征。建立电视品牌可以帮助电视媒体在观众的心目中建立起良好的形象，吸引到更多的观众，同时也能获得广告主的青睐，取得更好的经济收益。在当前品牌竞争的时代，唯有打造出自己的特色品牌，才能在市场和消费者心中占有一席之地。

一　电视品牌的定义

　　电视品牌，是指通过电视媒体的品牌标志、形象包装、栏目、主持人等外在要素及品牌定位、企业文化、经营理念等内在要素，向观众传达一致的品牌印象，形成鲜明的品牌个性，最终形成忠诚的收视习惯，产生媒体的品牌集群效应。

　　一般来说，一个电视频道品牌的构建主要有六大因素：即明确的标志、优秀的节目、公众的知名度、良好的公共信誉、营造的文化理念和品牌的内在原动力。

电视品牌主要针对两个对象进行研究：一是具有公信力及购买价值的品牌节目；二是指生产此类媒介产品的传媒机构。

二 电视品牌的内涵

电视品牌是品牌的一种类型，它包括受众认为值得购买、观看或收听的产品或节目，如湖南卫视的《快乐大本营》节目，也包括生产某种媒介产品的传媒机构，如湖南卫视、凤凰卫视、安徽卫视等，品牌节目和产生品牌节目的传媒机构是电视品牌的主要研究对象。（王珊珊，2009）

电视品牌是一个有机整体，它包含了诸多要素，各要素之间相互联系、相互作用，构成一个层次有机体，具体框架如下图所示：

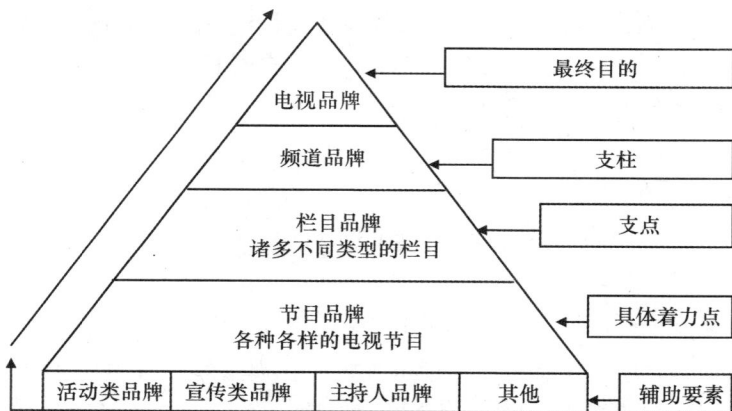

图 11-1 电视品牌构成要素框架图

1. 频道品牌

随着社会不断发展，我国的电视频道数目已有一千多个，一个观众同时能接触到的频道至少都有几十个，甚至上百个，面对众多电视频道，观众很难逐个筛选，而是锁定几个自己较为喜欢的频道，并在几个频道之间不断调换，在这个过程中，频道品牌将决定受众的选择。（王震华，2009）

因此，频道品牌一方面是电视品牌的支柱，另一方面又是电视品牌其他要素的集合体，频道品牌在电视品牌的构建中具有承接作用，好的频道品牌能吸引更多受众去深层次地了解电视品牌的具体内在要素，频道品牌就是争取受众、打造电视品牌的第一步，精心打造频道品牌，充分发挥频道品牌在电视品牌树立过程中的支柱作用具有重要意义。

2. 栏目品牌

电视栏目是电视频道的基本单位，电视栏目化是电视发展的必然结果，是电视走向成熟的标志。每个电视频道都有其较为固定和典型的电视栏目，电视栏目是频道品牌的重要支点，观众、广告商等通过电视栏目与电视台产生收视与广告投放等关系。每个电视栏目都是一个独立的产品，栏目的好坏在影响自身生存的同时也影响电视频道的质量，因此，栏目品牌化是竞争下的必然趋势，打造栏目品牌也是每一个电视栏目追求的目标，鲜明的个性、丰富的节目、理性的创新是一个栏目品牌应该具备的基本特点。（徐红，2010）做强电视台和频道品牌，必须把重点放在电视栏目的品牌塑造上，充分发挥其支点作用。

3. 节目品牌

电视节目的分类多种多样，有新闻类节目、教育类节目、娱乐类节目、服务类节目等，在具体的电视频道和电视栏目中，电视节目有两种类型：一种是依托于常设栏目的节目；一种是不依托常设栏目的节目。常规节目的质量直接影响其所依托栏目的质量，特别节目的质量则直接影响到电视频道品牌。电视的灵魂是节目，受众通过对具体节目的观看和了解形成对电视栏目和电视频道的客观印象，如果没有好的电视节目，再好的电视栏目和电视频道都经不起考验，持续富有眼球效应的节目，将会使电视栏目，甚至电视频道的品牌价值不断增值，因此，电视节目品牌是电视品牌的具体着力点。

4. 其他要素

除电视频道、电视栏目、电视节目等核心要素以外，电视台与受众之间还通过其他各种渠道进行沟通和交流，因此电视品牌还受活动、宣传、主持人等因素的影响，这些因素对电视品牌的加强或破坏作用也较为明显。

一是活动类品牌。大型活动的举办让电视台与受众之间进行零距离接触，这也是电视台提升品牌认知度的重要时机，借助活动契机提升电视台、电视频道、电视栏目和电视节目的品牌价值，逐步成为电视媒体品牌塑造和营销的重武器，因此在活动中多设置亮点、精心打造活动类品牌将有助于电视品牌的形成。如"东方达人秀"、"超级女声"、"非诚勿扰"等节目都有与受众之间的互动活动，借以达到品牌整合营销的目的。

二是宣传片品牌。宣传片是电视台向受众推介自我的一种方式，常见宣传片有节目导视片、形象推介片和公益广告片等多种类型，宣传片的播放时间较为短暂，但优秀的宣传片通常是内容精辟而富有特色，容易吸引受众眼球，蕴涵着重要的包装推介和宣传功能，优秀的宣传片也在节目和节目之间、栏目与栏目之间起到缓冲和调和作用，对吸引观众持续不换频道、增强收视时间有重要作用，是构筑电视品牌不可或缺的要素。如凤凰卫视不断插播的宣传短片。

三是主持人品牌。主持人是电视台、电视频道、电视栏目、电视节目的人格化符号，主持人的主持风格都有其内在特点，并伴随着诸多"粉丝"的选择和喜爱，受众的关注度在一定程度上会随着主持人的变化和转移而潜移默化。因此主持人品牌对电视品牌塑造有重大影响，优秀的电视品牌都有强有力的品牌主持人，一位品牌主持人能有效激活一个甚至几个栏目、节目与活动，主持人品牌是电视品牌的功能性要素，尤其在偶像化的当今，主持人品牌效应更为明显。例如央视的毕福剑对"星光大道"、"我要上春晚"等栏目的成功具有十分关键的作用。

第二节　电视品牌的建构

当某一电视媒体频道成为观众的消费依赖时，就意味着它的品牌已经形成。电视品牌的建构要从以下几个方面着手实施：

一　独具个性的形象包装

塑造媒介品牌，首先要打造频道形象，这就需要建立频道识别系统。频道识别系统（业界称之为 CI）是一项树立频道独有形象，展示频道魅力的系统工程，它包括：台标、标准色、声音识别系统、标准字、话筒标志、片尾字幕定版、频道形象片花、频道形象宣传片、开始和结束曲。我们最初辨别一个频道，就是从它的识别系统开始的。

当前内地的电视中，除去央视这一全国性媒体外，其他媒体都因名字而被笼罩上了极强的地域色彩。但节目的同质化使得观众不看台标是很难辨别不同电视台的。这时，频道识别系统就显得尤为重要，认识一个品牌从认识它的标志和包装开始。

台标是电视台的标志，是电视台包装自我的一种形式，代表了电视台的风格。台标也是在观众面前出现频率最高的图案，通过台标可识别不同的电视台，并在受众中形成品牌认知。以浙江卫视的台标为例，台标是 Z 字形构图，白色曲线代表了浙江的母亲河——钱塘江，且形似"浙"字首个拼音字母"Z"，江南水多，用蓝色作为背景色具有婉约的江南风情和鲜明的地域特色，独特的电视品牌包装给受众留下了深刻的印象。此外，栏目口号、节目宣传片、预告片等包装方式直接表达了栏目、节目的独特风格，加强了受众对电视栏目、电视节目的认知和品牌形象的记忆，进而提升收视效果。

二　精准的市场定位

首先是频道定位。电视的频道定位是指根据电视事业发展的宏观战略要求，对市场环境和内外部资源进行科学分析，从而合理界定频道的节目内容构成、目标观众群以及竞争范畴，并形成最优化的整体频道布局。频道定位也就是要解决频道的发展方向和思路问题。频道定位可以从受众定位、内容定位和市场定位这几个方面来考虑。

频道定位应以受众为中心，因为受众是节目的消费者，他们的选择决定了频道的市场份额，决定了广告商的广告投放决策。受众定位要做全面的受众调查，了解观众的真实需求和潜在需求，善于开发观众新的需求，从受众的角度来考虑问题。内容定位应以创新为主线，进行个性定位，使得其他电视台复制起来更为困难。在进行个性定位的时候要找准热点和兴趣点。最后是确定好市场定位，这是电视媒体实现经济效益的基础。要善于了解市场的需要，挖掘出未饱和的领域，从而做到"人无我有，人有我特"。

2004 年各卫视频道的品牌概念之争异常激烈，湖南、安徽、江苏等优势卫视利用特殊定位抢先占领了电视观众的心智空白，较好地树立了品牌个性。湖南卫视以"全国第一的娱乐频道"定位赢得了 15—34 岁年轻观众的青睐；安徽卫视找到与观众兴趣极好的接触点，提出以电视剧这一最受观众欢迎的节目类型为品牌定位，经过系列整合营销传播，广告创收以每年 1 个亿的速度增长；江苏卫视作为"全国首家情感定位"的电视媒体，旗下的一系列情感、公益栏目在众多女性观众中拥有了良好的美誉度、忠诚度。特别是"非诚勿扰"节目的推出使得江苏卫视品牌定位更加稳固。

三　频道内容建设

在电视品牌的构建中，应当对内容精挑细选，一个品牌包装得再精美，真正吸引观众的还是电视栏目和节目。电视人在策划节目的时候要定位准确，满足市场的需要，同时充分发挥自身优势。品牌栏目是构成电视品牌的重要因素，它应该成为电视品牌的象征和代表，是值得信赖、能给受众带来较大收益的电视节目消费品，同时它应该是电视产业的主打产品。品牌栏目的内容要切合电视品牌的整体形象和个性，表现品牌的文化。同时电视品牌栏目必须注意节目的创新，从形式到内容，都要与主持人的个性和气质相吻合。

在国际品牌媒体中，BBC 世界频道的品牌是人们熟知的。它重磅推出大量新闻、时政报道和财经信息，其核心目标受众是世界经济的决策者。它的营销总监简·格拉德（Jane Gorard）认为是 BBC 的品牌特质吸引着精英观众："人们之所以青睐我们，是因为我们精确、公正以及我们的消息来源值得信任。我们在工作中表现的专业和活力确保了人们对我们的信任。和其他媒体机构相比，我们在新闻事件的报道上投入得更多，我们脚踏实地，我们能更靠近新闻事实，我们的理解也更全面。"BBC 世界频道的欧洲、非洲和中东地区的销售总监卡罗琳·吉布森（Carolyn Gibson）认为 BBC 品牌有一种难以描绘的特质——"它不是呆板地提供信息，而是带着某种 BBC 特有的格调。BBC 品牌在人们看来是令人振奋的，它有能力将影响扩大出去，让全世界的人都了解它。这不仅仅是因为 BBC 的规模和专业理念，还因为它的精神气质。"（马克·唐盖特，2007：21）

电视媒体的高品质需要电视频道、电视栏目来承载，体现在精神和物质两个方面。高品质在精神方面的要求，指频道、栏目应具有较高审美品格和深刻文化内涵。电视媒体的审美品格和文化内涵主要表现在主流文化、精英文化、大众文化三个方面。主流文化代表了被官方及社会公众普遍认可的价值取向，主要表现为新闻节目以及政治性较强的电视剧等。精英文化与大众文化在提升电视媒体的文化内涵方面应找到理想的结合点，将一些高品位的文化节目，用一种能让普通大众理解的方式进行表达，这本身就是电视媒体品牌所追求的目标。不以新闻与娱乐为节目内容的知名品牌——"探索频道"（*Discovery*）和"国家地理频道"（*National Geography*）一直是文化节目仿效的典范。它们不仅坚持了科普价值和文化品位，而且满足了大众口味。高品质在物质方面的要求，指频道、栏目的制作质量精品化，如节目流程、节目板块、节目主持人、节目风格等应给观众赏心悦目的精致感。像美国的家庭影院（HBO）娱乐和体育频道（ESPN）探索频道等，都是经久不衰、驰名世界的电视频道品牌。这些频道播出的节目往往都是内容新颖、制作精良、品位上乘的精品，因而在世界各地的电视节目收视率调查中都位居前列。（陈丽娟、徐宁，2008）

四　打造名主持人和记者

电视媒体品牌的一个重要特点就是：主持人、现场记者既是电视产品的制造者，又是电视产品的传播者，同时还是电视产品的一部分，是品牌形象的主要体现者。电视品牌的形象由人与节目共同组成，它的 1 + 1 模式在内容上与企业品牌形象的 1 + 1 模式（企业产品品牌 + 企业领导人）有本质区别。简而言之，电视人是电视品牌形象的主要内容之一，也是品牌内涵的诠释者。

现在电视台越来越重视打造名主持人和记者。主持人气质要与栏目气质相符合，才有可能做到主持人品牌和电视频道品牌的双赢。如凤凰卫视的"一虎一席谈"和"锵锵三人行"就是为胡一虎和窦文涛量身定做的。电视台还通过品牌代言扩大主持人的知名度，吸引观众的关注。如湖南卫视节目主持人汪涵替多家企业品牌代言。

五　品牌营销

品牌需要包装和宣传，这也是一般商业活动常用的营销手段。好的栏目创建之后，电视台还必须对它进行适时的推广，从而使得品牌节目更加深入人心。

在电视媒体中，品牌的包装与宣传可以通过两种渠道：一是通过对社会重大事件的报道来提升自己的形象。如 1991 年海湾战争爆发，在伊拉克遭到空袭的前天晚上，CNN 从巴格达发布了现场独家报道。这次报道中的图片纷纷被全球地面电视频道转播选用，屏幕一角的 CNN 台标格外醒目。这也许是 CNN 成为国际品牌的最具标志性的事件。CNN 对海湾战争的报道产生了著名的"CNN 效应"，即人们只要收看 CNN 频道或登录 CNN 网站，就肯定能找到最新的新闻报道。CNN 也认为自己的品牌商标就是对突发新闻的报道。香港的凤凰卫视利用自己在政策上的优势，对很多世界重大事件进行直播，从而吸引到受众的广泛关注。二是媒体依据自身的资源优势，策划开展一些有影响力的活动。如 MTV 中国频道通过与跨国集团合作举办一些大型的活动吸引青少年消费者。这些国际知名集团包括宝洁、英特尔、三星、摩托罗拉和诺基亚等。2003 年 11 月，MTV 与纳尔逊·曼德拉（Nelson Mandela）携手发起 46664 号战役（46664 是曼德拉作为政治犯在狱中 18 年的代号），目的是警示非洲预防艾滋病并重视相关问题。同年 12 月 1 日，即世界艾滋病日，MTV 举行了一场由大批国际明星参加的音乐会，现在每年都会如期举行。我国电视机构也越来越重视活动营销，像央视二套财经频道每年一度的《CCTV 经济生活大调查》，就很大地提升了央视二套在财经领域的影响力，并且巩固了其在受众心中专业的品牌形象。

第三节　案例分析：凤凰卫视的品牌之路

凤凰卫视是近年来电视业的佼佼者。从 1996 年 3 月 31 日凤凰卫视中文台开播，到 2000 年 6 月 30 日凤凰卫视控股有限公司在香港联合交易所的创业板成功挂牌上市，仅 4 年多一点的时间，这个华人受众最广泛的华语卫星电视，就从单一频道扩展成为多频道的卫星电视平台——包括中文台、电影台、欧洲台、美洲台、咨询台。

凤凰卫视在建立之初就把品牌建设提升至集团发展的战略地位上来。凤凰卫视认识到提升媒体自身的品牌形象，就是提升广告客户的投资价值。而凤凰品牌的快速成长，则得益于凤凰鲜明的频道个性、栏目风格和独特的商业运作思路。

凤凰卫视是全球颇有影响的华人卫星电视台，其中中国大陆地区是凤凰卫视最大的收视市场。在实践中，凤凰卫视与内地电视台已经展开了相当程度的竞争，形成了巨大的冲击波。凤凰卫视的经验为走向产业化的内地电视台提供了借鉴，它在频道品牌形象的塑造和扩张上的手段和策略也成为内地电视台可供参考的一种范式。

一　凤凰卫视脱颖而出

凤凰卫视在短短 6 年的成长道路上，就得到了观众以及国际、国内业界的多方认可和广告客户的追捧。凤凰卫视俨然已成为一个响当当的媒体品牌：

1998 年，凤凰卫视被《新周刊》评为年度传媒。

1999 年 10 月，美国《财富》杂志刊出的盖洛普（Gallup Organisation）

调查报告指出：凤凰卫视入选"中国人认知的 45 个国际品牌之一"，与麦当劳齐名，高于通用、爱立信、汇丰等著名品牌，并且是唯一入选的传媒机构。

2000 年由《新周刊》评选的中国行业新锐榜中，凤凰卫视又榜上有名，与"光线电视"、和讯公司以及湖南卫视齐列传媒业的"新锐"机构。

2001 年，"9·11"事件以后，美国《新闻周刊》以"凤凰腾飞"为题报道凤凰卫视连续 30 多个小时的"9·11 直播"。一时，凤凰卫视被誉为"中文 CNN 2"。

在 2000 年和 2001 年的中国电视节目排行榜中，凤凰卫视又有多个节目及主持人获奖。

凤凰卫视和它的主持人成为各大电视报刊报道的对象，中国老百姓对凤凰卫视的节目津津乐道，对主持人如数家珍。

开播这几年来，凤凰广告的年平均增长速度保持在 80% 以上，国际和内地知名企业竞相在凤凰卫视投放广告，以至于人们将凤凰卫视比喻成一家"名牌专卖店"。

据国家统计局北京美兰德信息公司于 1999 年 8~9 月在中国大陆为凤凰卫视做的普及率调查，凤凰卫视中文台在中国大陆现有 4178 万户收视家庭，占全国电视家庭户的 13.1%，占凤凰卫视中文台所有收视户数的 93.15%。

内地的电视台掀起了一股效仿凤凰的热潮，内地许多研究者则纷纷以"凤凰现象"研究凤凰卫视的方方面面，但是复制归复制，没有一个电视台能够取代或者超越凤凰卫视，凤凰卫视成为电视界的一位潮流领导者。

凤凰卫视曾被戏称为只有"县级台"的规模，发展至今，员工也不过 500 人，硬件规模也无法与许多国内大台等量齐观；但它却能以十分有限的资源，形成如此大的声势和收益，这与其一系列品牌塑造与扩张的策略密不可分。

二　CI 打造频道形象

频道识别系统（CI）是对塑造频道品牌具有重要的意义。实际上，CI 设计进入中国电视业已有好几年了，凤凰卫视也是中国电视媒体中较早具备完整包装识别系统的频道，自启播之始，它的频道形象设计就十分抢眼，具有很高的识别度，还以较高的审美趣味为专家称道，以至于许多电视台争相模仿。

凤凰卫视的标志是一对金凤凰旋转成圆形,其最大的特色在于它的民族性。凤凰卫视定位于华人电视品牌,标志设计商选用有中国特有的传统吉祥图案凤凰,直接有效地体现其文化内涵;在色彩上,运用了最具传统特色的金黄色,这是在中国已有几千年文化传承的王者之色。看上去,凤凰就像中华民族的传统图腾龙一样,在传统中代表了民族的话语。标志中凤为阳,凰为阴,凤凰在东方意识形态与西方意识形态之间,取得了微妙的平衡,这一标志在中国传统的、封闭的意识形态中找到了出口,由阴阳盘踞的两只鸟所组成的台标中,所有的口都是开放而非封闭的,这一标志和宣传呼语"开创新视野,创造新文化"相称结合。

标志仅仅是频道识别系统的组成要素之一,屏幕的色彩、色调都应该与标志一起,形成统一的整体,让观众不用看标志,也能识别出一个频道。凤凰卫视就以标志的金黄色作为主要色调,贯穿于各个节目始终。金黄色大量应用于片头、片尾和滚动播出的节目预告和宣传片中,连新闻滚动条和引导视觉的小色块都以金色为主,时时提醒观众记住凤凰卫视所特有的颜色。这就避免了观众只记住栏目,却不记得电视品牌的尴尬。在形象宣传片的制作上,也突出整体感,不仅起到了节目预告和收视指南的作用,还带有很强的包装性,同时,在播放时机上则打破栏目间的分隔,而插入到各个广告时段,统筹安排。在节目命名上,也注重一致性,最著名的就是早晚两趟时事资讯快车——《凤凰早班车》和《时事直通车》。另外,凤凰卫视在一些大型的户外活动和时事直播活动中,也强调工作人员着装的同一性来突出频道形象的整体感。凤凰卫视的频道识别系统还不放过任何容易被遗漏的细节,比如它演播厅的背景布置风格相似,和而不同;随凤凰卫视的远征部队开拔"千禧之旅"和"欧洲之旅"的吉普车队,因其车身描绘有金凤凰图案而成为凤凰卫视的户外流动广告,所到之处皆向众人宣告"凤凰卫视在此",并给视者以强烈的视觉冲击,给人留下深刻印象。

三 "补缺"的定位

凤凰卫视定位的特点可称为"补缺"。凤凰卫视没有系统的全方位的新闻节目,而以时事资讯为主,这是因为"凤凰"的力量规模尚不足以支持新闻节目。在这种条件下,他们抓住了香港即将回归祖国的历史性机遇,借助香港有利的地理条件和文化背景,将内地不易传播或不可能大规模传播的各类新闻信息予以足够的重视和相当有规模、有分量的报道和传达。以此为开端，凤凰陆续向内地输送了不少"补缺"的信息、事件和故事：《世界银行年会特别报道》、《戴安娜葬礼转播》、《垄上行——江泽民主席在江淮》、《克林顿访华》、《东航586航班安全着陆》、《中国今天说不》、《莫斯科目击北京申奥》、《美国9·11恐怖袭击事件独家直播》等等。这些节目的影响超过了内地许多电视台，在观众中形成了轰动效应，于是有"一有重大新闻事件发生，锁定凤凰卫视"之说，并且出现了大学生凑钱到酒店开房间收看凤凰卫视直播节目的趣闻。

经过多年的发展，凤凰卫视"补缺"的定位特征不断清晰与稳固，目前已形成了早中晚整点滚动播出的常态新闻节目以及新闻专题和时事评论节目体系。节目由启播时以娱乐为主发展成资讯与娱乐并重的格局。内地观众越来越倚重于凤凰卫视的资讯传达和新闻解读。

四　品牌形象以人为本

将主持人明星化，就相当于将主持人打造为品牌代言人。但人们提及这一品牌时，会想到相应的主持人；同时当人们提及这一主持人时，会想到相应的电视品牌，这就是双赢的效果。凤凰卫视对"凤凰人"的塑造有一套独特的见解和策略。

1. 致力于打造"三名"：名主持人、名记者和名评论家

凤凰卫视在建台之初就想以少胜多，用不多的资金、不多的人员编制，做成丰富而多彩的电视节目，形成明星主持人、节目和公司品牌三者之间的良性循环。凤凰卫视控股公司董事局主席兼行政总裁刘长乐说："以'三名战略'（名主持、名评论员、名记者）为主要特色的明星制，是凤凰卫视在出生之前就已经选定了的坚定路线。"刘长乐认为，电视媒体讲求的是视觉效果，如何令观众过目不忘，唯有一张大家都喜欢的面孔，要塑造活商标。

凤凰卫视的造星工程有专业的包装人员来支持。在凤凰卫视的组织体系里，专门设置了一个与节目制作中心平行的创作中心，有专业人员按照成熟的市场化操作方法来协调节目和主持人，选择不同的明星包装路线。在凤凰卫视，每个主持人都要有自己的个性，他们不一定要年轻貌美，不一定要有很标准的普通话，但一定要知识渊博、涵养丰富，一定要有能说出观众最想知道的大事的底蕴。如开朗大气的吴小莉，流畅明快的陈鲁豫，幽默机智的窦文涛，亲和细腻的陈晓楠，智慧犀利的曾子墨，专业朴实的闾丘露薇等。

在凤凰卫视，主持人是集"采编播"一体的，是真正的节目核心和领导者。主持人要参与节目的采访、编辑和播出工作，主导节目发展的大方向，根据主持人的意愿来策划节目，努力使自身个性和节目风格融为一体。在这里，每一个主持人都最大限度地发挥了他们的潜能，这样做不仅降低了节目成本，也提高了节目质量。凤凰卫视人都有这样一个心得，就是电视节目的播出带有表演性质，他们努力在银幕上展现自己最光彩和动人的一面。

主持人明星化使得每一个节目都带有极具魅力的个性色彩。而在频道竞争越来越激烈的时候，一个知名度极高的、个性化的主持人就是收视率的保证。连凤凰卫视的老板都与别的老板不同，作为幕后的老板，刘长乐寻找各种机会到台前宣传凤凰卫视，他也堪称是一个耀眼的明星。

从传播学的受众心理来说，人们更愿意与名人交流。"名人效应"之于电视，主要指某位节目主持人的出色表演与某一节目相映生辉，主持人就成了节目具体、形象、生动的标志。于是观众容易对他们产生"爱屋及乌"，当主持人到另外一个节目去主持时就容易把光环带到那里，并使观众对这一节目产生先天的好感和热情。

在培养明星为目标的模式下，凤凰卫视的名记者、名评论家纷纷出炉。随着时事节目及时事评论节目的加强，一些一线记者以及时事评论员开始崭露头角，为观众所熟知。凤凰卫视又趁势借用各种渠道加强对他们的宣传攻势。比如在"9·11"事件中赴阿富汗采访的记者闾丘露薇等人，凯旋后便被安排与网友聊天，他们的采访手记也刊登在各种平面媒体上；又比如时事评论员曹景行等人，频频出席国内外的各种研讨会或赴高校演讲。这些记者和评论员也成为凤凰卫视的品牌代言人。

2. 利用名人效应

凤凰卫视在制造明星的同时，也借助各界名人来打造自己的品牌。一是邀请名人主持节目。比如邀请媒介名人杨澜加盟，主持《百年叱咤风云录》和《杨澜工作室》；邀请名记者唐师曾主持《打开历史之门》；邀请文化界名流余秋雨共同主持《千禧之旅》和《欧洲之旅》等。二是节目内容经常聚焦名人，或是名人专访或是专家学者的讲座，一直持续不断。三是经常邀请演艺界明星为活动造势，比如在《千禧之旅》中邀请刘德华演唱主题曲。

五 大型活动提升品牌

大型活动是凤凰的又一特色。大型活动也有助于打造品牌、创造形象。

一般企业常常要设计一些活动来吸引媒体的注意，并借助媒体扩大知名度和影响力。电视媒体在这方面则具有独特优势，作为大众传播渠道，电视媒体自己就可以完成从活动策划到传播并形成影响的过程。

凤凰卫视举办的大型活动都声势浩大，活动自始至终都伴以密集的宣传攻势，大大提高了凤凰卫视的知名度和收视率。在活动开播之前，就推出一系列可视性极强的宣传片，并且高密度播出；举办并播出为活动壮行的文艺演出。在活动进行过程中，在整个频道构建起一个立体化多层面的传播框架，充分利用了可能采集到的所有新闻资源，满足不同层面受众的收视需要，同时，也使单一节目的热效应扩散到整个频道，提高了整个频道的市场热度，形成规模传播效应。

除此之外，凤凰卫视注重多方面开发活动的潜在资源。一是开发"同源产品"。派生电视节目、晚会或是凯旋仪式都会专门制作播出，沿途采访拍摄的内容还被重新整合成大型的纪录片，在频道黄金时段推出；另外还推出其他媒介产品，系列图书、VCD、录像带组成了多种售卖渠道。二是软性宣传，即将频道收视延伸到户外。媒介的品牌标识，包括声音、图像和大量平面宣传资料，直接面对现场观众和沿途观众，这些品牌标识的冲击力不可低估，在户外造成了相当大的影响。三是把握活动中的突发事件，形成收视高峰。2001 年 8 月，被誉为"中国航拍第一人"的赵群力在《寻找远去的家园》浙江段中因公殉职。事故发生后，凤凰卫视对此进行追踪报道，而后又直播了追思会的全过程，并在凤凰网站开辟赵群力的专题网页。那段时间，凤凰卫视成为业界和大众话题中心，其收视率也攀升不少。

六　循环互动的品牌宣传体系

凤凰卫视的发展正向多元化发展，除 5 个电视频道外，还开通互联网站"凤凰网"，并创办了《凤凰周刊》杂志。从品牌塑造和扩张的角度看，业务范围的扩大有助于形成整体的品牌宣传网络。凤凰卫视正是紧扣这一点，形成宣传的"和声"效应，各个子机构互为宣传，互相促进。

凤凰网站于 1998 年开通，并于 2001 年改版。与其他的电视传媒网站的功能一样，它以电视节目上网传播为基本内容；紧密依靠电视媒体，展开新闻报道；开辟电视和观众之间另一条沟通渠道；为电视栏目的市场化服务；依托电视进行增值业务经营。而凤凰网在连通电视与观众之间做得尤为出色。凤凰网的网友多数是凤凰卫视的热心观众，或是对凤凰卫视有收视兴趣但又无法收看的群体，前者将凤凰网作为自己进一步接近凤凰卫视的途径，后者则通过浏览凤凰网页来弥补无法收看其节目的缺憾。凤凰网站同时满足了这两方面的需求。无论是网页设计还是内容安排都十分重视网友与凤凰人的交流和沟通，网上交流气氛融洽热烈。《凤凰周刊》于 2000 年创办。其中的一个固定栏目——《凤凰频道》专门刊载凤凰卫视的台前幕后消息、主持人手记、节目预告等最新资讯。"凤凰网"与《凤凰周刊》对凤凰卫视的持续宣传，使它们成为凤凰卫视品牌塑造和扩张极为重要的两翼。

凤凰卫视的品牌宣传网络除了包括外部多种媒体的辅助宣传外，卫视频道内部也设有自我宣传的窗口。凤凰卫视开设了《凤凰太空站》节目，播报电视台的最新动态、凤凰人的方方面面，还组织各种观众抽奖活动，拉近电视台与观众间的距离。

凤凰卫视的《凤凰太空站》和凤凰网、凤凰周刊的《凤凰频道》互相补充，再加上凤凰出版的各式图书、音像制品和宣传图册，这就结成了一张"凤凰"品牌的大网。（阎倩倩，2010）

第十二章

电影品牌

　　电影既是一种文化艺术品，被称作第七艺术，又与报纸、书籍等一样，具有传播特定信息和文化的功能。作为娱乐产品，它经过观众的消费性观看，以多种方式获得盈利，与其他商品并无二致。但它作为文化产业的一部分，又是国家宣传工具的重要组成部分，承担着传播文化、引导社会舆论等职责。

第一节　电影品牌概述

　　近年来，中国电影产业获得了突飞猛进的增长，电影票房急速上升，不断刷新历史纪录。但在一片繁荣景象的背后，是不同电影间票房的巨大差距。以2009年第一季度为例，在近90天的放映周期里，中国大陆有53部不同类型影片上映。其中仅占影片数量13.2%的7部电影，占第一季度总票房63.6%的市场份额。票房冠军《赤壁（下）》一部影片，2.6亿票房占到2009年第一季度总票房的20.7%；第二名《游龙戏凤》以1.14亿占第一季度票房的9.1%，两部影片票房加在一起占第一季度总票房的29.8%。这样的票房分化正是中国电影市场的一个缩影。自1997年冯小刚以一部《甲方乙方》引爆贺岁档以来，一方面，中国电影市场随着电影体制改革的步步深化迅速扩张，但在总体市场扩大的同时，越来越多的票房收入集中于少数几部电影，高投入、高产出，主打明星牌的大片大行其道，冯小刚、张艺谋、成龙等个人品牌成为票房的保证，而大多数影片则受到市场的冷落；另一方面，随着电影市场的繁荣，电影营销手段越来越成熟，各种先进的营销理念、营销手法引入电影生产、发行中，针对观众需求生产、宣传电影产品是近几年所有获得市场成功的电影的一个共同点，有效开展营销活动、进一步推动票房增长成为从业人员的共识。尤其是在好莱坞大片风行全球的示范效应下，品牌，越来越受到中国电影人的重视。

一　电影品牌的属性

看待电影品牌，首先就要澄清电影的品牌属性。关于电影品牌属性的讨论已有很多，电影品牌是侧重于文化或艺术？还是侧重于票房？尽管仁者见仁智者见智，但无数经验证明，单就电影产业而言，市场需求是多元化的。一方面，市场欢迎兼具思想性和流行性的电影作品，尽管一直有所谓文艺片和商业片的分流，但它所引起的争议也证明了这种区分的武断，以《霸王别姬》为代表的一批优秀作品证明，好的电影作品是可以做到艺术票房双丰收的；另一方面，市场需求的多元化要求有多元化的电影产品，如同洗发水潘婷主打中高端、飘柔主打中低端市场，牙膏佳洁士主打美白效果，而云南白药立足降火，电影业中也有充满小资情调的王家卫和以贺岁片成名的冯小刚，针对受众的不同需求或不同受众，产品的定位和特性也不同，艺术片也好，商业片也罢，只要有赢利需求，都要面向市场、面向消费者，尽管存在赢利模式、产品特质等方面的区别，但本质并无区别。

因此，电影品牌首先仍然是一个市场概念，衡量这个品牌，同其他行业的品牌一样，唯一的标准就是消费者的反应，这种反应既包括票房的实际收入，也包括电影的美誉度。

品牌依附于产品，分析品牌首先要以产品的生产和消费来分析。毫无疑问，电影产业的核心产品就是一部部具体的电影，如《赤壁》、《集结号》、《二十四城记》等，电影整个行业都是围绕电影作品的生产和消费组织起来的，包括制作、发行、放映、衍生产品开发等系列环节，电影业的最终一个环节就是普通观众的消费，整个电影业所有环节都是以此为基础展开运营。

从电影业最主要的赢利来源——普通消费者的角度来看，不管是买票或DVD看电影，或是购买电影衍生产品如服装或游戏，还是基于电影的宣传作用购买其他品牌，所有的消费行为依据都是一部部具体的电影作品，这些作品满足了消费者的心理需求，带动了消费者的实际购买行为，在整个电影产业链中居于龙头地位，拉动整个产业链的运转，一旦作品不能做到满足消费者需求，整个产业链的联动就无从谈起。因此，电影作品品牌是电影品牌的核心。

电影作品品牌终究只是一项产品，它与消费者的实际接触要依赖整个产业链各个环节的互动，在这些不同环节中，相关产品和服务提供商通过稳定优异的市场表现赢得了消费者的信任，逐渐形成了自己的品牌，如制作环节的中影、华谊等公司品牌、冯小刚等导演品牌、谭盾等音乐人品牌、顾长卫等摄影师品牌，发行环节的华谊、保利博纳等品牌，放映环节的北京新影联、万达院线、南方新干线等品牌。

因此，电影品牌是一个品牌系统，这个系统以作品品牌为核心，由不同层次不同环节的具体品牌构成。其中上面提到的诸多具体品牌都是重要环节。此外，还包括电影产业链中的其他服务提供商品牌，如设备提供商、经纪公司等；就层级而言，电影品牌包括个人品牌如章子怡、成龙等大牌明星，作品品牌如《霸王别姬》、《英雄》、《变形金刚》等，公司品牌如中影、华谊、万达等，区域品牌如美国好莱坞、印度宝莱坞等。

值得注意的是，电影是一次性消费产品，作品品牌具有时效性，品牌周期较短。暂不考虑 DVD 等因素，一部电影从制作到上映结束，集中保留在消费者消费时限和区域内的时间可能只有短短两年，而具体消费环节甚至只有两个月，一个电影消费周期结束就会立即让位给下一部电影，整个电影业的发展就是在这样一部部电影的更替中前进的。但就整个产业链而言，电影品牌是建立在不同电影作品上的，品牌具有长期性和持续性。

二 电影品牌与品牌电影

电影品牌是品牌的一个具体名称，就是一个可以依赖的，而且被观众所认可的电影产品的标志。品牌用来区分电影产品，消费者正是通过品牌的不同特征来确认自己的需求。品牌具有独特的个性，反映了自身的特点，并创造了差异性。反映在电影上，成龙电影品牌与王家卫电影品牌正是通过"成龙"与"王家卫"两个名字做区分，在这里，名字已经脱离了本身含义，而抽象成了一种标记和符号，代表了不同电影类型与叙事风格。

从另外一个角度来看，电影品牌是受众的一种体验或是感受。电影品牌的形成是一个复杂的过程，它是在一段时间内，电影公司和电影作品中所表现出来的某些相似性的、关联性的特点和个性，这些特点和个性通过潜移默化的过程灌输到消费者的脑中，从而被消费者接受和认同。例如冯小刚贺岁喜剧在大部分观众心目中的印象便是"流水的冯女郎加上铁打的葛优"的组合，冷幽默似的插科打诨与平民百姓生活的内容使冯氏贺岁喜剧在广大观众中引起共鸣。

关于电影品牌还有另外一个概念——品牌电影。一般认为的品牌电影是指系列电影，如《冰河世纪》、麦兜系列《麦兜响当当》、《X 战警》，以及《哈利·波特》、《加勒比海盗》、《变形金刚》等。品牌电影一般在电影产业比较发达的国家或区域比较常见，我国大陆目前尚未出现有影响力的品牌电影，但以《爱情呼叫转移》、《命运呼叫转移》、《叶问》等为代表的作品已经开始了品牌电影的探索。品牌电影是电影品牌的一部分，两者是个体与整体的关系。

另外，品牌电影概念强调的是几部电影周期之和的连续性，而电影作品品牌则更强调一次电影周期内电影作品对整个产业链的带动作用。

第二节　电影品牌要素

电影媒体作为一种传媒机构，并不像传统的电视、广播、报纸媒体那样都有一个系统的完整组织，它是由电影制作公司、电影发行公司、电影院、电影产品等环节组成，这些环节是一个相对自由松散的流程环节，各个环节都有相对独立的机构，而这些环节都是构成电影媒体不可或缺的部分，因此电影媒体品牌在构成上就包括以上要素。

从电影媒体的生产到流通，电影品牌包括了四大系统：电影公司、影视作品、电影人、电影院线和各大电影节等。这些要素相互关联，共同构成了电影媒体品牌。（薛可、余明阳，2009：294）

一　电影公司

电影公司品牌是影片（导演）品牌、明星品牌和电影产品品牌实现的基本条件，只有品牌电影公司才有能力打造好各种品牌。电影公司品牌在消费者心目中是影片品质、服务的保证，因此人们更加愿意用钱去购买他们熟知的电影公司推出的影片。对于动画迷而言，只要是好莱坞或皮克斯的动画电影，不论演员或导演，他们都会蜂拥而至。在电影业最为发达的美国，有六大工作室组成了电影制作体系，分别是哥伦比亚、派拉蒙、20 世纪福克斯、环球、时代华纳和迪斯尼。平均每个工作室每年至少要制作 20 部电影，其余的电影来自独立制作人，制片、投资、发行和放映都由不同的公司完成，但发行一般都由上述六个工作室中的一个来做。

二　影片作品

影片作品品牌并不是凭空出现的，而是需要电影企业通过缜密流程"制造"品牌，使影片有足够的票房号召力。像《罗马假日》、《拯救大兵瑞恩》等至今不衰。一部市场成功的电影还可以不断拍摄续集，如《星球大战》系列、007 系列等。目前我国系列电影品牌不多，开发空间较大。但是，越来越多的电影人开始重视系列电影的市场号召力，他们借着第一部电影带来的效应趁势推出第二部，如《叶问》、《非诚勿扰》等。但是，尚缺乏可以像《哈利·波特》、《指环王》等有潜质的题材。

三　电影人

电影人包括参与电影拍摄和制作的演员、导演、制片人、美术指导、音乐制作人等，也包括电影宣传和营销的从业人员。在电影制作环节中，最重要的品牌电影人是导演、明星演员和制片人。

一部电影乃至系列电影的中心人物是导演，如果没有一个好的导演，再好的剧本再好的技术都不可能被转化为价值。导演品牌本身就是一种无形的资产，是电影票房飘红的重要保证。品牌导演需要在一定时期内具有稳定的创作功底，有自己独特的导演风格。比如说一提到张艺谋，人们就想到美轮美奂的画面；提到冯小刚，人们就想到诙谐的语言；提到王家卫，人们就想到破碎的镜头和晦涩的剧情；提到王晶，人们就想到周星驰式的无厘头搞笑。这些反应就是一个导演品牌的潜在价值。电影导演品牌的价值除了在一部或几部电影的票房有所体现，更重要的是能够创作一系列的电影，创作品牌电影。由此可以看出，影片品牌与导演品牌其实是无法完全分开的，具有某种一脉相承的关系。

如果说导演在电影的创作中扮演幕后的指挥者，那么明星就是冲在一线的战士。在好莱坞，几乎所有大片都是由极具票房号召力的明星出演，明星成就了影片品牌的实现，影片品牌也为明星提供了自我价值实现的舞台。在好莱坞，有著名的"两千万俱乐部"，它是好莱坞一线明星大汇聚的名词，它包括了目前最炙手可热的明星，最具摧枯拉朽的电影票房吸金力的演员。当年从梅尔·吉布森、布鲁斯·威利斯、汤姆·克鲁斯、哈里森·福特、阿诺·施瓦辛格和西尔维斯特·史泰龙嘴里喊出一句神奇的台词："我要更多！"即便是 2000 万美元的片酬制片商也只能照付，别无选择，因为他们是巨星，是票房的灵丹妙药，是好莱坞名利场的主角。朱丽娅·罗伯茨、丹泽尔·华盛顿、布鲁斯·威利斯、汤姆·克鲁斯、汤姆·汉克斯、布拉德·皮特、乔治·克鲁尼、梅尔·吉布森、哈里森·福特、瑞茜·威瑟斯彭和约翰尼·德普等也是"两千万俱乐部"的成员。

好莱坞的制片人制度永远是好莱坞价值链条上的关键一环。演员永远是棋子，制片人以及高级的行销策划人员才是好莱坞这台华丽机器运转的核心能量。电影制片人是一部影片的主持者，通常是影片的投资者或投资者的代理人，他有权选择剧本，决定导演和主角，控制拍摄时间和成本。早在 20 世纪20 年代，电影制片人就已在好莱坞的电影生产中取代了导演的中心地位，成为影片生产中的核心人物。随着我国经济的市场化转型，我国也出现了一些成功的电影制片人，比如华谊兄弟的王中军，影片《英雄》、《十面埋伏》的制片人张伟平等。著名电影制片人安德鲁·摩根（Andre Morgan）曾说，做一个合格的电影制片人是一件很辛苦的工作，"最初是找故事、定剧本；然后是找资金，确定导演、演员；电影拍摄完毕后，要负责电影的剪辑、音乐等后期工作；最后还有宣传和发行等。"另外，制片人还要学会掌握好"把艺术与生意平衡的能力"，他认为，"一个好的制片人，最重要的是能够最快地解决问题"。

另外还有独立电影制片人，就是指独立电影的制片人。独立电影就是由个人或团体（包含公司）发起制作的成本相对较低的电影，该类电影最大的特点就是不依赖于专业商业公司或制片厂，拍摄制作相对比较自由。独立电影题材不限，即可拍商业片，也可以拍艺术片。其发行方式同专业商业电影发行有些不同，一般规模比较小，但审核同其他电影一样，在国内只要不违法违规就行。独立电影有权参加任何电影奖项，即使是学生实习拍摄的小短片都可以，但有没有资格参加，要看拍摄的情况了。出名的有《百万宝贝》和《美国往事》等。

四 电影院线和电影节

电影院线简称"院线"，是电影公司及其产品落地的终端。经营者为发展和保护其经营利益，在某些城市或地区，掌握相当数量的电影院，建立放映网络，借以垄断某国或某一电影制片公司新版影片的公映。

电影节是为了推动电影艺术，提高电影艺术水平的一项活动。电影节也是为了奖励有价值的、有创造性的优秀影片，促进电影工作者之间的交往和合作，并为发展电影贸易提供方便和发展。电影节通常设立各种奖项对有成就者给予奖励。电影节很受人们的关注，大的电影节的影响范围甚至覆盖全球。当前世界上影响最大、历史最悠久的电影奖是美国奥斯卡电影金像奖，由美国电影艺术与科学院颁发。知名的还有欧洲电影奖、威尼斯国际电影节、日本东京国际电影节、柏林国际电影节、戛纳电影节等。电影节通过奖项的评选吸引众多眼球，扩大影片的影响力。电影节中颁布的奖项对于电影和电影人品牌的塑造，起到推波助澜的作用。

第三节　电影作品品牌价值

作为一个市场概念，电影品牌尤其是电影作品品牌的力量，体现在它凝聚了一部分具有极大消费能力的潜在消费者以及他们的消费行为，这也正是电影品牌价值的体现。由于电影品牌是以作品品牌为核心，以下便以作品品牌为中心进行品牌价值分析。

电影产品，特别是具体的电影作品，是文化产品的一部分，属于精神消费品，它的使用价值的判定完全取决于消费者的个人感受，而不是电影产品的成本。因此电影品牌价值也并不取决于电影本身，电影作为一种预付费的产品、作为一种主观消费为核心的产品，其品牌价值主要应基于消费者要素进行评估。也就是说，电影品牌的价值实质上取决于品牌追随者的忠诚度，以及他们的潜在消费能力。围绕电影作品进行一系列产品和服务的开发，进而将电影品牌追随者的潜在消费能力转化为现实购买力所能产生的经济价值，就是电影品牌价值。

在电影业中，围绕电影作品所展开的产业链互动主要体现在版权的操作上，从这个角度，围绕电影作品品牌资源的开发，相关群体可以分为三大部分：品牌拥有者、品牌使用者、品牌消费者。对于他们，电影作品品牌的价值有着不同的表现。

一　从品牌拥有者角度

品牌拥有者指拥有电影作品各种相关版权的组织或个人，由于电影行业存在大量的版权买卖行为，本书中所涉及的品牌拥有者专指作品品牌的最初拥有者，即电影制作者。这些又可大致分为三种：制片商、创作人员、电影制作其他相关群体。对于这些制作者，电影作品的品牌价值可以用营销学者舒尔茨的品牌定义来表示：法律资产、关系资产、财务资产。制作者是作品品牌的法定拥有者，一方面，通过出售品牌相关的产品和服务，依法享有品牌的经济和财务价值；另一方面，电影作品品牌的打造成功也是对制作者产品和服务生产能力的证明，作为一种关系资产，它既向消费者证明了制作者提供产品的质量，同时也向投资者或资本来源证明了制作人员的盈利能力，从而获得消费者和投资者的信任，为将来产品打造的成功提供保证。

当代电影制片商多为公司化运营，本身具有自己的品牌，实际上制片商品牌正是一个电影品牌的组成部分。另外，制片商的品牌也是在一部部成功的电影品牌中得以建设的。出产《魔戒》的新线公司正是通过《猛鬼街》系列电影一举成名。以国内著名民营制片公司华谊兄弟为例，华谊的成功也正是来源于旗下一部部备受好评的电影，从 1998 年的《荆轲刺秦王》、1999 年的《鬼子来了》、2000 年的《没完没了》、2001 年的《大腕》、《天地英雄》，以及最近几年的《手机》、《功夫》、《天下无贼》、《夜宴》、《宝贝计划》、《集结号》、《功夫之王》、《非诚勿扰》等，这些成功的电影品牌既给华谊带来了可观的经济效益，同时也证明了华谊对电影产品质量的控制能力，使华谊本身成为票房炸弹的代名词。这种品牌效应为华谊电影融资、市场开发等方面带来了极大的便利和促进作用。在早期一系列电影的成功之后，华谊兄弟在电影《大腕》的制作发行中成功引入国际电影巨头哥伦比亚公司的合作，成为直接参与全球票房分账的第一家中国电影公司，并从此积累起海外发行的渠道。而融资方面，2006 年，华谊兄弟以电影版权为抵押获得招商银行提供的授信贷款 5000 万元，用于《集结号》的拍摄，开启了国内银行为国产电影提供商业贷款的先例。

作品品牌对制片公司的价值还直接体现在品牌电影的作用上。北美首映电影票房历史排行榜前十名全部是系列电影，这在很大程度上证明了品牌的作用。系列电影因为以前作品的成功，形成了品牌积累效应，一方面对营销费用的要求降低了，另一方面也降低了电影生产的风险。这也是即便以前作品不太成功，制片方也不肯轻易放弃系列电影品牌的原因，如 2008 年上映的《绿巨人 2》，尽管李安版《绿巨人》备受争议，但由于已经在影迷中产生了一定认知度，这就比投资于一部新影片的风险降低了很多。

作品品牌的成功对创作人员的作用更加明显，"票房保证"、"票房毒药"的称谓一方面显示了创作人员对整个电影的票房号召力和品牌带动能力，另一方面也反映出一个电影品牌打造的成功与否对创作人员的巨大影响。近几年国内电影市场上频繁出现的陈凯歌、张艺谋、冯小刚、刘德华、周星驰、梁朝伟等名字正是市场自然选择的结果，因为这些个人品牌已经得到了市场的证明，在目前的大片时代，有效地借助明星、导演的品牌效应是减小大片风险的有效途径。而观众日渐熟悉的袁和平、谭盾、顾长卫等制作人员的成名也归功于电影品牌的效应。

　　围绕电影制作，提供器材租赁、后期制作、场景提供服务的组织也是电影作品品牌价值的受益者。《红高粱》、《大话西游》的成功让人们记住了张贤亮的镇北堡影视城，而中国最大的影视城横店影视城的发展壮大也离不开《鸦片战争》、《荆轲刺秦王》、《英雄》等电影品牌的成功打造。

　　二　从品牌使用者角度

　　品牌使用者指通过合作或向电影作品品牌拥有者购买版权，借此销售产品或服务的组织或个人，它包括三种：电影发行放映服务提供商、电影衍生产品服务提供商和电影行业外品牌拥有者。

　　电影放映服务提供商指通过向电影作品品牌拥有者购买版权后直接向观众提供电影作品影音服务的组织或个人，如电影发行商（狭义）、影院、电视台、音像制品商等。他们分渠道分时段地、多批次地将电影作品传递到消费者，将电影作品本身能产生的直接收益最大化。好莱坞的经典"时间窗"发行策略正是这种收益最大化的体现。"一般情况下，最新的影片在美国全国电影院首映——（2～3月后）发行到海外电影院——（首映4～6个月后）——在依次付费频道（PPV）播出——（首映6～9个月后）在全球发行录像带/DVD——（首映12个月后）在付费电视频道播出——（首映24个月后）在主要的免费电视频道播出——（一段时间之后）在二轮免费电视频道播出。"（胡正荣，2005）由于直接依靠电影作品的消费量盈利，电影品牌本身的价值和口碑就起到了至关重要的作用，一个成功的电影品牌播出链会更长，并且在每个环节利润都更大。

　　电影衍生产品服务提供商指向电影作品品牌拥有者（包括发行商）购买版权后向消费者提供电影相关产品或服务的组织或个人，如电影小说、电子游戏、玩具、游乐园、衣物等。国内电影业在这方面开拓还不深，好莱坞则已经形成了系统的衍生产品研发销售网络，事实上，电影后产品收入已经占到了美国电影收入的73%。（袁玥，2007）电影品牌的力量就在于喜欢它的消费者会去消费更多与电影有关的商品或服务，这种消费能力所蕴涵的价值远远大于人们最初的想象。

电影行业外品牌拥有者指通过与电影作品品牌拥有者合作或购买版权，借助电影平台或品牌形象宣传自有品牌的组织或个人。在当前电影市场蓬勃发展的中国，借助电影的力量进行高效的品牌营销已经成为一个热门话题，这也使不同形式的营销方式得以开发。借助电影平台进行的营销方式包括各种插片广告、植入广告等，与生硬的插片广告不同，更为隐蔽的植入广告成为电影创作的一部分，无形中感染受众，《古墓丽影》中的路虎越野车、《007》电影中的欧米茄手表都是植入广告的经典案例，在这些营销方式中，电影本身是一种媒体，电影作品品牌的成功意味着广告的潜在受众面更大。也有一些品牌采取了与电影作品品牌合作营销的方式，2008 年《功夫熊猫》上映后热播的惠普广告就是一例，《功夫熊猫》制作过程中所使用的设备很多都是由惠普赞助，而随着电影的上映，惠普的营销攻势也大规模铺开。在该广告片中，功夫熊猫阿宝直接出场为惠普笔记本做起代言，广告形式新颖而具有感染力。对于这种形式的品牌合作，电影作品品牌与其他品牌形成一种互利共赢的关系，电影作品品牌的成功将使合作品牌更具亲和力，对电影品牌追随者有巨大吸引力。

三 从品牌消费者角度

根据电影品牌使用者的划分，品牌消费者同样包括三个群体：电影作品消费者、电影衍生产品消费者、电影外品牌消费者。

对于消费者，电影作品品牌的价值就在于，一方面，通过欣赏电影、购买相关产品，消费者获得了审美享受、满足了自己的精神需求，换句话说，消费者获得了使用价值。另一方面，电影作品品牌的作用还在于，它能够有效地指导消费者合理消费，由于共同使用统一或相关的品牌，钟情于此品牌的消费者能够很方便在各种各样的商品中找到最能满足自己特定需求的商品。仍然以《功夫熊猫》为例，假设一位消费者，在经过发行商大规模的宣传营销之后了解到《功夫熊猫》这部电影，认为它比较适合自己的口味，于是去电影院观看，看后非常喜欢。那么之后消费者看到《功夫熊猫》系列品牌的产品，就能够很方便地辨别出来，大大增加了购买行为的概率。比如他经过玩具店，由于已经形成了品牌印象，电影主角阿宝的形象玩具便能很快抓取他的注意力，或者相关网游产品等，而惠普以阿宝为主角的广告片也更容易获得消费者的认同。一个现实的例子是"米奇"授权商品的盛行,从衣服、鞋、玩具到笔记本电脑,消费者可以各取所需,按照自己的需要和爱好消费。

电影作品品牌的这种引导作用还体现在类型片消费上。电影类型化可以大大简化消费者的选择,更好地锁定目标受众,而由于这种受众集中度,品牌本身的广告价值也大为增加。这一点,以好莱坞、香港类型片最为典型,针对男性受众的动作片、西部片,针对家庭受众的喜剧片、动画片等都得到最大价值的开发,而这种类型片本身也开始形成自己的品牌,如享誉世界的中国功夫片,21世纪初我国大片多为动作片,这也与海外市场对中国功夫品牌认可度较高密切有关。

电影业的真正价值不在于影片本身产生了多少利润,而在于它为企业与其他领域合作提供了多少机会。所有这些都降低了成本和风险,而增加了收入。这是电影品牌价值的核心所在。电影业本身是一个与其他行业密切关联的行业,它的繁荣发展带动的是一整串的相关产业,很多领域都因此受益,而这一切的核心正是以版权为基础、以成熟作品为载体的电影品牌。自冯小刚的贺岁片拉开中国电影票房狂飙的序幕,21世纪中国电影市场开发获得了突飞猛进的进展,但与国外成熟的电影业相比,中国电影业仍然过多倚重票房,在后产品开发、品牌授权、电影品牌国际化等方面仍然存在较大差距,而重新认识电影品牌价值、围绕品牌资源形成立体开发视野和机制,正是推动电影业进一步发展的开始。(韩培志,2010)

第四节 案例分析:冯小刚贺岁片的品牌塑造

冯小刚作品风格以京味儿喜剧著称,擅长商业片,在业界享有"贺岁片之父"的美誉。冯小刚的贺岁片已经形成了一个品牌效应,为处在特殊国情中的民族电影的商业化蹚出了一条道路。从他的第一部贺岁片《甲方乙方》投资600万元人民币,最终获得了3600万元的票房开始,冯小刚的一系列贺岁片的商业成功给疲软的中国电影注入了活力。2010下半年他又导演了《非诚勿扰2》,20天内突破4亿大关。

一 成功的定位
冯小刚毫不讳言自己的电影是商业电影,他对群众的喜恶有一个明确的把握，深知观众的想法和需求，并自觉地将其作为影片的主要表现内容。他还经常称自己是一个平民导演。这种提法不仅是对导演的身份定位，更重要的是对他影片特质的把握。冯小刚的影片不论是从价值判断还是审美趋向上，都呈现为一种平民视角。这些影片的主人公都是普通市民，不仅他们的语言、习惯动作是市民的，而且他们的思想感情、生活方式、人生观、价值观也都是市民的。由于贴近平民、关注平民，所以深受市民喜欢，这为他连登票房冠军宝座打下了良好的基础。

二 首提"贺岁片"概念

1997 年年底由冯小刚执导，北京紫禁城影业公司出品的电影《甲方乙方》亮相北京。该片当年创下了全国 3600 万元的良好票房，并以超过 1000 万元在北京创造了单片票房收入最高的纪录。这部影片首次在大陆明确定位和提出了"贺岁片"的概念，并完整贯彻到从前期企划到后期宣传的全部制作流程之中。《甲方乙方》惊人的票房业绩，带动了以后中国大陆贺岁片的生产热情，成为 1997 年中国电影界最为重要的事件之一。接下来的《不见不散》、《没完没了》、《大腕》、《手机》、《天下无贼》、《集结号》、《非诚勿扰》在当年度的中国电影票房中也大多能够居于前三位，甚至高居票房榜首。"过年看春节联欢晚会，贺岁看冯小刚电影"成为 20 世纪 90 年代后期以来的一种文化消费习惯。仔细回忆一下冯小刚历年的贺岁片，不难感觉到那独特的"冯式幽默"，我们可以将其影片类型称为"都市情感喜剧"。其特色是着眼于平民百姓的日常生活，再通过艺术化的情节演变，折射出整个时代的社会大背景，是典型的"以小见大"的叙述。

三 强大的"二次售卖"能力

根据传媒经济中的"二次售卖"理论，在第一次售卖中，媒介向受众提供信息，满足受众对信息的需求，消除信息的不确定性，这里售卖的是信息，信息是商品。在第二次售卖中，将受众的注意力售卖给广告商。受众的注意力是商品。这种经营模式也被很好地引入了冯小刚的电影中。冯小刚的作品中经常巧妙地融入广告，且植入广告的手法非常纯熟，甚至很难说清楚电影是在为广告产品安排情节，还是某些情节本来就需要那些道具来推动。细数电影中的隐性广告，就大约可以知道当下什么行业最热。以《天下无贼》为例，看看冯小刚都有哪些大客户：中国移动是《天下无贼》的首席赞助商。影片中的火车车厢内不时出现"中国移动"和"动感地带"的形象广告，刘若英和刘德华之间的短信交流，也给了"全球通"不少亮相机会。以葛优为代表的一班人化装成旅行团人员登上火车，导游旗上明显地写着"淘宝网"三个大字。刘德华和李冰冰两个技艺高超的贼，专偷诺基亚手机。影片中还出现有宝马汽车、佳能、中国邮政，在此就不一一列举了。但要说明的是，凭此广告收入，《天下无贼》在影片上映前就已经收回了全部成本，在这个过程中，品牌发挥了至关重要的作用，给了广告投资商巨大的信心。

　　冯小刚贺岁片品牌有了以上优势，但并不等于无懈可击。其在成长中仍存在诸多隐患。目前冯小刚的贺岁片以都市情感喜剧为主，情节轻松幽默，但也时有意外情况。冯小刚在 2006 年 9 月推出一部《夜宴》——中国晚唐版《哈姆雷特》故事，让喜欢他的观众很失望。由于此片没有在贺岁档上映，暂且不算在冯小刚的贺岁片系列里。2007 年的《集结号》却在贺岁档上映了，同样自成一篇，显得很孤立。此片虽没有太多负面批评，但离平民导演却越走越远，令观众开始感到陌生。观众对冯小刚电影风格回归的呼声更多，也发出质疑：冯小刚拍了王侯将相，现在又拍了几十年前的兵，他还是一个平民导演么？冯小刚导演在收到观众和市场的反映后，2008 年的《非诚勿扰》回归到了观众所熟悉的风格，在寒冷的 2008 年上演了一出温暖的都市情感喜剧。由此可见，冯小刚贺岁系列电影在观众的心里已经有了预期，这就是品牌效应在发挥作用。因为品牌要求具有连续性，太大幅度的跳跃，会损害之前的品牌积累，扰乱消费者对品牌的认知。因此，冯小刚贺岁系列电影需要明确影片类型，在类型不发生巨变的基础上进行调整和完善。《夜宴》和《集结号》的不良反应并不意味着冯小刚就不能拍其他类型的电影。只是在其他类型影片上映时要讲究策略，将它们与自己的贺岁片系列明显加以区分。这样就能够在不影响贺岁片品牌的基础上，实践一个导演自己的理想了。因为观众需要一个敢于创新、敢于尝试的导演，市场也需要更多的电影品牌。（余霞、马宁，2011）

第十三章

网络媒体品牌

互联网被称为继报纸、广播、电视三大传统媒体之后的"第四媒体"。基于互联网的网络媒体集三大传统媒体的诸多优势为一体，是跨媒体的数字化媒体。网络媒体品牌是基于互联网环境而形成的品牌形象，它继承了互联网环境的基本特征，所以消费者选择网络品牌时注重品牌的个性化体现和品牌的交互性。通过赋予品牌个性化，能够让消费者展开与品牌的个性化交互，从而深入了解品牌，建立品牌意识。

第一节　网络媒体品牌概述

一　网络媒体与网络媒体品牌

网络媒体的界定有狭义和广义之分。狭义上专指传统新闻媒体的网站（或网络版），广义上的是指所有基于因特网这个传输平台上来传播新闻和信息的网站。（薛可、余明阳，2009：310）这里论述的是广义上的网络媒体。

1987 年美国硅谷《圣何塞信使报》（*The San Jose Mercury News*）首先将报纸内容搬上了国际互联网，开网上新闻传播之先河。随着网络技术的不断发展，特别是万维网和浏览器的推出，使得人们能够通过国际互联网，很方便地在计算机屏幕上访问他们所需要的任何文字、音响记录或视频图像，因此网上新闻服务内容日益增多。

以 1997 年 1 月 1 日人民网诞生为标志，互联网开始在中国加快传播、发展，网络媒体露出峥嵘。特别是 1998 年下半年搜狐、新浪横空出世，中国的互联网发展进入阶段性高潮，网络媒体大展身手。经过 21 世纪初互联网短暂泡沫期之后，网络媒体进入新一轮高速发展期。随后出现了一批具有影响力的网络媒体品牌。

网络媒体品牌是指网络媒体通过互联网提供的内容、页面设计、网站的活动及其他信息，在消费者心目中树立的形象。

按照网站提供的内容和服务来分，网络媒体品牌主要有四大类：一是传统媒体网站的品牌，可以看作是报纸、广播、电视等传统大众传媒品牌的网络延伸，这也是目前网络媒体品牌的主要组成部分。这其中既有像人民日报报业集团旗下的人民网、中国国际广播电台的国际在线、凤凰卫视的凤凰网、新华通讯社的新华网等具有直系关系的网站，也有多家媒体主办网站，像千龙网、东方网等。二是商业网站品牌，包括提供资讯服务的门户网站，如新浪网、搜狐网、网易网等综合性门户网站，以及 IT 业门户天极网等专业性门户网站。亚马逊、阿里巴巴、淘宝等电子商务网站品牌也属于这一类。第三是网络社区品牌，包括 BBS、聊天室、讨论区、博客及各种虚拟社区。知名品牌如水木清华、博客中国、榕树下、天涯、猫扑等。第四类是专业性网络品牌，如搜索引擎类品牌有 Google、百度、搜狗等；电子邮件网站有 hotmail、263、126 等；下载网站品牌有迅雷、网际快车、千千静听等；网络聊天产品，如 QQ、MSN、阿里旺旺等。（薛可、余明阳，2009：311）

二　网络媒体品牌的特征

相对于传统意义上的企业品牌，网络媒体品牌具有以下特征：

1. 全球性

与传统媒体的传播相比，网络传播的范围更广，跨越时空界限，没有国界。这种全球性，实际上也表明了网络的传播具有一种开放性的特征。在技术层面上，互联网不存在中央控制的问题。也就是说，不可能存在某一个国家或者某一个利益集团通过某种技术手段来完全控制互联网的问题。反过来，也无法把互联网封闭在一个国家之内——除非这个国家不打算建立互联网，而是要建立别的什么网络。

2. 丰富多样性

网络媒体在信息传输量上具有无限的丰富性；在信息形态上具有纷繁的多样性。无论是报纸、广播、电视，在单位时间（节目）和空间（版面）中所传播的信息，都是有限的，而互联网媒体贮存和发布的信息容量巨大，有人将其形象地比喻为"海量"。

3. 交互性

交互性是指网络媒体带来的传受双方的双向互动传播。大众传播基本上是一种单向的传播活动，尽管受众或多或少也能对信息传播过程有所控制，或者做出反馈，但是控制的程度、范围是有限的。而以计算机和互联网为中介的网络传播不仅可以是单向的，还可以是双向的或者多向的，用户对信息传播过程控制的程度和范围也得以极大地增强和拓展。

4. 服务性

Google 是最成功的网络品牌之一，当我们想到 Google 这个品牌时，头脑中的印象不仅是那个非常简单的网站界面，更主要的是它在搜索方面的优异表现，Google 可以给我们带来满意的搜索效果。可见有价值的信息和服务才是网络品牌的核心内容。

5. 多媒体性

互联网媒体整合了报纸、广播、电视三大媒介的优势，实现了文字、图片、声音、图像等传播符号和手段的有机结合。

三 网络媒体品牌的价值评估

网站品牌价值的评估主要依靠以下指标：一是网站品质，主要是指网站的硬件设施标准和要求。二是产品服务，这是品牌的核心载体。通过服务打造高品质，打造美誉度。三是商业模式，也就是营利能力。如果说现在没有营利能力，但有一个商业模式，这也是评价品牌价值时一个不可或缺的参考。四是标志集成。每个网站都有自己的 Logo。标志集成是否规范是品牌的基础，如果名称不好，标志集成不规范，也会影响品牌的传播。五是知识产权创新。在互联网时代，知识产权创新和保护提到了一个非常高的高度。只有做好了知识产权保护，网站的品牌才会有更多的价值。如果网站刚有创新就被别人拷贝了，那么创新能力就会大打折扣，我们创新的信心就会受到打击，因此知识产权创新和保护就构成了网络媒体不可缺少的一项指标。六是广告投入。网络媒体不仅要接受别人的广告到自己网站投放，也要主动去做传播，这才是正确运作品牌的路径。七是形象和包装，这是品牌的基础。

访问量大小是衡量网络品牌价值的一个重要标准。如市场研究机构尼尔森于 2011 年 12 月 28 日发布 2011 年美国网络访问量排名数据，谷歌险胜 Facebook 成为年度美国最佳网络品牌。尼尔森数据显示，谷歌月均独立访问用户达到 1.534 亿，Facebook 紧随其后，为 1.376 亿。雅虎排名第三，月均独立访问量为 1.301 亿。微软的 MSN、Windows Live 以及 Bing 加在一起获得第四的排名，而微软自身位列第六。视频网站 YouTube 在该调查中排名第五，月均访问人数达到 1.066 亿。Facebook 毫无悬念地在年度社交网络和博客网站排名中位列榜首，而博客网站 Blogger 屈居第二，独立访问人数为 4570 万。Twitter 第三，为 2350 万。谷歌刚推出 6 个月的社交服务 Google +，在这个排名中位列第八，拥有每月 820 万的独立访问量。在 6 月该服务刚推出时，很多人怀疑这个全新的社交平台能否威胁到 Facebook 在该领域的地位。从注册用户数量来看，Google + 拥有 6200 万用户，而 Facebook 拥有 8 亿用户，看上去在短时间内这种威胁并不会发生。

视频网站类排名，YouTube 以 1110 万的月均独立用户居榜首，而排名第二的 Vevo 月均独立用户数仅为 3450 万。Facebook 排第三，拥有 2930 万独立访问用户。Hulu 排名第七，为 1310 万。而排名第十的 Netflix 访问量为 740 万。

第二节　网络媒体品牌构建

网络媒体品牌与传统品牌有一些共同之处。网络媒体品牌模型的组成元素包括网络品牌价值观、网络品牌属性、网络品牌符号、网络品牌体验和网络品牌关系。网络媒体品牌塑造，必须使用一套迥然不同于传统行业的品牌塑造方法。

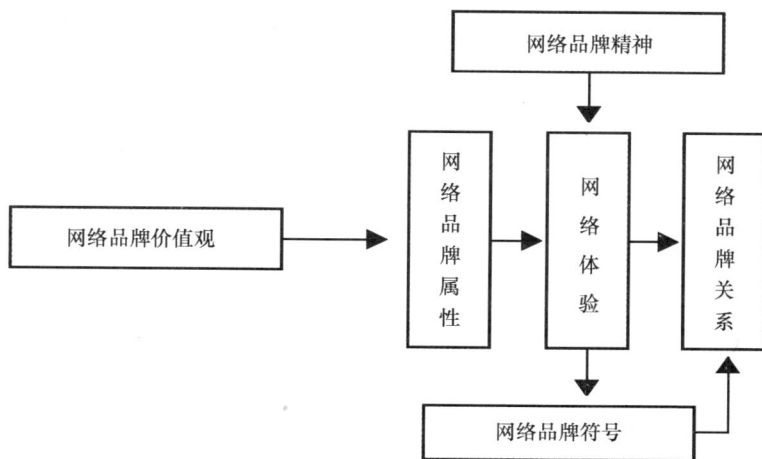

图 13 - 1　网络媒体品牌塑造

一 拥有可记忆、易于传播网络品牌符号

互联网产业不同于传统产业，传统产业都会有具体的产品，因此，传统产业的品牌塑造很大程度上都是在产品基础上形成的，而互联网企业的产品基本上是无形的，是一种服务，是消费者看不见、摸不着的，因此，对于互联网企业，必须创造一个非常强烈的品牌记忆符号，才能让消费者形成实在的感知。例如 GOOGLE，其强烈的品牌记忆符号就是每逢特别节日，其网站的 LOGO 就会变身，变成节日卡通形象，节日 LOGO 已经成为 GOOGLE 品牌文化重要的一部分。

二 通过技术突破创造需求

互联网的品牌建设，尤其是价值建设极为重要，但这不是仅仅靠过去消费者心理差异化诉求来实现的。所有真正成功的互联网企业品牌往往通过某种技术的改造和创造，通过某种信息模式的重组，给消费者一个全新的体验，这不是在简单地满足消费者的心理，而是在创造需求。

GOOGLE 之所以能够成为世界上市值最高的互联网公司，就是因为 GOOGLE 一直以来都把创造客户需求放在首位，通过对自身搜索技术和搜索产品的创意和升级，不断地推陈出新，从 GMAIL 到视频搜索到本地搜索，GOOGLE 的每一个新产品的推出都能对整个行业带来冲击和振荡。Google 又计划在（Google 地球）网站中，加入附有大量海底图像及海床地图的（Google 海洋）功能，创造一个数码地球。GOOGLE 不断通过新产品新技术的推广来创造客户需求，消费者从 GOOGLE 产品中体验到了无限创意，GOOGLE 的品牌形象潜移默化中就成为了世界上最开放、最具有创意、不断颠覆的形象。

三 生动化、娱乐化产品体验

正因为互联网的产品都是虚拟的，因此，强化互联网网民对互联网产品的产品体验尤为重要，它可以把产品的使用过程变成受众可感知的故事。例如，百度推广其搜索引擎时，就杜撰了一个"小度"和"白依依"的爱情故事，并且让网友自发续写其故事，让网民在续写中感知其产品。再如，淘宝网采用大片营销方式深度推广，将大片的明星道具全部搬到淘宝网上拍卖，使得淘宝产品在与大片的明星道具的深度互动中得到很好的体验。在网

络上有很多可以与消费者对接的体验接触点。这种对接主要体现在：

1. 浏览体验。浏览体验是指网络品牌信息接触的顺畅。从网站角度来讲，也就是考虑导航性性能指标，主要表现在网络内容设计的方便性、排版的美观、网站与消费者沟通的互动程度等。消费者通过自身对于网络的情感体验，从而对品牌产生感性认识。

2. 感官体验。充分利用互联网可以传递多媒体信息的特点，让顾客通过视觉、听觉等来实现对品牌的感性认识，使其易于区分不同公司及产品，达到激发兴趣和增加品牌价值的目的。

从网站角度来讲，也就是考虑网页氛围（web atmospherics）性能指标。网页氛围包括视觉（如文本、设计、色彩处理、视频、3D）、听觉（如音乐或音效）以及嗅觉（如香水和样品）刺激。例如，汽车销售网站 Edmund（www. Edmund. com）利用下载汽车视频和音频来提高车辆销售额，需要注意的是要避免下载时间过长的问题。

3. 交互体验。交互是网络的重要特点，能够促进消费者与品牌之间的双向传播，消费者将自身对网络品牌体验的感受再以网络这个媒介反馈给品牌，不仅提高了品牌对于消费者的适应性，更提高了消费者的积极性。企业和消费者之间的互动，将有利于品牌信号充分、准确、及时地传递，使企业与消费者在对品牌认识上达到较高程度的一致性，降低和缩短消费者成为忠诚顾客的障碍与时间。例如，"Oral－B"针对祛除牙菌斑的 D12 竞悦系列电动牙刷曾推出"征寻战地记者"的活动。它颇有新意地将人类的口腔比喻成"城市"，将各种牙齿隐患的形成过程比喻成"病菌入侵口腔城市"，消费者可以以"战争场景"作为创意背景，在网上提交创意脚本。然后网友投票评选出最佳创意故事，作为 flash 脚本进行制作和播出。在牙膏牙刷类产品"知识营销"略显泛滥的今天，"Oral－B"的"征寻战地记者"活动给了消费者充分的想象空间，最大限度地提升了用户参与和分享的兴趣。

4. 信任体验。网站的权威性、信息内容的准确性以及在搜索引擎中的排名等，都构成了消费者对于网络品牌信任体验程度。企业利用网络提供的服务过程就是消费者消费和体验的过程。消费者在消费过程中还可迅速通过电子邮件、即时通信工具等将自己的体会和感受等主观评价传播出去。例如，美国西南航空公司通过开展网上"搜索购买"业务，旅客只需一个步骤就可以查询到飞机的时间表和价格，此后只需点击四次就可以完成一次机票订购。

四　借势、造势

作为互联网企业，要想让自己的品牌迅速成长，一定要学会借势，时刻注意跟踪社会上的文化热点、娱乐热点、体育热点，随时取之为己所用，让紧贴社会热点的品牌传播运动，激起市场和社会的多元化反应，形成多重的激荡，这种激荡的效果，将等同于以往在黄金时段投放的效应。借不了"势"，就学会适当造"势"。例如，天涯曾炒得沸沸扬扬的"天涯域名被前员工劫持"，就是一出精心策划的造势大戏。天涯将更换域名，但是又怕贸然换名不为人注意，于是跟前员工演了一出一个愿打一个愿挨的双簧戏，在各大网站上发布"天涯域名被前员工劫持"的消息，宣称"启动新域名www. tianya. cn"，一时间各大网站纷纷开辟专栏追踪报道此事，天涯换域名的消息一时充斥了整个网络，异常火暴地把天涯更换域名的消息通过一个特别另类的方式传播了出去，此后当然是天涯和前员工握手言和不了了之。

除了上述几种建立网络品牌的方法之外，还有利用新媒体建立网络品牌的方法，如手机报纸业务、手机广告业务、移动博客等。实际上，网络品牌的价值只有通过网络用户才能表现。网络品牌是建立用户忠诚的一种手段，因此对于顾客关系有效的网络营销方法对网络品牌营造同样是有效的。与网下的企业品牌建设一样，网络品牌不是一蹴而就的事情，重要的是充分认识网络品牌的价值，并在各种有效的网络营销活动中兼顾网络品牌的构建。（张薇，2009）

第三节　案例：腾讯品牌价值激增之道

腾讯成立初只是一个单纯的即时通信服务提供商，今天已经发展成为一个集即时通信、新闻门户、在线游戏、互动娱乐等为一体的综合性互联网公司。腾讯目前已拥有流量稳居中文门户第一的 QQ. COM、超过 2.3 亿活跃账号的 QQ 即时通信、5700 万活跃账户数的 QQ 个人空间和 271 万最高同时在线的 QQ 游戏。目前凭借在门户、即时通信、个人空间和休闲游戏四大网络平台的影响力优势，腾讯已经成为我国影响力最大的网络平台之一。

如果说商业上的巨大成功是腾讯帝国最重要的支柱，那么伴随着腾讯的高速发展，腾讯品牌价值的快速增长，则是其最为重要的第二根柱子。

从 2007 年至 2010 年胡润品牌榜（胡润研究院结合了相关经济数据和对消费者的调研结果进行得中国品牌价值综合评估），我们可以看到腾讯品牌价值的迅速提升。

表 13－1 腾讯的品牌价值

年份	排名（位）	品牌价值（亿）	品牌价值占市值比例（%）
2007	28	62	14
2008	22	130	18
2009	14	180	16
2010	11	460	20

纵观腾讯发展的历史，我们可以看到在其高速发展快速壮大直至成为中国互联网企业领导者的过程中，实际上它也扮演了中国互联网企业品牌构建探索者的角色，在它面前并没有现成可供参考的经验。正如腾讯网络媒体总裁刘胜义曾说，腾讯的品牌建设过程并未套用任何一套品牌构建理论，而是按照用户体验来引导方向。

一 极致的用户体验

腾讯的核心产品——即时通信工具 QQ 自 1999 年推出以来已经发布了上百个版本，从最开始的聊天室到增加语音聊天、隐身功能、视频聊天、QQ 群、个人网络硬盘、远程协助……QQ 的功能在不断强化。这一切都是依据用户需求进行的优化，它也是腾讯注重用户体验的最佳范本。

不断推出对用户有核心价值的产品和服务才是企业发展的关键。用户体验永远是第一位。腾讯董事长马化腾多次强调用户体验对腾讯的重要性，他最常被贴上的标签是"超级产品经理"，而他自己也认同这一说法。事实上，从技术起家的马化腾在 QQ 邮箱产品改进过程中，自己就提出了几百项用户体验的不足，推动这个产品不断完善。

2006 年 8 月，为了能更好地服务于腾讯的用户，更细致地了解用户的需求，腾讯在公司范围内开始推广用户研究工作（Customer Experience，简称 CE）。同年，腾讯在原有设计中心的基础上，成立用户体验与设计中心，开始在公司范围推荐"用户体验"的方法，并斥巨资购买仪器设备，建立用户体验实验室，开展全方位"用户体验"方面的培训和考核。

在腾讯内部，无论是技术部门还是产品部门，查看用户对产品的反馈几乎是每日的必修课。对用户体验的关注还体现在日常的管理制度中：每两个月腾讯会召开总办的管理会议，总办指的是马化腾等创始人和职业经理人；每个月会和公司总经理级别的干部面对面地谈业务层面的内容；每一年有两次跟整个公司及公司五六百个中间干部的大会。

网络媒体总裁刘胜义认为，这四个会议定格了公司运营理念的传承，让大家知道这家公司认为什么样的东西是正确的，什么样的东西是关键的，什么样的东西是我们要关注的，这四个会中谈得最多的就是用户体验。

创造这些体验的基础，毫无疑问是腾讯持续的产品创新能力。

截至 2011 年，腾讯获得 1000 多项授权的专利，是国内互联网公司中最多的。

2007 年 10 月，腾讯研究院成立。

这是中国互联网公司历史上第一个真正意义上从事互联网核心基础技术自主研发的机构。"我们需要储备核心技术，为未来三到五年腾讯的产品提供支持。"马化腾说。

事实上，腾讯是中国互联网企业中研发投入较高的企业，2009 年研发投入 11.9 亿元，接近百度研发投入的 3 倍，超过网易研发投入的 5 倍。从 2005 年至今，腾讯的年平均研发密度（研发投入/销售额）达到 10.3%。

这在中国企业中是不多见的。持续的研发投入换来腾讯主营业务的不断升级、可适应终端的不断丰富、在线产品的不断推出。

腾讯也并不缺乏自主创新。

早在 1999 年，当时国内外的各种即时通信工具，包括 QQ，全部都面临一个重大缺陷：黑客可以冒充用户的好友向其发假消息。因为他们可以反汇编，完全了解程序的源代码。为了解决这一问题，腾讯重新设计了一套加密协议，实现了即使源码曝光，也能使服务器低负载下的客户端相互认证。这项百分百原创的国际领先技术，为 QQ 一举打败国内外其他即时通信软件奠定基础，并且这套协议一致沿用至今。

二　线上到线下的品牌延伸

腾讯的品牌延伸包括线上和线下两部分。

线上的品牌延伸实际上就是腾讯的产品线拓展。长期以来，腾讯的低调务实让其把握住了即时通信这一机会，并不断跟进用户需求，改进用户体验，形成了一百多项全业务线的产品，并提出"一站式在线生活平台"，进而延伸为"做互联网的水和电"。腾讯收入的 70% 以上来源于网络游戏和娱乐服务，增值服务绝大部分是游戏和娱乐性质的会员等。

线下则是通过品牌授权的方式获得品牌增值，也就是网络品牌向传统行业延伸。腾讯的品牌授权包括四种模式：商品形象版权的授权——向被授权商提供形象版权；促销授权——被授权商可以运用商标、人物及造型图案，与自己的促销活动结合，规划赠品，促进公司产品销售；主题授权——被授权商可运用商标、人物及造型图案为主题，并经营主题项目；通路（渠道）授权。

在实践过程中，腾讯向传统行业进行品牌扩张的体系不断完善，并且建立了科学严谨的运作体系。目前腾讯已授权品牌及合作的 QQ 形象产品有：服装、玩具、电脑周边产品等 60 多种产品。中国电信、中国移动、西门子、摩托罗拉、可口可乐等逾百家企业与腾讯开展了广泛的合作，都在自己的产品或活动中使用了 QQ 品牌。在这个品牌授权的过程中，传统行业借助腾讯的品牌影响力实现自己的营销目的，腾讯也通过传统行业扩展了自己品牌的影响范围。

在品牌线不断延伸的过程中，腾讯不断地对自己的品牌进行提炼，从强调产品的功能到强调产品的情感，不断摸索与公众良性互动和阐述品牌价值的方式。

三　以大事件营销为主的品牌推广

在腾讯的历史上，大规模的品牌推广并不多，主要以单个产品为主，而且这些大规模的品牌推广往往和企业的战略布局相关。比较重要的两次大规模品牌推广，一次是 2007 年 4 月，腾讯网启动了"大回响，大影响"的品牌升级战略。另一次则是 2009 年年底，腾讯启动了总预算为 1600 万美元的"公司历史上最大规模的品牌推广计划"，在央视和部分地方电视台投放了一组主题为"在线精彩·生活更精彩"的温情广告片。

主题为"大回响，大影响"的品牌推广主要体现的是腾讯在媒体影响力方面的价值，当时的背景是，腾讯刚刚完成了"在线生活"战略的全面布局，寄望通过沟通、资讯、娱乐、商务的业务组合模式推动用户的成长。时隔两年发布的"在线精彩·生活更精彩"的品牌理念，是腾讯一站式"在线生活"理念在新时期的感性解读，而其反映的内涵则是腾讯所期望为用户创造的价值。

对此，马化腾也说："我们过去做宣传更多是产品，公司级对外的品牌公关其实力量投入还是比较少的，更多是放在业务部门去投入去推广，可能没有针对品牌整体去考虑。"

但是，腾讯很擅长利用大事件营销来扩大自己的品牌影响力，特别是能够灵活调动自己横向、纵向两个平台以达到资源整合。2008年腾讯网以网络主场的气势成为网络媒体奥运报道中的最大赢家，其他各业务单元也全民动员。在QQ平台上，用户可以参与虚拟的奥运火炬旅程；可以从35个奥运比赛项目的徽章选择自己支持的项目；可以通过迷你门户、弹出消息等地方第一时间得到最新的奥运资讯。腾讯搜搜在距奥运会开幕10天之际，率先推出奥运搜索服务，让用户能够准确、快捷地搜索奥运相关信息。手机腾讯网也为用户提供了丰富的互动内容，无线业务系统推出"2008，你的手机主场！"

在2010年的上海世博会上，作为唯一的互联网高级赞助商，腾讯同样发挥了自己的平台优势。腾讯的研发团队为世博会开发了名为"i城市i世博"大型互动社区。该社区通过组织用户参与的活动，激发用户参与度，把个人、城市、世博联系起来。同时，腾讯发起了一场世博历史上最大的网络志愿者行动——"城市志愿者活动"，由线下17万世博志愿者在QQ上向所有网友发出倡议和邀请，邀请网友加入世博网络志愿者，并在好友之间传递志愿者接力棒，传播世博信息，传递世博精神。另外，迎合时下流行的"晒"概念，"i城市i世博"互动社区集腾讯4.48亿网友和现场近亿游客构筑包罗万象，完全由用户制造内容的大型分享平台，打造网络版世博游览百科全书。同时，腾讯还组建了由超过16家主流电视、平面媒体组成的世博城市媒体联盟，将在上海世博会期间进行深度联合报道，资讯最大范围覆盖全国各地，结合腾讯网世博频道，向用户呈现快速、权威、生动、实用、全方位的世博资讯报道。

通过这些大事件互动营销，腾讯产品链的优势得以发挥，腾讯的品牌影响力得到进一步的提升。

四 跨媒体内容合作

腾讯一直注重和不同媒体的内容配合，利用自己的用户规模优势和平台优势为传统媒体的内容、形式创新提供支持。针对媒体在推广、互动、内容等多个层面的需求，腾讯在 2010 年推出了一体化的媒体合作平台，涵盖 QQ、QQ 空间、腾讯网、腾讯微博等多个产品。

目前，腾讯的媒体合作平台已经先后与央视 20 余档栏目或节目达成合作，涉及综合、财经、新闻、社会与法等多个频道。2009 年，央视财经频道的栏目《消费主张》一开播就公开了企业 QQ 号码 12315，向观众伸出橄榄枝。结果在节目播出后短短十天里，就有 30 万观众加 12315 为好友，远远超出栏目组的预期。自 2009 年 9 月节目推出企业 QQ 平台以来，截止到目前已聚集超过 500 万的网友。现在，企业 QQ12315 平台平均每天在线互动网友超过 15 万人。在 2010 年的"3.15"晚会，《消费主张》更是利用企业 QQ 平台开展了十大行业调查，一共有 37 万多人参与了此次调查，在晚会现场，主持人还通过 QQ 视频连线网友现场直播，声画流畅。

此外，腾讯利用春晚这个契机广泛同其他媒体合作也取得了很好的效果。2007 年腾讯作为央视春晚网络联盟成员之一，SOSO 搜吧开展"春晚大家谈"的业务，腾讯 QQLive 不仅直播春晚现场节目，同时 QQ 投票将取代短信投票，成为春晚唯一的付费投票方式，用户可在 QQ 上添加 800999 为好友参与投票，而人们以往熟悉的短信投票方式在春晚中将不再出现。QQ 网友将在很大程度上决定春晚最受欢迎演员和节目的荣誉榜单。

2011 年，腾讯微博相继与央视网络春晚、BTV 网络春晚以及东方卫视春晚达成全面合作。腾讯微博根据不同春晚主题设计的关于春晚节目、春节祝福以及回家拜年等话题吸引了数万网友的关注和参与。

CCTV 网络春晚账号落户腾讯微博后，一天时间就汇集了 6 万的关注听众。"腾讯微博墙"在春节期间轮番亮相几大春晚。以微博展现为主题的屏幕墙，不仅呈现此前微博上热议的经典话题，同时还会有现场观众与节目的精彩互动、精彩直播以及见闻分享，从而实现场内场外、线上线下的全方位打通，打造真正的跨界盛宴。以 BTV 春晚的前期互动话题"春节回家的第一句话"为例，很多饱含感情或简单直接的问候，都引起热议，在大家留言中出现最多的就是"爸妈，我回来了"，这简简单单几个字代表了万千游子沉甸甸的心情。还有很多如新年祝福、微情书等话题，也为营造春晚节日氛围增添了浓墨重彩的一笔。在几大春晚启动与腾讯合作的第一时间内，节目官方账号也同步落户腾讯微博，并将其打造成为节目对外播报、宣传和听取民意的核心平台。通过官方账号不时更新筹备进度以及片场趣闻，网友们不仅可以更快获知晚会的信息，同时还可以通过与官方账号的互动获得很多有趣的内幕。

通过同传统媒体的内容合作，打通了不同的内容呈现形式，不同媒体之间形成优势互补。传统媒体的内容得到了更好的呈现，而腾讯在参与的过程中提升了自己的品牌影响力。

五 务实的"工程师文化"

IBM 前董事长小托马斯·沃森（Thomas Watson Jr）曾说："企业的基本哲学对其成就的影响力，远远超过技术或是经济资源、组织结构、创新和时机。"事实上，这是阐述了企业文化的重要作用。2006 年谈到企业愿景的时候，马化腾曾言："腾讯要成为最受尊敬的互联网企业。"而企业文化显然是达成这一愿景的支点。

互联网产业属于高新技术产业，腾讯的创始人都是学技术出身，加上员工 50% 以上是研发人员，技术至上成了腾讯固有的基因，而且这种基因通过一整套制度在不断传承，可以说"工程师文化"是腾讯最大的企业文化。

2005 年 7 月，马化腾向全公司宣讲了新的腾讯价值观：正直、尽责、合作、创新。

为保证腾讯文化的有效落实，从 2006 年开始，公司成立了文化管理委员会，最高管理层人员都参加。委员会下设执行委员会，参加者大部分是各个部门的普通员工，他们共同推动公司文化建设。马化腾说："我们的企业文化说白了，很重要的部分就是一种公德文化。"2007 年年初，腾讯开展"瑞雪行动"，引导员工从日常的身边小事做起，做一个"受尊敬的腾讯人"。

作为一家互联网公司，腾讯拥有许多有个性的年轻人。腾讯负责人力资源的高级副总裁奚丹说，腾讯文化有包容性，对于一些个人范畴的东西，比如从事游戏创意的部门，有些人不修边幅、个性十足，公司并没有约束他们，而是给他们展示个性的空间和机会。但是对一些大是大非的问题，腾讯处理起来很坚决。腾讯价值观的第一条是正直，任何不正直的行为都是不允许的，具体包括不能贪污受贿、弄虚作假等，这就是公司的"高压线"，一碰就"死"。

通过对腾讯企业发展过程中一些特点的梳理，我们可以看到，腾讯是一家专注的技术型企业，它一直致力于产品优化和用户服务，而且它也很擅长利用自己的特点和优势形成聚合效应。同时对创新和人才的重视，以及务实的企业文化无疑都是腾讯能成为一家成功企业的重要原因，同时也是它保持品牌领先地位的制胜法宝。（此节参考何海明，2011：8—19）

参考文献

书籍类

何海明主编：《中国市场品牌成长攻略 II》，现代出版社 2011 年版。

龚军辉：《期刊市场营销》，湖南人民出版社 2010 年版。

薛可、余明阳：《媒体品牌》，上海交通大学出版社 2009 年版。

肖东发主编：《中国出版图史》，南方日报出版社 2009 年版。

杨兴锋主编：《南方报业之路》，南方日报出版社 2009 年版。

王栋：《对话美国顶尖杂志总编》，作家出版社 2008 年版。

肖东发：《出版经营管理》，北京大学出版社 2008 年版。

陈兵：《媒介品牌论》，中国传媒大学出版社 2008 年版。

邵一明：《品牌延伸战略研究》，经济管理出版社 2008 年版。

薛可：《品牌扩张：路径与传播》，复旦大学出版社 2008 年版。

金雁主编："中外传媒品牌经营丛书"（《专业报刊品牌经营》、《都市报业品牌经营》），中国人民大学出版社 2007 年版。

［英］马克·唐盖特：《国际传媒巨擘品牌成长实录》，许怡勤等译，中国水利水电出版社 2007 年版。

叶新：《美国杂志的出版与经营》，中国传媒大学出版社 2007 年版。

［美］沃尔特·S. 麦克道尔（Walter S. McDowell）：《媒介品牌塑造》（Issues in Marketing and Branding），钟侃清译自 Alan B. Albarran etc.（eds.），*Handbook Of Media Management and Economics*，Lawrence Erlbaum Associates，Mahwah，New Jersey，2006.

［美］唐·舒尔茨、海地·舒尔茨：《整合营销传播：创造企业价值的

五大关键步骤》，中国财政经济出版社 2005 年版。

范以锦：《南方报业战略》，南方日报出版社 2005 年版。

苏荣才：《对话美国报业总裁》，南方日报出版社 2005 年版。

尹良富：《日本报业集团研究》，南方日报出版社 2005 年版。

曾华国：《媒体的扩张》，南方日报出版社 2004 年版。

朱春阳：《传媒营销管理》，南方日报出版社 2004 年版。

师永刚：《〈读者〉传奇》，中国社会科学出版社 2004 年版。

唐润华主编：《解密国际传媒集团》，南方日报出版社 2003 年版。

黄升民、周艳：《中国传媒市场大变局》，中信出版社 2003 年版。

凌昊莹：《媒介经营管理》，中国广播电视出版社 2002 年版。

［美］杰克·特劳特、艾·里斯：《定位》，中国财政经济出版社 2002 年版。

支庭荣：《媒介管理》，暨南大学出版社 2000 年版。

［美］斯蒂文·小约翰：《传播理论》，陈德民、叶晓辉译，中国社会科学出版社 1999 年版。

林穗芳：《中外编辑出版研究》，华中师范大学出版社 1998 年版。

论文类

宋祖华：《媒介品牌战略研究——理论分析与中国实证》，复旦大学新闻学院，2005 年博士学位论文。

包韫慧：《出版品牌研究》，北京印刷学院，2003 年硕士学位毕业论文。

黄开欣：《我国出版品牌之理论研究和时间讨论》，华中科技大学新闻传播学院，2006 年硕士学位论文。

孙黎：《出版品牌传播研究》，武汉理工大学文法学院，2007 年硕士学位论文。

杨晓：《如何打造 21 世纪中国的图书品牌》，南京师范大学新闻与传播学院，2004 年硕士学位论文。

王珊珊：《论电视品牌的建构与维护》，西北师范大学新闻与传播学院，2009 年硕士学位论文。

苏新力：《媒介品牌管理之策略分析》，武汉大学新闻与传播学院，2005

年硕士学位论文。

袁玥：《电影产业的价值分析——兼论电影的艺术性与商品性之关系》，南京航空航天大学，2007 年硕士学位论文。

郭静：《报纸品牌传播中整合营销策略的运用》，南京师范大学新闻与传播学院，2007 年硕士学位论文。

田文生：《报纸品牌建设》，厦门大学，2001 年硕士学位论文。

丁玉红：《报纸品牌延伸研究——以〈21 世纪经济报道〉为例》，华南理工大学新闻与传播学院，2010 年硕士学位论文。

娄淑静：《广东卫视品牌构建的战略研究》，华南理工大学新闻与传播学院，2011 年硕士学位论文。

邓从真：《转型的典型案例——从品牌的教辅到品味的人文社科》，《全国新书目》2006 年第 20 期。

黄开欣：《出版品牌的构建与解读》，《中山大学学报论丛》2007 年第 3 期。

范萱怡：《国际时尚杂志中文版的经营策略——以"时尚"和"桦谢"集团为例》，《新闻记者》2005 年第 8 期。

赵鸿燕、李金慧：《穿越时光之手——美国〈国家地理〉杂志品牌战略解析》，《传媒》2005 年第 11 期。

余霞、马宁：《论电影品牌的塑造》，《新闻爱好者》2011 年第 2 期。

胡正荣：《美国电影产业的核心与经营策略》，《电影艺术》2005 年第 1 期。

陈晓华：《媒体品牌发展及其新战略》，《社会科学研究》2008 年第 3 期。

陈丽娟、徐宁：《电视媒体品牌塑造中的 IMC》，《新闻前哨》2008 年第 2 期。

张薇：《网络品牌构建研究》，《消费导刊》2009 年第 3 期。

徐芳、陈家林：《〈21 世纪经济报道〉评析》，《新闻实践》2001 年第 8 期。

王震华：《浅谈频道品牌建设和频道包装》，《中国广播电视学刊》2009 年第 9 期。

徐红：《电视栏目品牌维持与创新》，《新闻前哨》2010 年第 8 期。

吴长伟：《数字化时代的报业集团资源整合》，《中国记者》2009 年第

3 期。

　　曹鹏：《影响力经济与媒体盈利模式》，《新闻与写作》2001 年第 12 期。

　　范媛媛：《关于我国媒介经营管理的品牌战略研究》，《财经界》2001 年第 8 期。

　　陈力丹：《传媒业发展新趋势》，《中国新闻出版报》2005 年 7 月 25 日。

　　郭全中：《中国传媒亟须启动"品牌"战略》，《中国新闻出版报》2008 年 4 月 10 日。

　　张晓东：《百年老店　剑桥大学出版社的生存答案》，《北京商报》2009 年 12 月 21 日。

　　柯亦心：《出版品牌》，未刊稿（2009）。

　　李倩倩：《从凤凰卫视看电视媒体品牌的塑造》，未刊稿（2009）。

　　陈瑶：《电视频道的品牌定位分析——以湖南卫视"快乐中国"的品牌定位为例》，未刊稿（2009）。

　　高焕：《媒体品牌营销研究》，未刊稿（2009）。

　　匡尔娜：《日本报纸的历史对我国报纸品牌发展轨迹的启示》，未刊稿（2009）。

　　何蕴妍：《媒介品牌延伸研究》，未刊稿（2009）。

　　叶燕芳：《品牌激活策略研究——以〈南风窗〉为例》，未刊稿（2010）。

　　阎倩倩：《凤凰卫视频道品牌塑造浅析》，未刊稿（2010）。

　　张颖妍：《〈广州日报〉品牌建设问题与对策研究》，未刊稿（2010）。

　　王晶：《凤凰卫视品牌的塑造和扩张》，未刊稿（2010）。

　　王卉：《4P 营销理论视角下的〈城市画报〉品牌塑造》，未刊稿（2010）。